TopBook
一个人，遇见一本书　　饕书客

特战
典争
014

毅品文

日本战国の武将记

萧西之水 / 著

地方豪族、各路诸侯　乱世之下，群雄逐鹿

书写日本战国风云史

一个强者为王的时代

陕西新华出版传媒集团
陕西人民出版社

Top Book
饕书客

图书在版编目（CIP）数据

日本战国武将记 / 萧西之水著 . —西安：陕西人民出版社，2018
ISBN 978-7-224-12833-8

Ⅰ. ①日… Ⅱ. ①萧… Ⅲ. ①武士—生平事迹—日本—战国时代（日本）②武士—家族—介绍—日本—战国时代（日本）Ⅳ. ①K833.135.2

中国版本图书馆CIP数据核字（2018）第158220号

出 品 人：惠西平
总 策 划：宋亚萍
出版统筹：关 宁 韩 琳
策划编辑：王 倩 张启阳
责任编辑：王 凌 晏 藜
整体设计：哲 峰 白明娟

日本战国武将记

作　　者　萧西之水
出版发行　陕西新华出版传媒集团 陕西人民出版社
　　　　　（西安北大街147号 邮编：710003）
印　　刷　陕西金和印务有限公司
开　　本　787毫米×1092毫米
印　　张　21.5
字　　数　300千字
版　　次　2019年9月第1版
印　　次　2020年11月第2次印刷
书　　号　ISBN 978-7-224-12833-8
定　　价　68.00元

如有印装质量问题，请与本社联系调换。电话：029-87205094

序

很多人都在问：了解日本战国史到底有什么意义？

最初我还会想方设法解释：日本近现代史是日本古代史的延伸，了解日本古代史，不但有助于了解日本近现代史，也有助于了解中国与日本的关系。但随着研究日深，我如今明白，了解历史原本就不应抱有太多的功利目的。闲来无事，手捧一卷书，徜徉在历史海洋中，本就是一种快意人生，这快意并不需要达到什么目的，快意自身就是目的。

快意在何处？便在体味某一环境下他人的人生选择。

自古至今，客观环境一直在变，但人类对于外界事物的反应模式却鲜有变化。如果能回到历史的某个节点，身处当时的历史状况，了解某人的心路历程，那么，便能理解他为何做出那种人生选择。毕竟，所谓“古代”“中世”“近世”“现代”无非是以后人之眼做出的分期，本质上，每一代人都平等而普通。

或许正是意识到了这一点，《史记》才会选用“纪传体”，即以人物为主角记录历史。虽其中难免重复之处，却能从不同视角看待同一件事，亦是美妙的体验。当然，不是每段历史都适用于“纪传体”，只有当人物性格与历史脉络较为明晰，撰写者又具备相当的文学素养，才能创作出“无韵之离骚”。

就日本历史而言，战国史更适于“纪传体”。一来，战国时代的战场分割较细，同一时间点常会发生多个独立的战役与政变，若采取“编年体”记录，恐怕会有失零乱；二来，因有大量文学、影视作品与游戏的铺垫，战国时代的各大武将的形象早已深入人心，成为很多日本史爱好者的日常谈资；三来，日本战国时代的政治势力多以家族为主要传承模式，对于初窥日本战国史的读者来说，了解名将及其家族传承，自然能显著降低学习门槛，有助于迅速了解战国史的主要人物及其事略。

提到“战国”，国人难免会想到中国历史上旷日持久、动辄陈兵数十万的大规模战争，不过就日本而言，战国时代虽然战事频仍，战争烈度却称不上多高，经常只有数千人数万人规模的士兵对阵，因此被揶揄为“村长战争”。

这与战国时代的日本人口少、战场分散有关，也与当时日本人对待战争的态度有关。日本的战争自古以来烈度都很低，大军交战与平定盗患之间的界限从来不甚清晰，因而战国前期的大部分战役均夹杂着政变、“讨贼”等任务；中期的很多战役中，占据要地的中小型豪族为了保护领地安全而在两大诸侯之间来回摇摆的事例数不胜数。直到进入织田信长时代以后，战国历史才算有了一条清晰的主线，战役规模也陡然增加。再到日本军队在朝鲜王国战场上经历前所未有的惨烈战争之后，其军事战术与技术才得到了提升。但即便如此，德川家康在关原之战中，其取胜的关键点依然在于政治拉拢而非军事作战。

因此，日本战国史最好地体现了“战争是政治的延续”这一名言，而战国史最精彩的部分也并非后人浓墨重彩描写的各大战役，而是前期天下大乱如何收拾，中期地方豪族之间如何拉锯，后期各大诸侯之间又如何纵横捭阖的场景。

日本战国史更是一部政治史，其间最有趣的，便是日本各级武士如何结成“主从关系”（上下级关系）；乡下大名如何靠着多年经营在某一地盘立足，如何统辖群臣，又如何时不时以“挖墙脚”的方式撬动对手阵营。这些与政治相关的谋略与手段，便是本书着墨的重点。如果读者在阅读本书之时，能为其中某些精彩片段拍案叫绝，大浮一杯，那本书的创作目的便已达到了。

目 录

contents

第一幕 旧势力，风华散尽

第二幕　龙争虎斗

伍 出云尼子家

陆 安艺毛利家

柒 九州双雄

捌 织田家清剿家族

第一幕

旧势力，风华散尽

壹 足利家

1. 足利义教

足利义教

“万人恐怖，莫言莫言。”

永享七年（1435）三月八日，京都皇族伏见宫贞成亲王在日记中写下这段话。就在三天之前，室町幕府六代将军足利义教逼迫延历寺僧徒放火烧毁主殿。正因为这等前无古人之举，足利义教获得“万人恐怖”之评。

有趣的是，足利义教自己也是僧人出身。

作为三代将军足利义满第五子，按幕府传统，他在幼年进入佛寺，法号“义圆”。本已无缘继承将军，但到了正长元年（1428）一月，四代将军足利义持去世，嫡子足利义量（五代将军）早在三年前病故，幕府只得抽签选将军，35岁的义圆成为幸运儿，到永享元年（1429）三月成为六代将军足利义教。

室町幕府历史上首次出现“兄终弟及”，足利义教继任引来同样觊觎将军之位的四代镰仓公方足利持氏不满，双方一度断绝来往。为维护将军权力，四代将军夫人日野荣子安排足利义教遵循传统，与公卿日野家女子成婚。但永享三年（1431）六月日野荣子去世后，足利义教随即休了日野家女子。

针对他的休妻之举，八月三十日，政所执事伊势贞经送来一份文书，批评“将军（这么做）会在年内失去天下”。足利义教召开重臣会议，强迫伊势贞经退隐，由其弟伊势贞国接任。

上任休妻，随即压制言论，足利义教明显要以高压政策树立强势形象，应对镰仓公方的挑战。他的下一个目标便是比叡山延历寺。

延历寺是平安时代桓武天皇所建的天台宗本山，因毗邻京都而拥有很强的政治影响力，军事力量也不可小觑。足利义教还俗前也是幕府任命的天台座主，还俗以后，他也继续派遣弟弟去做天台座主。

延历寺却并不听话。永享五年（1433）延历寺弹劾幕府派驻比叡山的山门奉行（官员）“不正”（违规），逼得幕府更换派驻奉行。足利义教心有不满，随即率兵援助受到延历寺进攻的亲幕府派圆城寺，双方继续结下梁子。永享六年（1434）七月，延历寺接受镰仓公方要求，设坛诅咒足利义教。

足利义教知晓消息，于九月十二日兴兵封锁比叡山东部的琵琶湖岸，并在十一月十九日围困比叡山。面对幕府大军，十二月二日，延历寺僧徒申请议和，足利义教本想拖着不办，怎知幕府高层也不乏与延历寺的关系户，在管领细川持之为首的五名元老的逼迫下，足利义教暂且在十二月十二日接受议和，保证不烧毁延历寺主殿根本中堂。

不久后日本开始过年。通过年节走动安抚，足利义教照顾到幕府重臣的情绪，并保证进攻延历寺以后不会伤及其他重臣，获得重臣支持。永享七年（1435）二月四日，足利义教与管领联名命令四名延历寺代表进京议事，随即将四人全部斩首。大势已去，五日，延历寺僧徒放火烧毁了根本中堂。

除去与比叡山之间的斗争之外，足利义教还平定了永享十年（1438）镰仓公方足利持氏及其旧部挑起的反叛，足利持氏被迫自尽。战后，足利义教策划让自己儿子管辖关东，这让镰仓公方的支持者倍加恐惧。永享十二年（1440）三月二十一日，足利持氏的儿子安王丸、春王丸两人进入下总国结城（茨城县结城市）继续反抗。

结城之战在七月二十九日展开，经过半年多攻防战，嘉吉元年（1441）四月十六日，城池告破，城中守将几乎全部阵亡，安王丸、春王丸则在四月十九日被幕府斩首。

消灭延历寺与关东的反抗力量后，足利义教更加自负，开始以自身好恶清理反对者。

嘉吉元年（1441）一月二十九日，结城之战仍陷于胶着状态，足利义教命令管领家重臣畠山持国率军前往，遭到婉拒，足利义教立刻将畠山家家督职位授予其弟畠山持永。幕府将军直接更替家督，这在室町幕府稳定下来以后从未发生过，一时间人心惶惶。

"万人恐怖"气氛下，位列室町幕府七大贵族的赤松满佑也蠢蠢欲动。后世的《嘉吉记》认为，足利义教贪图男色，对赤松家庶流的赤松贞村情有独钟，嫡流赤松满佑便担心自身地位不保。

当然，"男色"之事应是子虚乌有，不过由于足利义教迎娶赤松贞村的女儿为侧室，这位岳丈确实获得重用。在恐惧之下，赤松满佑一边装疯卖傻、隐居遁世，一边策划刺杀足利义教。

结城之战胜利后，以祝贺为名，六月二十四日，赤松满佑与嫡子赤松教康邀请足利义教及幕府重臣来到赤松宅邸。宴会中段，几十名武士突然冲出，猝不及防的足利义教被杀，赤松父子烧毁宅邸，向领地播磨国逃去。不过到九月，幕府讨伐军攻克赤松家主城，赤松父子相继自尽。

按照通常说法，足利义教的独裁政策激起幕府重臣不满，进而招致身死人手，但近年的研究也提出，足利义教中前期施行政策也只是将权力正常回收到自己手中。只是足利义教按自身意愿更替重臣，使得幕臣人人自危，遭到暗杀便也难免了。

2. 足利成氏

幼年时期，足利成氏就差点死过一次。

由于父亲——四代镰仓公方足利持氏反抗幕府而兵败，被迫在永享十一年（1439）自尽身亡，足利成氏处境危险，毕竟他的两个哥哥已经遭到幕府斩杀。但就在嘉吉元年（1441）六月，六代将军足利义教遭到赤松家刺杀而亡，足利成氏这才保住性命。

足利成氏既然幼小，幕府又需要关东迅速稳定下来，宝德元年（1449）

八月，足利成氏接过镰仓公方职位。幕府完全没想到，这一任命却又引发了新的动乱：毕竟在足利成氏看来，他的名义家臣、关东管领上杉家是杀死父亲的元凶，双方关系愈发紧张。

继任仅八个月，宝德二年（1450）四月，足利成氏与上杉家军队在江之岛（神奈川县藤泽市片濑）交战，足利成氏靠着父亲旧部大获全胜。经幕府调解，足利成氏宣布不再追究上杉家的责任。

小试牛刀便如此成功，足利成氏开始计划下一波动乱。

享德三年十二月（1455 年 1 月），足利成氏以庆贺新年为名，要求关东管领上杉宪忠等 22 名家臣进入镰仓城赴宴，酒过三巡，足利成氏喝令身边武士将上杉宪忠斩杀，并迅速进攻上杉家宅邸。康正元年（1455）一月，足利成氏军与上杉军交战于武藏国立河原（东京都立川市）、分倍河原（东京都国立市）两地，上杉军铩羽而归，成氏军则追击到下总国古河城（枥木县古河市）。

足利成氏本想从古河城一举北进消灭上杉家，谁承想六月十六日，幕府军却从背后攻克镰仓城。足利成氏无法再回到主城镰仓城，只得原地重建整套官僚体系，并在长禄元年（1457）十月引入修整之后的古河城。之后的足

古河公方馆遗址

利成氏一般被称为“古河公方”。

虽然幕府动员大军，但足利成氏依然借助地利之便掌握着东部的下野、常陆、下总、上总、安房五国，上杉家则沿着下野国只木山（栃木县佐野市）、武藏国五十子阵（埼玉县本庄市）、江户城（东京都23区）构筑了一条防线，并掌握着上野、武藏、相模、伊豆四国。双方主要在武藏北部的太田庄与上野国东部交战。享德之乱进入瓶颈期。

对于足利成氏而言，他的复仇愿望在不到五年时间里达成，但为了收拾残局，却又花了30年时间。

在一系列矛盾影响之下，应仁元年（1467）五月，京都方面的细川胜元（东军）、山名宗全（西军）开始对抗，应仁之乱爆发。应仁二年（1468）十月，足利成氏与西军主将山名宗全结盟，共同对抗身处东军的八代将军足利义政。

从这次结盟可以看出，足利成氏意在与应仁之乱中的西军形成一个范围较大的包围圈，对处于关东西部的上杉家与京都东部的东军形成围堵。不过随着京都方面战局开始僵持，足利成氏的计划也最终泡汤。

文明三年（1471）三月，足利成氏再度命令小山、结城、千叶三家家臣进攻堀越御所（静冈县伊豆之国市），并未成功；趁着古河军离开阵营，上杉军从下野国攻入古河城，足利成氏被迫逃出，处境尴尬。直到文明四年（1472）四月，足利成氏才又在那须、结城两家家臣帮助下夺回古河城。

正在此时，上杉家家臣长尾景春突然掀起反旗，到文明九年（1477）五月因战败而不得不投奔足利成氏。十二月二十四日，足利成氏的军队驰援长尾景春，来到利根川附近的相马原（群马县北群马郡榛东村）布阵，上杉军则在对岸的漆原（群马县北群马郡吉冈町）驻扎。这时天降大雪，气温骤降，双方不得不停战撤军。

逼退古河军之后，长尾景春继续遭到上杉军攻击，文明十二年（1480）六月，长尾景春失去最后据点，逃亡古河御所。

经过近30年对峙，足利成氏不再像年轻时那样锐意复仇，而应仁之乱也早在文明九年（1477）十一月落下帷幕，在幕府调停下，文明十四年十一月二十七日（1483年1月6日），古河公方与幕府和解。其后关东虽然又爆发长享之乱（1487），但足利成氏淡出政界，在古河城度过最后十年人生。死前，他对嫡子说道："你若能再度回到镰仓居住、夺回关八州，便是尽孝了。"

较之父亲，足利成氏无疑有着更高的历史地位，但之所以高，并不是因为他执政能力强，而是因为他在发泄怨气、树立自身权力的过程中，将关东这片本已不静之地变得更加不静，战国时代虽一般以应仁之乱为始源，但关东却早在之前十数年就提前步入战国。

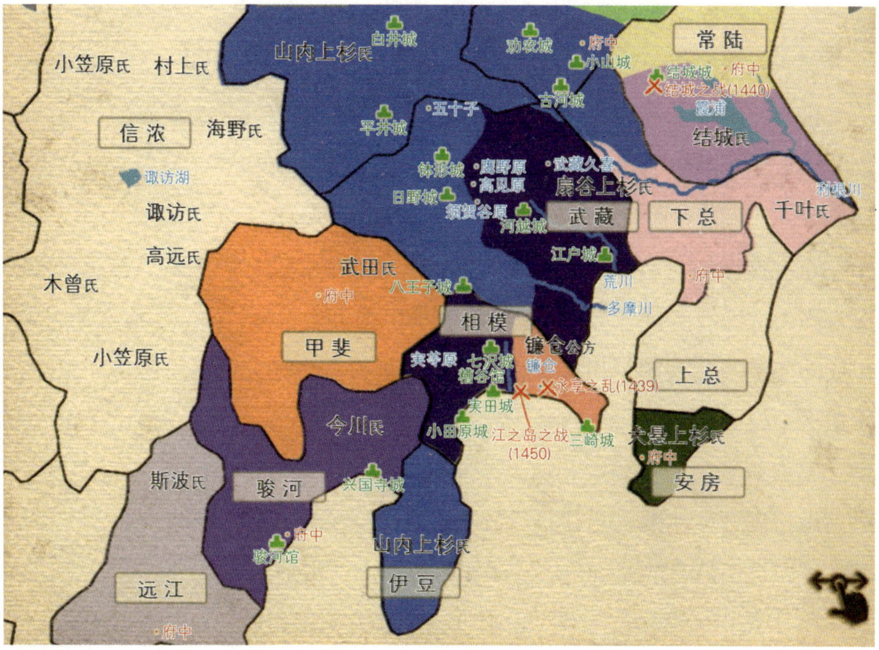

1439—1477年关东形势图

3. 足利义政（足利义成）

与父亲足利义教一样，足利义政也是急脾气。

嘉吉元年（1441）六月，六代将军足利义教遇刺；嘉吉三年（1443）七月，刚刚10岁的七代将军足利义胜去世。三年内死掉两位将军，京都人心恐慌，不少人认为是怨灵作祟。为了平复民众情绪，幕府重臣会议确定足利义胜的同母弟弟——8岁的三春成为将军候选人。

宝德元年（1449）四月十六日，三春改名足利义成。幕府特地要求后来的东军首领——细川胜元前来主持他的元服仪式，这沿袭了细川家先祖细川赖之为三代将军足利义满进行成人礼的旧例，明显是寄托了期望。四月二十九日，这位少主正式就任室町幕府第八代将军；享德二年（1453）三月二十六日，三春又更名足利义政。

· 介入纷争

由于足利义教死后权力真空，幕府一度形成了以管领为核心的“管领政治”，事实上从嘉吉之变（1441）开始到康正元年（1455）为止，幕府命令均由管领代发。

足利义政就任将军后，为了对抗武家集团形成的权力模式，转而与幕府文官集团，即政所执事（幕府法律系统）伊势贞亲、奉行众（幕府法律官僚）形成同盟。与父亲颇为相似，足利义政也很喜欢主动介入臣下纷争，想以此重塑将军权威。

幕府管领畠山持国没有嫡子，许诺由弟弟畠山持富担任家督之职，但不久畠山持国改变主意，想让自己的庶子畠山义就继承家督之位。足利义政即位之后，畠山持富的儿子畠山政久便与畠山义就形成对立。

享德三年（1454）八月二十一日，新任管领细川胜元及其盟友山名宗全支持畠山政久，足利义政却支持畠山义就；二十九日，藏匿畠山政久的细川家臣被迫切腹；十二月六日，山名宗全被从京都逐出；十三日，畠山义就回归京都，足利义政当面允许他担任畠山家家督。足利义政之所以支持畠山义就，目的在于打压细川—山名联盟，以增强自身政治势力。

两年之后，长禄元年（1457）六月，畠山义就为了平定大和国多武峰僧徒叛乱，假托将军名义前往收买人心，这一举动让足利义政觉得畠山义就有意扩大自身权力，一怒之下令其蛰居；七月二十三日，畠山政久的弟弟畠山政长来到京都，就任管领畠山家家督之职。

畠山政长与畠山义就这对堂兄弟之间的矛盾一直延续始终，成为应仁之乱的一大导火索。很明显，足利义政虽然有一定的政治手腕，但心态不够成熟，在争斗双方之间摇摆不定——这一点在斯波家内乱中表现得最为明显。

· 斯波家内乱与足利义政

享德之乱爆发后，幕府剥夺了足利成氏的镰仓公方名分，并在长禄二年（1458）八月派遣八代将军足利义政同父异母的兄长足利政知前往关东，成为后来所谓的“堀越公方”。此外，幕府仍需要派遣一位重量级家督前往平定动乱——按照惯例，关东事宜应该由管领斯波家解决，家督斯波义敏收到了出征文书。

但这一时期，斯波家也面临内乱，而且这个内乱还与将军家有关。

斯波家占据越前、远江、尾张三国，实力雄厚，为了限制其力量，将军家与斯波家臣、越前守护代甲斐家交好。从四代将军足利义持开始，将军家每年元旦都会来到甲斐家宅邸做客。名义上甲斐家是家臣，但却几乎与斯波家平起平坐，越前国也几乎成为甲斐家的领地。

到了斯波义敏这一代，双方矛盾激化。长禄二年（1458）六月，足利义政首次向斯波家发布出征命令，但甲斐家的甲斐常治却称病不去，斯波军顺势进攻越前国，意在收复领地，九月中旬，斯波军基本平定越前国。

由于斯波军缺席，身处享德之乱前线的幕府军队并未在足利成氏面前占到便宜。足利义政恼怒异常，严令斯波义敏、甲斐常治停止内讧，回来备战。两人虽然表面听令，却各怀鬼胎：甲斐常治本人虽然去了前线，却让儿子甲斐敏光在越前国驻守；斯波义敏干脆拒不出征，徘徊在近江国以备不时之需。

将军家意图削弱斯波家势力，却使得斯波军整体难以形成统一力量。幕府希望斯波军担任主力，却又不愿意给其一个安定环境，于是局势就朝着动乱方向走去。

长禄三年（1459）三月十七日，幕府下达命令，册封甲斐常治为越前守护代，并要求越前国附近的若狭国、能登国国人支持甲斐敏光进入越前国——这无疑造成了斯波家与甲斐家的彻底对立。四月开始，斯波军进入越前国进攻甲斐军，越前“长禄之战”爆发。

将军足利义政亲自率军来到近江国，宣布支持甲斐军。五月二十五日，越前、加贺、能登三国国人受命进攻斯波义敏，逼得他渡海前往西国寻求庇护。

八月十三日，甲斐常治去世，甲斐敏光担任越前守护代，足利义政顺势剥夺了斯波义敏的越前守护、斯波家家督之职。宽正二年（1461）八月，足利义政改立堀越公方足利政知的家臣——涩川义镜之子作为新的斯波家家督，将其更名为斯波义廉。

不过好景不长，涩川义镜在随后的政治斗争中失去地位，在宽正四年（1463）被足利义政驱逐出关东，彻底淡出政治舞台；到了宽正四年（1463）八月八日，借着足利义政生母去世，幕府突然大赦天下，斯波义敏得以赦免，这位曾经的朝敌重获自由。

对于足利义政而言，选择斯波义廉无非就是看中了他出身于涩川家，现在涩川义镜失足落马，他的儿子也就失去了存在的意义。更何况平定享德之乱的另一个重要人物——奥州探题大崎家本与斯波家有血缘关系，现在让一个非斯波家人上位，大崎家也不再与幕府合作。几相权衡，足利义政决定恢复斯波义敏的家督之职。

虽获赦免，但斯波义敏仍然感受到了危机。他向自己母亲的本家——山名家提出结盟议案，并迎娶家督山名宗全的女儿。在足利义政的步步紧逼之下，他旗下的大名为了自保开始结成同盟。

·应仁之乱到来

足利义政意在扶持斯波义敏，山名宗全却支持斯波义廉，为了巩固实力，山名宗全选择与将军的弟弟足利义视结盟。

足利义视出生于永享十一年（1439）闰一月十八日，是将军足利义政的弟弟。由于足利义政没有嗣子，宽正五年（1464）十一月二十五日，足利义视受邀还俗，成为下一任将军候补人，辅佐臣子定为管领细川胜元。

与很多人的想象不同，应仁之乱里东西两军主将细川胜元、山名宗全并非截然对立。如果一定要分出派系，那么将军足利义政与政所执事伊势贞亲等人属于文官派，而细川胜元、山名宗全等人则都反对足利义教独裁。只是后来随着山名宗全坐大，细川胜元加入将军与文官派，才导致应仁之乱。

宽正六年（1465）十一月二十三日，足利义政的正室妻子日野富子生出了一个男孩，也就是后来的九代将军足利义尚。据《应仁记》记载，日野富子特地请求山名宗全，一定要保证足利义尚能够顺利接替将军之位。山名宗全非常感动，立刻联络斯波义廉、畠山义就两人反对足利义视、细川胜元等人。

但从真实历史来看，这个故事应该是子虚乌有。足利义尚的出生确实让足利义政面临“选弟弟还是选儿子”的困局。但从时人价值观来看，既然儿子出生，那么儿子继承便理所当然，只是这并不意味着弟弟足利义视一定会受到政治冲击。

应仁之乱之所以爆发，依然要提到斯波家的内斗。

宽正六年（1465）十月二十三日，经过将军足利义政授意，政所执事伊势贞亲策划，斯波义敏回到京都。据《应仁记》记载，这期间，斯波义敏将妹妹嫁给伊势贞亲做侧室，甚至赠送很多金银给伊势贞亲作为谢礼。文正元年（1466）七月二十三日，幕府命令斯波义廉停止参加幕府会议，并要求他将斯波家宅邸让与斯波义敏居住，应仁之乱的前奏——文正政变即将拉开序幕。

斯波义廉大难临头，立刻将家臣聚集在宅邸中，以防幕府军来袭。八月三日，足利义政命令山名宗全的女儿与斯波义廉离婚，故山名宗全的军队在

足利义视

第二天进入京都保护斯波家的宅邸。二十五日，幕府下令，将斯波义廉的权力全部交给斯波义敏，接着细川胜元的军队也进入京都，京都百姓十分恐慌。一系列争夺让事态迅速激化，战国时代也险些提前一年开始。

不过关键时刻，足利义政身边却出现问题。九月五日，伊势贞亲汇报，称足利义视有可能会帮助山名宗全，但当天晚上，得知消息的足利义视就亲自来到室町御所，申诉清白。

经过一夜长谈，足利义政、义视兄弟和解。九月六日早上，细川胜元进入室町御所，痛斥伊势贞亲挑拨离间。为了逃避罪责，伊势贞亲当天便逃出了京都，失去了支持的斯波义敏也一并逃走，细川胜元、山名宗全两军合力绞杀伊势贞亲的势力。

失去伊势贞亲，足利义政的独裁势力等于少去了一条臂膀，自然也就更难限制属下的内斗，而细川胜元、山名宗全两人也就彻底放弃盟友关系，成为对手。这起文正政变爆发之后不到半年，十二月二十日，细川胜元的长子出生，之前从山名宗全那里过继来的山名丰久脱离了养子身份，回到山名家——细川、山名两家之间的合作关系彻底结束。

足利义政并没有从斯波家的内斗中吸取教训，这一次他又在畠山家家督之争中反转态度。

十二月二十五日，在山名宗全的授意下，被幕府贬谪的畠山义就率军接近京都，其政敌畠山政长当即决定固守城池备战。文正二年（应仁元年，1467）一月二日，足利义政本来在畠山政长宅邸中庆贺新年，却突然离开畠山宅邸，征召畠山义就进入京都参与幕府会议。

足利义政虽有一定的政治手腕，但在处理家督继任问题时，他却缺乏果决的态度。如在面对斯波家的问题上，他一直在斯波义敏、斯波义廉两人之间摇摆不定。此番畠山政长正在最为紧要的关头，他却转而支持畠山义就，必然会引起双方争夺。

一月五日，足利义政、足利义视在山名宗全的宅

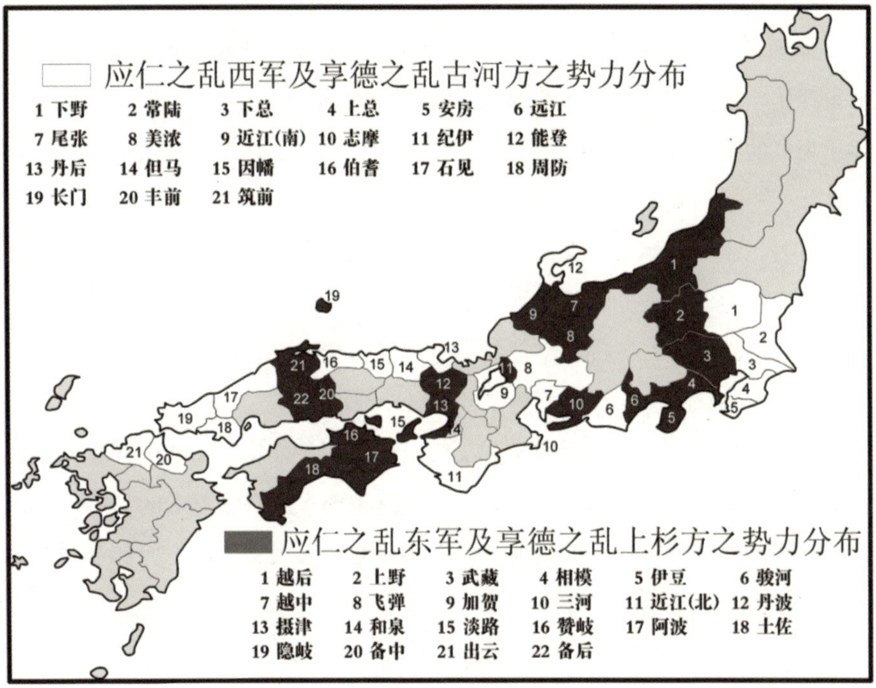

应仁、享德之乱全国态势图

邸中会见畠山义就，但细川胜元方面却没有参与；同时，山名军包围畠山政长宅邸十余日，要求他离开京都；十七日，足利义政为防事态扩大化，要求细川胜元、山名宗全两人不许干涉畠山家的内斗。

一月十八日凌晨，大雪纷飞之下，畠山政长烧毁畠山家宅邸，并来到京都东北部的上御灵神社布阵；下午，畠山义就的追击军队开始进攻上御灵神社，直到第二天凌晨，双方仍然处于胶着状态。这时，山名宗全不顾足利义政的反对，悍然派遣军队支持畠山义就。十九日天亮之前，畠山政长的军队失败，畠山政长本人藏匿到了细川胜元的宅邸中。

很明显，先是细川胜元不参与幕府会议，后是山名宗全的军队不听从将军号令，足以证明将军足利义政在一系列家督更替之后，已失去了在重臣心中的地位。

上御灵之战可谓应仁之乱的预演，也坚定了细川胜元出兵的决心。二月中旬开始，细川家在四国岛的部队纷纷集中到京都。五月二十四日，以细川胜元为首的东军进攻室町御所西侧的正实坊、实相院地区，宣告应仁之乱拉开帷幕。

五月二十八日，足利义政下令细川胜元、山名宗全两方停战，同时将侧近的护卫分为三队，分别把守室町御所大门，防止乱兵突入御所内部。与此同时，文正政变之时被逐出京都的伊势贞亲也受命率军回返，但他并没能进入京都城中，只能在京都东山驻守。

六月一日，细川胜元要求足利义政授予东军象征将军权威的牙旗，同时希望朝廷向山名宗全下达处罚纶旨。对于这个要求，日野富子的兄长——内大臣日野胜光坚决反对。他认为，将军牙旗象征着大义名分，而如今东西军的混战只是家臣之间的内斗，如果贸然授予牙旗，东军很可能号召更多势力加入战争，全国大名都会被席卷进来。但由于细川胜元威胁烧毁日野家宅邸，足利义政只好在六月三日将牙旗交给了东军，同时任命弟弟足利义视为征讨西军的名义统帅。

然而足利义视却不愿担任统帅，于应仁元年（1467）八月逃出京都避难。应仁二年（1468）九月七日，足利义政希望与弟弟达成和解，派遣使者在二十二日护送足利义视回京。

足利义视回来以后，与日野胜光之间矛盾重重，足利义政偏向公卿一方。十一月十三日，足利义视第二次逃出京都，徒步来到比叡山，兄弟再度宣布决裂。

西军将领借助足利义政、足利义视出现矛盾的契机，派遣使者来到比叡山，邀请足利义视作为统帅加入西军。十一月二十三日，足利义视正式投靠西军。

足利义政闻知消息大怒不已，不仅剥夺了足利义视的领地，还奏请后花园天皇发布院宣，将足利义视定为朝敌。不过另一方面，足利义视的到来让西军如获至宝，很快让其就任“西幕府将军”。

·晚年

进入文明五年（1473），山名宗全、细川胜元分别在三月十八日、五月十一日去世；十二月九日，足利义政退位隐居，将将军之位让给了足利义尚，幕府事务则交予日野胜光、日野富子兄妹代行。文明八年（1476）十二月，足利义政与弟弟足利义视面谈和解，东西军将领也议和归国，应仁之乱结束。

文明八年（1476），室町幕府长期以来的根据地——花之御所因战火烧毁，为了开辟新住宅，足利义政在京都东山扩建宅邸。本想以这片宅邸为新御所，谁承想日野富子不同意，足利义政只得隐居在东山山庄，成为所谓的“东山殿”。

但这位“东山殿”并没有完全退出政治，反而是继续在幕后操纵幕政，保留着守护任免权、军事指挥权与寺院势力的诉讼裁判权等诸多权力，足利义尚只有一般的诉讼裁判权。

文明十七年（1485）四月二十二日，众臣按惯例朝拜将军。但在朝拜顺序上，足利义政支持的奉行众与足利义尚支持的奉公众起了冲突，在足利义

足利义政之墓

尚的授意下，奉公众占据优势，因此奉行众除留下一人之外，全部称病不朝。

足利义政为平息事态，要求奉行众的首领——布施英基退位隐居，但遭到拒绝；新将军足利义尚便派遣四名奉公众率领军队进攻布施英基的宅邸。在管领细川政元的帮助下，布施英基逃出了京都，但留下来的奉行众全部被判剃发流放。六月十五日，足利义政被迫出家为僧。

足利义政晚年时，九代将军足利义尚在征讨近江六角家时突然暴毙，足利义政本想重新主导幕政，却遭到妻子日野富子的极力反对，最终册立弟弟足利义视的嫡子足利义材作为第十代将军。延德二年（1490）一月，银阁寺还没有建成，这位引发战国时代开端事件应仁之乱的将军，就彻底走完了自己55岁的人生。

室町幕府中，足利家与各大名之间的关系更类似于盟主与加盟国。经历百年时间，这种关系已经难以维持，足利义教也好，足利义政也罢，其反复参与大名家督任免，无非是想收紧权力，只不过越是强硬，大名的反弹也就越强，在一次次家督变动引发的变乱中，日本走向战国时代。

4. 足利义稙（足利义材、足利义尹）

有一种说法认为，战国时代并非始于八代将军足利义政的应仁之乱，而是开始于十代将军足利义材时期的明应之变（1493）。至于明应之变为何发生，还要从足利义稙就任将军说起。

延德元年（1489）三月二十六日，九代将军足利义尚去世，围绕继承人问题，应仁之乱期间成为西幕府将军的足利义视也送来儿子足利义材（即足利义稙）担任候选人。

延德二年（1490）一月七日，尚在世的退隐八代将军足利义政去世，足利义材迅速出击，强行夺走象征将军之位的服装、铠甲等信物，七月五日自行申请并就任十代将军。这种蛮横态度引来八代将军夫人日野富子的反感，她与幕府管领细川政元达成协议，决定伺机废黜足利义材。

另一方面，应仁之乱结束后，管领畠山家内部并没有完全和解，畠山政长、畠山义就两个分家依旧在河内国维持对立。随着延德二年（1490）十二月畠山义就去世，畠山政长便邀请将军一起进攻畠山义就旧部。既然想扩大权力基盘，足利义材当然要继续介入家臣争斗，明应二年（1493）二月应邀出兵。

趁着足利义材离开京都，四月二十八日，日野富子、细川政元突然另立将军，废黜足利义材。细川政元更是迅速派遣军队出发，介入畠山家内乱，反对足利义材部队，而足利义材支持的畠山政长因难以招架而自杀，足利义材投降。这位前将军先是被囚禁在寺庙中，后来改判流放孤岛。足利义材被迫开始长时间的流亡生活。

足利义尚

幕府管领不仅可以废黜将军、决定将军继嗣，甚至可以把原来的将军囚禁流放，这自然说明战国时代最为流行的“下克上”已经到来。

为了免除流放之灾，明应二年（1493）六月二十九日，足利义材在畠山政长遗臣帮助下逃出京都，并辗转来到已故畠山政长的领国——越中国放生津（富山县射水市）。以放生津为中心，足利义材收拢畠山家旧部形成“越中公方”。

明应八年（1499），足利义材与越前朝仓家联合，沿琵琶湖下溯至近江，并与比叡山延历寺联盟。为防比叡山与足利义材部队合并一处，七月十一日，细川政元军队大规模烧毁比叡山延历寺，这次大火较之足利义教焚毁比叡山那次要更加严重。在细川政元强势攻击下，足利义材渡海出逃，在周防大内家庇护下生存。这段时间，他改名“足利义尹”。

永正四年（1507），在幕府中央横行十数年的“半将军”细川政元被养子刺杀，细川家立刻分裂为细川澄元、细川高国两家。借此良机，足利义尹在永正五年（1508）四月跟随大内义兴一起支援细川高国，这支军队在六月进驻京都驱逐十一代将军足利义澄与管领细川澄元。

由于站队正确，七月，足利义尹回到京都并重新就任将军。永正六年（1509）十月，十一代将军足利义澄方面不甘心将军之位被抢而派刺客突袭，被刀法极佳的足利义尹击退；永正八年（1511）八月，足利义澄去世，足利义尹终于坐稳将军之位，细川澄元派军队只得退守四国岛。经历数年漂泊，这位自认为抱持“正统”的将军终于回归宝座。

不过在细川高国与大内义兴的联合统治之下，足利义尹只能算作一个傀儡，无法扩大将军的权力基盘。永正十年（1513）三月，由于迟迟无法施政，足利义尹从京都逃亡近江国甲贺郡（滋贺县甲贺市）。不过在恶劣卫生环境下，足利义尹突发急病，险些丧命。也在这段时间，足利义尹更名足利义稙，由于日语“稙”与“种”同音，能看出将军是想取“生发”之意祈求延寿。

四月，足利义稙病情缓和，细川高国、大内义兴等幕臣为了维护幕府尊严，联名上表迎请将军回朝；五月，在幕府重臣迎接下，将军足利义稙回到京都。

虽然将军闹了一出，但幕政依旧操纵于细川高国、大内义兴手中。随着永正十五年（1518）八月大内义兴等人相继率领大军回到领国，足利义稙与细川高国之间的矛盾愈发激烈；与此同时，反对细川高国的细川澄元也觅得良机反攻。

永正十七年（1520）二月，细川澄元军队从四国岛反攻，足利义稙厌恶细川高国已久，立即内通四国军，并将细川高国赶出京都；但到了五月，细川高国反攻京都，细川澄元再度退守四国。

足利义稙

这次失败以后，大永元年（1521）三月七日，足利义稙人生中最后一次从京都出逃，来到淡路国志筑浦（兵库县淡路市志筑町），两年后去世。

足利义稙前半生与细川政元反目，后半生虽然重获将军身份，却受制于细川高国，可以说这位将军的一生都在同幕府管领做斗争。虽然管领本身的实力也在一次又一次的动乱中削弱，但足利义稙却完全没有占到便宜，属于将军的时代已经彻底过去了。

5. 足利义昭（觉庆、足利义秋）

作为十二代将军足利义晴的次子，足利义昭本来没有机会问鼎天下，但在哥哥、十三代将军足利义辉遇刺身亡之后，他却不得不被绑上了战国这辆巨大的战车。

敌人既然敢于刺杀将军足利义辉，那么对这位弟弟也自然不会心慈手软。没过多久，这位当时在奈良兴福寺出家的僧人就成为阶下囚。直到七月底，足利义辉几位忠心耿耿的遗臣才将他救出来，在近江六角家许可下逗留在近江国和田城（滋贺县甲贺市内）。

永禄九年（1566）二月十七日，觉庆在矢岛御所（滋贺县守山市矢岛町）还俗，正式以将军继承人足利义秋的名义号令天下。虽然矢岛御所随后遭到三好军 3000 人袭击，但足利义辉留下的遗臣旧部还是尽全力保住这最后的幕府将军继承人。

按照足利义秋最早的计划，只要能够调停南近江六角家、北近江浅井家、美浓斋藤家、尾张织田家合流，就能出动一支联军进攻京都。然而永禄九年（1566）八月“战国风云儿”织田信长如约起兵时，美浓斋藤家却突然阻击，织田、斋藤之战再度进入白热化；同时南近江六角家也开始内通敌人，足利义秋只得逃亡若狭国。

为了进军京都，足利义秋反复动员流亡地附近的若狭武田家、越前朝仓家乃至上杉谦信等名门，但诸大名都因为内外纷争而无从支援进京之战。

永禄十一年（1568）四月十五日，足利义秋认为“秋”字不吉利，便举行元服仪式，并更名为足利义昭。这次改名似乎确为吉兆，到七月，足利义昭托庇于已经击溃美浓斋藤家的织田信长羽翼下；七月二十五日，织田信长迎足利义昭入岐阜城，经过短短两个月交战，织田信长就打入京都；十月十八日，足利义昭就任十五代将军。随后足利义昭给织田信长写了表彰状，虽然仅比织田信长小三岁，但足利义昭依然称之为“御父织田弹正忠殿”，以父子来形容二人之间的关系。

进京之战成功以后，织田信长忙着剪灭对手残党，并在京都发布新政策。而足利义昭则重新掌握了兄长足利义辉留下的政治遗产，大量奉行众回到幕府重构幕府的司法体系。

足利义昭的居所——旧二条城遗迹

永禄十二年（1569）一月五日，织田信长的主要对手——三好家残党出兵包围足利义昭所在的京都本国寺，意在复制刺杀足利义辉的事件。不过这一次，由于织田信长事先留兵5000人，三好残党并没有占到便宜。不过随着事态发展，足利义昭与三好

足利义昭

家残党之间的矛盾退居次席，与织田信长的矛盾逐步尖锐起来。

一月十四日，织田信长授意足利义昭发布《殿中御掟》，内容分为九条：（1）御用、护卫及杂役类的近臣可依惯例直接任用；（2）只有公家、御供众可直接觐见将军；（3）自治村落的人员不经允许，不得出动；（4）幕臣进入御所，要经过织田信长允许，除此以外不得接近御所；（5）所有法律官司全部要经过奉行众之手转交幕府及朝廷；（6）不得直接向将军上诉；（7）法律事务的规定如以前一样；（8）以上事项若被忽视，负责人必须向将军报告；（9）石山本愿寺、比叡山延历寺的僧人以及医生、阴阳师不得进入御殿。

在足利义昭看来，《殿中御掟》无疑是架空了自己，织田信长与足利义昭之间冲突加剧。

三月，为了缓解矛盾，足利义昭希望授予织田信长副将军职位，但织田信长并没有接受，接着足利义昭又询问是否要授予管领，织田信长同样拒绝。他申请将堺港、大津城（滋贺县大津市）等商业重地交给织田家作为直辖领地，因而得到和泉国守护之位。足利义昭还不甘心，甚至请求天皇下诏来任命织田信长为副将军，但依然没有得到回应。

元龟元年（1570）一月，织田信长再度为《殿中御掟》追加五项条款：（1）如果对大名发布御内书（将军的文书），必须添加织田信长的书信；（2）迄今为止足利义昭发布的所有命令全部无效，要重新思考并确定新的命令；（3）对将军尽忠职守要有奖励，由于将军没有领地，由织田信长从自己领地中予以适当的赏赐；（4）有关天下政治，无论何事都要交予织田信长完成，不可有人限制，如果有人违反将军意志，织田信长可以进行惩罚；（5）为了天下太平，与皇宫有关的仪式需要将军来完成。

五项条款进一步剥夺足利义昭的权力，无论是发布御内书，还是赏赐、惩罚、政务处理等事宜全部由织田信长代办，留给将军的只有礼仪操办。从这一时期开始，足利义昭与各国大名展开私下联系，利用近畿势力对织田信长的不满组建反信长包围网，双方的博弈逐渐浮上水面，传统的将军与陪臣之争又重新开始。

四月，在足利义昭的策动下，同盟浅井长政首先与织田信长决裂；紧接着七月二十一日，三好家残党在本愿寺势力支持下在摄津国举兵；等到织田信长来平定之时，与足利义昭颇有交情的石山本愿寺又突然宣布织田信长为“佛敌”，织田信长面临生死存亡危机。虽然织田信长在后世扬名四方，但就当时而言，他并不具备独自统一近畿的能力，足利义昭也不愿对他赶尽杀绝。十一月一日，足利义昭主持织田、浅井、朝仓三家和议，织田信长遭遇生涯早期较为惨痛的一次失败。

进入元龟二年（1571），足利义昭不愿再单独倚仗织田家，便同时向武田、上杉、毛利、六角、本愿寺等各派战国大名发布文书要求联合。面对突如其来的“信长包围网”，织田信长先后进攻伊势长岛城（五月）、火烧比叡山（九月十二日），积累一定胜利经验以后，他又在元龟三年（1572）十月向足利义昭递交了长达 17 条的建议书，史称“异见 17 条”，正式与足利义昭决裂。

随着足利义昭宣布反对织田信长，东部甲斐国大名武田信玄也宣布打响“西上作战”，并在元龟三年（1572）十二月大败织田信长的盟友德川家康，掌握先机。

天正元年（1573）三月，织田信长向足利义昭申请议和，但足利义昭一方面与三好家残党结盟，一方面期待着武田信玄进入京都，故而拒绝；三月二十五日，愤怒的织田信长进入京都，足利义昭被迫与织田家达成城下之盟。

足利义昭本想用和约做一个缓兵之计，但四月武田信玄去世的消息传来，他只得寻找新的支持者。

七月三日，足利义昭率军来到槙岛城（京都府宇治市槙岛町），准备切断京都与岐阜城之间的联系。但织田信长不为所动，七月六日，他从琵琶湖走水路越过足利义昭的关卡，直接占领京都；七月十六日，织田军团围困槙岛城，足利义昭开城投降。

织田信长并未废黜足利义昭，只是将其逐出京都。虽然一般历史书均以1573年作为室町幕府灭亡之年，但足利义昭依旧是名义上的征夷大将军。

离开京都以后，足利义昭先后来到河内国若江城（大阪府东大阪市若江南町）、堺港等地，最终在天正四年（1576）来到备后国鞆浦（广岛县福山市鞆町），接受安艺毛利家庇护，成为“鞆幕府”。

在鞆浦时期，足利义昭依旧给各路大名写信反对织田信长，也间接参与到武田、上杉、毛利、本愿寺等势力的又一次“信长包围网”中。不过随着上杉谦信在天正六年（1578）去世，石山本愿寺在天正八年（1580）降伏，武田家在天正十年（1582）灭亡，能够反对织田信长的势力已不复存在。

天正十年（1582）六月二日，织田信长遭到家臣明智光秀反叛而身死人手。就在之前一天，明智光秀的使者突然到访上杉家，希望对方能够帮助自己。从敬语的使用情况来看，很可能有比上杉家地位更高的人在幕后指挥。经推测，足利义昭很有可能参与了暗杀织田信长的幕后活动。

随着羽柴秀吉接过织田信长的班子，历史又朝着不利于足利义昭的方向发展。天正十四年（1586），秀吉就任关白并改称丰臣秀吉，庇护足利义昭的毛利家宣布臣从。在这一时期，日本出现“关白秀吉、将军义昭”的特殊情况。

天正十五年（1587），丰臣秀吉发动九州征伐。为了视察毛利家领地，丰臣秀吉特地从大坂缓慢西进。三月十二日，丰臣秀吉途经备后国沼隈郡，足利义昭特来迎接。两人谈笑风生，交换太刀，互致问候，足利义昭答应丰臣秀吉辞去将军职务。十月，足利义昭回归京都，并在天正十六年（1588）

一月十三日正式辞去征夷大将军。

与祖辈一样，足利义昭也经历了“寻求支持者而复位”“与支持者之间的矛盾”这套完全相同的剧本，他也多次试图恢复自己作为将军的权力。虽然最终没有成功，但面对织田信长、丰臣秀吉这种历史大人物，足利义昭一次次的努力多少拖延了室町幕府的生命，这对于他的能力而言已经是难能可贵了。

贰

应仁、享德之乱前后各路贵族

1. 细川胜元

作为应仁之乱中的东军统帅，细川胜元在历史上颇负盛名，但有趣的是，早在应仁之乱前20年，他就险些开启一场大乱。

六代将军去世之后，当时幕府内部最为强势之人就是管领畠山持国，而刚刚十多岁的细川胜元不得不奋起反击，两人凭借着家格与实力，各自挑动对手：文安二年（1445）三月，由于未能平定大和国（奈良县）动乱，畠山持国被迫辞职，细川胜元接任管领。但宝德元年（1449）十月五日，畠山持国再度压倒年轻的细川胜元，出任管领，双方竞争之白热化可见一斑。

这一时期，加贺守护富樫家出现内乱，为了支持内乱双方，细川胜元、畠山持国一度各自聚集大军来到京都附近，开启战国的动乱险些提前20年爆发。但由于加贺内乱很快平息，双方没了对峙的理由，各自罢兵而去。

由于畠山持国势力过于强大，细川胜元必须寻找盟友：文安四年（1447）他迎娶山名持丰的养女为正室，这位山名持丰也正是日后的应仁之乱的西军统帅山名宗全。细川、畠山两家矛盾一直延续了近十年。康正元年（1455）三月畠山持国去世，幕府政治格局又一次发生变化。

按“父死子继”的惯例，畠山家庶子畠山义就应为继承人，但为了阻挡畠山家的横行，细川胜元决心支持畠山持国的侄子畠山政久夺位。但八代将军足利义政偏向于畠山义就，加之细川派的山名持丰与将军不睦，甚至一度遭到流放，这个夺位计划被迫流产。细川、山名两家的对手从管领畠山家变为逐步亲政的将军足利义政。

长禄元年（1457）七月，足利义政因故将畠山义就放逐出京，任命畠山政久的弟弟畠山政长为新任家督；长禄三年（1459）五月，斯波家当主斯波义敏对抗幕府命令，将军足利义政随即动用大权提拔斯波义廉；但转过头来宽正四年（1463）八月，靠着政所执事伊势贞亲斡旋，足利义政反而赦免了斯波义敏。

畠山、斯波两管领家本拥有巨大权力，但经过将军来回整饬，已然人心不稳。细川胜元担心将军权力过分扩大，也担心细川本家出现内斗，决定继续联合山名宗全对抗伊势贞亲。

文正元年（1466）七月二十三日，在伊势贞亲策划下，幕府命令斯波义廉停止参加幕府会议，并要求他将斯波家宅邸让予斯波义敏居住，八月二十五日斯波义廉再度被夺权。虽然细川胜元在政策上更支持斯波义敏，但若再让将军翻云覆雨，未来细川家的发展也有可能受到妨碍；九月六日，细川胜元针对诬告将军弟弟的伊势贞亲大加批判，随即与山名家一起剿灭伊势家的同盟势力。

随着伊势贞亲下野，足利义政失去左膀右臂，幕府政治格局第三次发生变化：斯波、畠山两家内斗剧烈起来，细川、山名两家由于支持方向不同，矛盾逐渐凸显；当年十二月二十日，细川胜元嫡长子出生，原来从山名家迎来的养子山名丰久脱离养子身份回到山名家。

应仁元年（1467）一月，足利义政突然宣布废掉畠山政长，再度邀请畠山义就进京参会，引发一月十八日畠山两派在上御灵神社交战。细川胜元虽然没有援助己方畠山家人马，但二月中旬开始，细川家陆续集中四国岛细川部队进京，到五月十一日，16万东军正式整备完毕。另一方面，五月二十六日，西军从京都西侧进军京都，两军正式对战。

细川胜元

交战伊始，应仁之乱本有可能迅速结束，毕竟东军在当年六月三日就获得了将军牙旗。六月八日，东军本想借助优势发动总攻击，然而就在当天，细川胜元得到西军的和议申请，总攻击计划也随即停止。然而和议期间，七月十九日，周防守护大内政弘率领 3 万人渡海进入近畿，谈判随即中止，战争也从瞬时战演变成消耗战。

细川胜元虽然开启了应仁之乱，却始终无法平复，直到文明五年（1473）五月细川胜元去世为止，东西两军都未能达成协议，最终乱局还是由两家后代收拾。总体而言，细川胜元本人具备较强的政治能力，也完成了削弱将军权力的关键步骤，但在历史大潮下，他也不免成为被历史裹挟的小人物，起码比起他的儿子显得被动得多。

2. 山名宗全（山名持丰）

南北朝纷争时期，山名家祖先山名时氏跟随足利家征战四方麾下，最终在二代将军足利义诠一代成为幕府四职之一，有资格出任侍所头人（负责军队指挥与京都地区警察、征税事宜）。由于山名时氏与五个儿子先后出任十一国守护（日本总共六十六国），山名家也称作“六分一殿”。

不过到永享五年（1433）12 代家督山名持丰继承家业时，只兼任但马、备后、安艺、伊贺四国守护，加上同族拥有因幡、石见、伯耆守护，山名家只任七国守护职位，势力大降。

嘉吉元年（1441）六月，六代将军足利义教遭到赤松家刺杀，山名持丰也恰好在场，并目睹族人山名熙贵被杀。幕府宣布讨伐赤松家，山名持丰趁机公私仇同报，在九月五日率军攻克赤松家主城播磨坂本城（兵库县西肋市）。凭借赫赫战功，赤松家的备前、美作、播磨三国也划归山名家所有，山名家领地一下子扩张至十国，加上山名持丰作为侍所头人兼任的山城守护，山名家可谓又回到了“六分一殿”的盛世。

不过随着幕府中央重新迎回管领畠山持国，山名家地位受到威胁。为缓解危机，出家之后的山名宗全便将两位养女分别嫁给管领家的细川胜元、周防守护大内政弘。这个同盟以势力庞大的山名家为中心，辅以掌握日朝、日明贸易的大内家，事实上形成了应仁之乱中西军的雏形。

享德四年（1455），围绕曾经刺杀将军的赤松家是否可以重归幕府，山名宗全与八代将军足利义政产生矛盾，遭到幕府中央部队的围攻，被迫让位下野。长禄二年（1458），山名宗全得到赦免并重归幕政。

这段时间里，由于将军足利义政试图强化将军权力，日后的东军统帅细川胜元也在西军阵营中。幕府内斯波、畠山两家内乱频仍，山名宗全开始支持斯波义廉、畠山义就，而女婿细川胜元却支持斯波义敏、畠山政长，双方逐渐走向对立。

由于翁婿关系依旧存续，双方矛盾并未凸显，到了文正元年（1466），斯波义敏、义廉双方已经剑拔弩张，山名宗全已经进京保护斯波义廉，细川胜元依然没有撕破脸皮，而是选择保护山名家的利益，将幕府政所执事伊势贞亲驱逐出京都。

当时的幕府中央绝非是截然的一分为二局面，而是你中有我、我中有你的混乱局面。

文正元年（1466）十二月，细川胜元嫡子出生，两家的合作也走到尽头。应仁元年（1467）畠山家内乱再度爆发，山名宗全不顾将军足利义政反对，派遣军队介入内乱，击败对手畠山政长。二月中旬，周防守护大内政弘准备进京支持山名宗全，东西两军对峙始现。

五月中旬，山名宗全率军来到播磨国此隅山城（兵库县丰冈市），集结从西国各地赶来的士兵进军京都。虽然五月二十六日应仁之乱开战以后西军稍显劣势，但到了八月，随着大内家军队到来，双方陷入僵持。十月三日，西军烧毁了京都东北部的相国寺以及室町御所的一大半，这深深触动了天皇与将军，后花园天皇下诏惩罚山名宗全，足利义政也发书要求制裁山名宗全，西军不再持有大义名分。

为重夺大义名分，山名宗全策反将军弟弟足利义视，文明元年（1469）一月，足利义视在山名宗全宅邸接受西军将领朝贺，“西幕府”正式成立；不仅如此，文明三年（1471）八月，山名宗全甚至请来北朝室町幕府的死敌——南朝后裔小仓宫前来担任“新主”，准备树立一个新的天皇政权，重启南北朝时代。

不过再多名分也挽救不了西军颓势，也无法终结动乱，议和条款始终无法达成一致。文明五年（1473）三月，山名宗全也走完70岁人生，山名家旋即退出争夺，与细川家达成和解。

虽然家格比起三管领低一些，但在实际权力与兵力上，山名宗全却明显占据优势，这也是应仁之乱西军得以建立的基础所在。若没有山名宗全持续的韧劲支撑，没有他挑战将军权威的愿望，应仁之乱不可能延续这么久。

3. 伊势贞亲

嘉吉三年（1443），在足利义政被确认为八代将军继承人以后，幕府亟须为这位未来的幕府将军找到一位老师，政所执事继承人伊势贞亲成为最佳人选。

政所负责室町幕府的财权与领地诉讼事宜，自从天授五年（1379）以来一直由伊势家世袭。虽然家格不算室町幕府七大家族之一，但从享德三年（1454）伊势贞亲接过执事之位开始，伊势家便逐渐在幕府中拥有较大影响力。而这种影响力最初来源于当年爆发的近畿“土一揆”。

“一揆”是联盟之意，“土一揆”可以理解为土民联盟。从室町幕府时期开始，农民逐步选择联盟自治，一旦农民因资不抵债丧失土地，“土一揆”就会出现，并要求幕府实行“德政令”，废除债务关系。这种要求经常伴随武装抗争，搅得各地鸡犬不宁，幕府体系无法正常运转。

从享德“土一揆”开始，伊势贞亲发明了一个新办法：幕府帮助“土一揆”

废除债务，但要收取欠债额的 10% 作为手续费，即所谓“分一钱”。靠着收取酬金，“土一揆”获利，幕府也得到资金支持，同时弱化了地方领主的权力，可谓一举三得。

正因处理得当，伊势贞亲逐渐获得将军足利义政的信赖，奉行众、申次众（将军接见各类武士事宜）等文官均交由政所管辖。

康正元年（1455）开始，伊势贞亲开始有权在每封将军御内书里添加“副状”，指示幕府各级机构行事。这一权力本由管领细川胜元所有，但由于足利义政信任，伊势贞亲在这段时间里越过幕府管领家，甚至从宽正元年（1460）开始负责联络平定享德之乱的关东各大名，权力如日中天。

应仁之乱前，幕府内矛盾最大的其实并非细川、山名两家，而是幕府各大贵族与伊势贞亲之间的矛盾。毕竟伊势贞亲象征着将军的集权努力，幕府贵族则为大名分权努力，这对矛盾从室町幕府成立伊始就一直存在。

宽正五年（1464）细川胜元准备讨伐敌对者大内政弘时，伊势贞亲私下里向大内家通风报信，双方彻底结下梁子。一年后，足利义政长子出生，伊势贞亲成为乳父，对还俗备任的将军弟弟足利义视颇有敌意。九月五日，伊势贞亲诬告足利义视谋反，但由于足利义视随即进入将军御所与兄长和解，最终细川、山名两家一起逼迫伊势贞亲逃离京都。

随着应仁之乱的爆发与将军权力的弱化，伊势贞亲彻底失权，沦为幕府二流政治人物。在各种演绎中伊势贞亲类似于一个弄臣，而真实历史上他是一个不太懂政治的技术官僚，只能作为一个配角存在于历史之中。

4. 斯波义敏

斯波义敏是应仁之乱前的核心人物，他因与家臣甲斐常治的对立而失去管领家督地位。

但事实上，斯波家与甲斐家的矛盾从斯波义敏父亲那一代就开始了。斯

朝仓孝景墓所

波义敏这一分家是出身于斯波家旁支大野家，主管家族内部事务，由于斯波宗家断嗣，斯波义敏得以入门，第一重臣甲斐常治对这件事颇为不满。享德元年（1452）八月，18岁的斯波义敏接过越前、尾张、远江守护之职，双方矛盾进一步剧烈，甲斐家靠着自己事实上占据的越前国与斯波家对峙。

长禄二年（1458）六月，足利义政要求斯波家前往关东平定享德之乱，由于将军偏爱甲斐常治，斯波义敏赌气拒绝前往，并派军队北上夺取越前甲斐家领地。长禄三年（1459）三月，幕府任命甲斐常治为越前守护代；四月中旬，斯波义敏公然违反幕府指令，围攻只有200人驻守的敦贺城（福井县敦贺市）。五月十三日，斯波军从海上派遣了50艘船、1万余士兵准备进入越前国，但海上突然刮起台风，船只几乎全部沉没，军队也遭遇非战斗性损伤。

甲斐常治从敦贺城突围，斯波义敏在损失800多人后撤退。虽然800人看似不是很多，但在足轻尚未普及的情况下，征战沙场的大多为世代侍奉主君的武士，800名武士的损失对于庞大的斯波家而言也不啻于毁灭性灾难。

将军足利义政震怒，斯波义敏遭到多方攻击被迫出海，逃至周防大内家避难。宽正二年（1461）八月，斯波家家督的地位也辗转交给九州涩川家出身的斯波义廉。

斯波义廉毕竟不是斯波家出身，来到前线以后无法凝聚全部幕府军力量。宽正四年（1463）八月，斯波义敏得到赦免，并在宽正六年（1465）十一月得到御内书回到京都。

文正元年（1466）七月，斯波义敏重新成为斯波家家督并接过三国守护职位。九月六日，由于支持斯波义敏的伊势贞亲被迫下野，将军又一次任命斯波义廉成为家督与三国守护。斯波家家督反复变动最终引发幕府内部大乱，应仁元年（1467）五月，应仁之乱爆发。

为了重夺越前国统治权，斯波义敏前往越前国与西军成员朝仓孝景对峙。文明三年（1471）朝仓孝景投奔东军，斯波义敏失去攻击名分，但朝仓孝景在地方的实力愈发强大，逼迫主君在文明七年（1475）回到京都。

作为斯波家正统家督，斯波义敏一生中受到足利义政多次摆弄，受尽辛苦；但进入晚年，斯波义敏却来到东山，与退隐将军足利义政一起热心花鸟鱼虫，一边编纂关于斯波家历史的文章一边了此残生，也不禁让人唏嘘。虽然他与山名宗全分属东西两军，但两人的作用也不无相似：越是抗争，乱子就越大，自己劳心劳力却也不一定有什么太好的结果。

5. 大内政弘

第一次进京之时，大内政弘只有 22 岁。

大内家不仅是九州的丰前、筑前两国守护，同时也是周防、长门两国守护，掌控关门海峡，进而掌握着濑户内海通往海外的重要通道。由于父亲迎娶山名宗全养女为妻，大内政弘身上也流着山名家的血液，宽正六年（1465）父亲去世以后，年仅 20 岁的大内政弘接过四个分国的守护之位。

大内政弘与细川家有着天然矛盾：日明贸易。

所谓日明贸易，是指日本与明朝的朝贡贸易。明朝虽然曾册封三代将军足利义满为日本国王，但日明贸易总体要以“勘合”（验对符契，只有符合才能贸易）形式完成，这就使得日明贸易的官办色彩很重。永享四年（1432）六代将军足利义教重启日明贸易，以堺港、阿波国（德岛县）为经济基盘的细川家便与把控关门海峡的大内家之间矛盾重重。

两家矛盾最终在应仁元年（1467）酿成大乱，七月十九日，就在细川、山名两家刚刚开始谈判时，大内政弘率领 3 万人、500 艘战船从海陆两个方向到达播磨国室津（兵库县龙野市御津町），前来的军队中包括中国、四国地区八个领国的国人，声势浩大。

加入西军以后，大内政弘受到山名宗全的礼遇，获得左京大夫职位。但八代将军足利义政两度发书征讨大内政弘，应仁二年（1468）十二月，从属于东军的九州国人从背后突袭筑前国，被大内家留守部队击退；文明二年（1470）二月，足利义政突然任命大内政弘的叔叔大内教幸为新的大内家家督，双方一直对立到应仁之乱结束。

出于报复心理，文明二年（1470）七月，身处京都的大内军迅速反击东军领地，进入山城国相乐郡，突击东军左翼，进而在京都西南部巩固阵势。看到大内军到来，驻守山城国的 16 家东军国人里有 12 家投降西军。《大乘院寺社杂事记》在七月二十三日记录里评价道："东军大人好似笼中之鸟。"七月底，除去木津川最南端的木津城（京都府木津川市）以外，山城国土地均被大内家夺取。

木津城位于木津川南段回流部分最南端，由于附近山地居多，木津城把守着从山城国南部通往大和国（奈良县）的重要路口，从筑城以来便是兵家必争之地。因而附近不仅有细川家、畠山家等管领势力，更有奈良兴福寺僧徒势力扩展过来。

文明三年（1471）四月二十一日，大内军领导西军出兵木津，并烧毁西侧农庄，意在围城断粮。四月二十二日，东军突然越过木津川西，烧毁西军方的农庄，并构筑椿井城（京都府木津川市）以抵挡大内军的进攻。六月十二日，大内军攀登到椿井城后山上，沿山一路下行，攻克城池，细川家国人溃退。

文明五年（1473）山名宗全、细川胜元相继去世，两个发起家族随即和解。不过作为后来者，大内政弘为了保住自身领地，依旧不愿罢兵。文明七年（1475）四月，大内政弘继续突击木津城，与前来援助的大和国人交战，但却损失惨重，60多名武士的伤亡让大内家备受打击，暂时放弃突破木津川之念。

文明八年（1476）九月十四日，足利义政向西军最强势力大内政弘发书，要求其退兵回国，事情又有了转机。随着当年十二月足利义政与弟弟足利义视和解，文明九年（1477）五月三日，大内政弘向日野富子献上30贯钱，接着又单独献上50贯钱作为与足利义政商谈的中介费用。十月三日，足利义政保证大内政弘领地安全。十一月十一日上午，大内政弘烧毁阵营，踏上了返回领地的征途。

由于多年在京，大内家虽然名声大振，但其国内政事不免荒废。大内政弘这位出色的战将虽然在应仁之乱里大放异彩，却并没有获得更多利益，相反其在领国内的权力基础开始弱化，为日后大内家重臣把持政权埋下了伏笔。

6. 畠山政长

畠山家内乱虽然名气不大，却深刻显示出日本人的价值观。

康正元年（1455）三月，畠山持国去世，后继者之争随即在其弟弟畠山持富、庶子畠山义就之间展开。若是按中国传统价值观，畠山家家督之位应该由畠山持国的儿子畠山义就继任。但在当时日本人的价值观里，还存在“嫡庶”之分，庶子能获得的继承权少而又少，而且畠山义就的母亲与其他两位贵族男性也生有孩子，所以一度被认为是“游女”（妓女），畠山义就的地位自然不会太高。

像畠山家这样拥有众多国人的家族，还面临更为复杂的情况。

所谓“国人”，初意是指某个领国的人，但由于在当时的日本，能拥有名和姓的人都是该地豪族，“国人”也指成为某个分国拥有地盘之人。战国时期日本政略逻辑的最大特点，就是要想方设法拉拢各地国人。

畠山政长的父亲畠山持富担任嗣子期间广结人脉，到兄长畠山政久去世

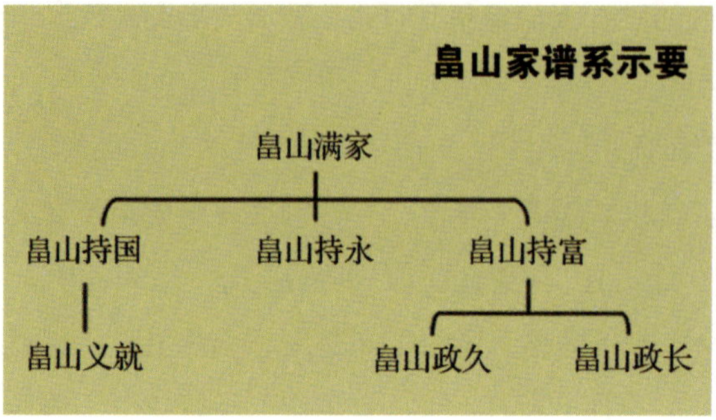

畠山家谱系图

（1459）前后，畠山政长已拥有游佐、神保、筒井、成身院几位重臣，其中游佐、神保家分别出身于河内国（大阪府东部）守护代家、越中国（富山县）守护代家，均从镰仓时代就开始追随畠山家，称为“镰仓众”；筒井、成身院则出身于大和国（奈良县）兴福寺僧徒筒井家，以国名称“大和众”。

宽正元年（1460）九月二十日，八代将军足利义政要求畠山政长回到幕府，成为畠山家家督，畠山义就逃亡大和国。当时奈良兴福寺僧徒主要分为五个大族，越智、古市两家支持畠山义就，筒井、箸尾、十市三家支持畠山政长。

为使畠山义就降服，畠山政长从宽正元年（1460）十二月开始，经过三年多包围，在宽正四年（1463）四月逼迫畠山义就逃亡大和。不过当年十一月，随着足利义政大赦天下，畠山义就也摆脱罪人身份，加入山名宗全、斯波义廉等人的西军阵营。

文正元年（1466）十月，京都爆发文正政变，畠山义就从大和举兵进入河内国，挑战畠山政长的权威；十二月，足利义政废掉畠山政长，要求畠山义就进京，这就成为应仁元年（1467）一月十八日两畠山家进入上御灵神社的引子，继而引发应仁之乱。

但有趣的是，战乱中，两畠山家之间并未过多交战，反而是在战争快要结束的文明九年（1477），双方突然开始激战。

应仁之乱中，由于西军主将大内政弘在山城国南部连战连胜，（东军）畠山政长便在文明八年（1476）八月派兵进入河内若江城（大阪府东大阪市）抵挡，（西军）畠山义就反过来在文明九年（1477）九月率领200名“骑”（骑马武士）与2000余名“徒士”（步兵）从京都出发，在九月二十七日攻击若江城东侧，又在十月七日绕道誉田城（大阪府羽曳野市），一系列举动均是对河内国畠山政长势力施压。若江城难挡攻势，开城投降，大内政弘随即攻克木津城，政长军“大和众”伤亡惨重。双方本欲再战，奈何应仁之乱结束，大内政弘归国，双方只得罢兵。

文明十五年（1483）二月十六日，京都大乘院僧人政觉从京都前往奈良，由占据北山城的畠山政长军队将其护送半途，紧接着由畠山义就军队继续护送其至奈良。即便在争斗之中，双方仍不忘为畠山家增添名声，这多少可以

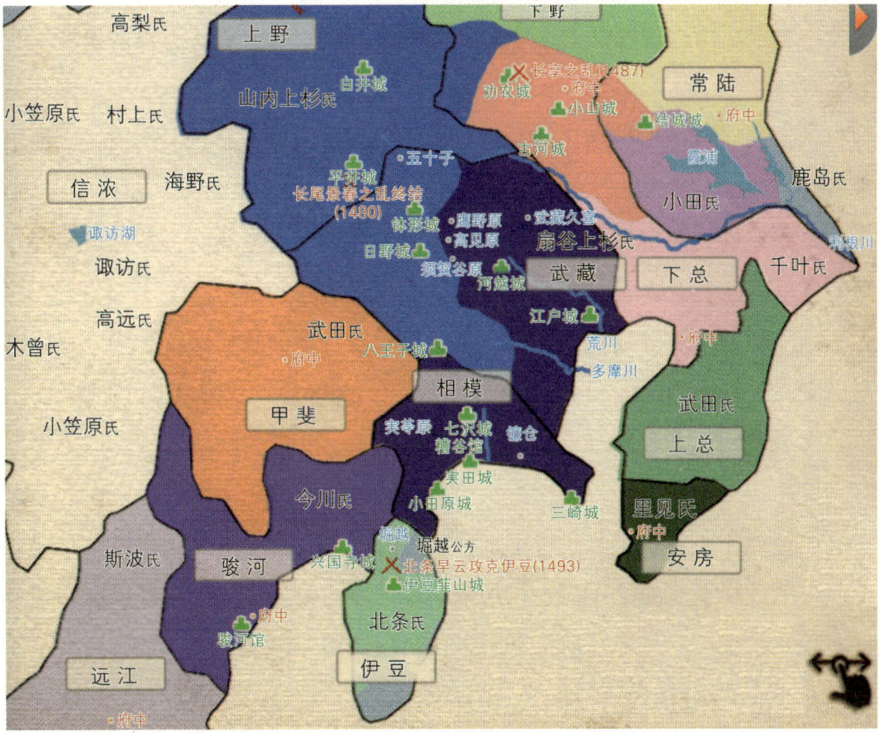

1477—1493 年关东形势图

看出日本人的价值观所在。

为了争取南山城的人心，畠山政长以山城守护名义宣布：战争期间，宇治川以南领地可以“半济”，即从庄园公领收取的年贡减半。八月，畠山政长从朝廷请旨讨伐畠山义就，畠山义就立刻从北上进攻河内十七所（大阪府寝屋川市西部、门真市、守口市、大阪市鹤见区中东部）；九月初，畠山政长再组3000人部队，准备进攻正在围攻犬田城（大阪府枚方市）的畠山义就4000人。九月十七日，畠山义就发现敌军增援到来而急速反击，畠山政长军队战死数百人，九月二十八日犬田城开城投降。

一系列作战中，畠山义就靠着勇猛突进获得胜利，畠山政长则一路败绩。文明十七年（1485）七月，畠山义就派驻南山城的斋藤彦次郎突然叛逃畠山政长一方，畠山政长立即调遣“大和众”进入山城国，重新引发两畠山军在十月对峙。

两军的对峙使山城国民众受到巨大影响，十二月十一日，南山城三郡聚集所有15—60岁山城国人，在如今的旅游胜地宇治平等院催促两畠山军退兵；十二月十七日，两畠山军在与山城国人商议之后，决定从前线各自退兵，并答应再也不进入山城国。

由于山城无法继续交战，两方也达成妥协，畠山政长保留越中、纪伊，畠山义就领有河内、大和两国。文明十八年（1486），畠山政长让渡管领之位给细川政元，之后虽然在长享元年（1487）一度再次就任管领，但不再拥有实权。

延德元年（1489）九代将军足利义尚去世之后，畠山政长积极参与迎立十代将军足利义稙的工作，并在延德二年（1490）十二月十一日畠山义就去世之后发起进攻，甚至鼓动将军亲自在明应二年（1493）二月十五日出发征讨对方的继承人畠山基家。

也就在这时，反对他们的细川政元在京都发动政变（明应之变），畠山政长遭到追击，只能在河内正觉寺（大阪市平野区）自尽身亡。这位应仁之乱的导火索人物，经历一生争夺之后终于走到了人生尽头，无论是不是正统，他都成为战国开启时期的重要人物。

7. 太田道灌

东京如今已是世界最繁华的都市之一，而其发端却在战国前夕，与太田道灌关系甚大。

太田道灌初名太田资长，文安三年（1446）元服之后跟随父亲太田资清出仕扇谷上杉家。享德之乱爆发后，太田道灌从康正元年（1455）开始驻守前线，并沿着分割双方势力的利根川修建河越城（埼玉县川越市）、岩槻城（埼玉市岩槻区），最终修筑江户城（东京都千代田区）。

如今东京区域广阔，而古代东京所在的武藏国丰岛郡一直是武藏国与下总国的连接点。如今东京东部地名“两国”正脱胎于跨越隅田川的“两国桥”，可见直到近代废藩置县以后，隅田川两岸才全部纳入东京范围内。长禄元年（1457）四月，太田道灌从品川居馆迁至江户城。

太田道灌

太田道灌一生中最辉煌的事件，莫过于作为上杉家家臣平定叛将长尾景春之乱。

文明八年（1476）六月，山内上杉家家臣长尾景春宣布反叛，并占领武藏国钵形城（埼玉县大里郡）。在上杉家的关东布阵中，除去五十子阵为前线之外，最重要的便是太田道灌的河越、岩槻、江户三城，而一旦占领了钵形城，就等于切断了河越与五十子阵之间的联系。

不久之后，江户城西北部的石神井城（东京都练马区）丰岛泰经、练马城（同前）丰岛泰明兄弟投靠长尾景春，更切断了江户城与河越城之间的联系，一时间享德之乱后形成的势力平衡有着崩溃之虞，太田道灌面临最大的危机。

太田道灌的第一目标就是丰岛兄弟。文明九年（1477）三月，碍于附近的多摩川河水水位猛涨，太田道灌没有正面突破，而是攻克西南部的沟吕木城（神奈川县厚木市）、小矶城（神奈川县大矶町），打通与镰仓城之间的联系，之后再率领得胜之师于四月北上攻击石神井城。四月十三日，太田道

长尾景春之乱形势图

灌首先在东侧的练马城放火烧城，引诱丰岛泰明出兵决战，并在必经之路江古田原（东京都中野区）附近设伏，最终杀死丰岛泰明等150名武士，丰岛泰经回归石神井城固守。

之所以能够迅速杀死敌将，与太田道灌善用“足轻”有着密切关系。

所谓足轻，在一些记载中也称“疾足”，字面翻译为轻装步兵，大多是临时凑集的农民。由于战乱频仍，各军队便临时征调农民，分发一些简陋武器，简单训练即让其参与战斗。虽然足轻不是正规军，但较之平安时代、镰仓时代以个人战为主的模式，战国时代终于进入步兵集团作战之中。

太田道灌曾著《足轻兵法》一书送给管领细川胜元。书中强调要以步速较快的足轻为主力，以最快速度围困对手单骑挑战的主将，只要把将领砍翻下马，战役就可顺利进行。虽然这套理论与同时代的中国相比并不算出众，但在刚刚从个人战走向集团战的日本而言，却属创举。

文明九年（1477）四月十四日，太田道灌在石神井城对面修筑本阵，双方展开对峙。四月十八日，丰岛泰经弹尽粮绝，宣布投降太田道灌，不过并没有迅速按照太田军要求毁掉城池。四月二十八日，太田道灌认为丰岛泰经是诈降，迅速夜袭石神井城外城，逼得丰岛泰经趁夜逃出。

打通江户城与河越城的通路之后，五月，太田道灌北上包围钵形城，长尾景春只能向古河公方足利成氏求援，七月初，足利成氏率军在上野国泷城（群马县高崎市）布阵迎击。十月二日，太田道灌采取调虎离山策略，吸引数量庞大的古河军来到远离长尾景春之处驻军。十月十四日，太田军一举进攻长尾军，战役胜利。

文明十年（1478）一月，古河公方发来议和申请，上杉家答应暂停对战，长尾景春也回到钵形城；四月，太田道灌继续包围武藏国小机城（神奈川县横滨市港北区），数十日以后城兵投降，长尾景春的支持势力越来越少，只得求和。

在漫长的享德之乱里，太田道灌巧妙利用足轻部队而大获成功，自己也跻身日本历史名将之列，更成为江户城的创始人，名噪一方。但也因为功高震主，他的主君——上杉家的重要分支扇谷上杉家家督上杉定正颇有不满，甚至开始故意不采用太田道灌的建议。

山内、扇谷两上杉家矛盾爆发后，关东管领、山内上杉家家督上杉显定散布谣言，声称太田道灌要谋反。眼见太田家地位不保，太田道灌借议和之名，将嫡子太田资康送往古河公方处，交给足利成氏照顾。

果不其然，上杉定正动了杀心。文明十八年（1486）七月二十六日，太田道灌受命前往主城糟屋馆（神奈川县伊势原市），在途中洗浴休息之时，被刺客以长枪刺杀而亡；十二月前后，江户城爆发动乱，上杉定正借助当地国人江户家的势力将赶来问责的太田资康驱逐出城，太田资康随即带着全部家当投奔山内家上杉显定。

太田道灌在扇谷上杉家极具名望，他去世以后扇谷方众多国人立即投奔山内方。长享之乱爆发（1487 年）后，扇谷方虽然在一开始占据优势，但随后逐步衰落，最终成为山内方的附庸。

据说太田道灌去世前只留下四字遗言“当方灭亡”。“当方”是指扇谷上杉家，换句话说，他已意识到如果自己去世，那么扇谷方难逃灭亡的命运。太田道灌一言成谶，60 年后，即天文十五年（1546），扇谷上杉家被北条家逼入了死路。

8. 本愿寺莲如

漫长的战国历史中，本愿寺是一个极为特殊的战国领主：虽不是大名，却有着比普通大名更为强大的势力，任何大名只要反抗，便有可能成为“佛敌”，甚至后院起火。

追溯这家特殊大名的起源，还是可以回到应仁之乱。

本愿寺派属于日本佛教净土真宗。由亲鸾法师（1173—1263）创派之后，经过百余年的发展，本愿寺教徒已遍布京都、近江、加贺、越前等领国，势力颇为庞大。但由于经营不善，到了八代宗主莲如即位之时，寺院财政已然入不敷出。

本愿寺莲如

宽正六年（1465）一月八日，由于本愿寺派教义与日本佛教正统——天台宗延历寺教义不同，遭到宗教制裁；三月，数百名延历寺僧兵进攻本愿寺，莲如逃出京都，颠沛流离两年多。应仁元年（1467）三月，本愿寺派获得了延历寺的赦免，但莲如却被迫隐居。

为躲避战乱，应仁二年（1468），莲如沿着亲鸾法师传教路线徒步远行，从近畿来到关东，接着又来到越前国。文明三年（1471）四月，莲如来到信徒众多的越前国吉崎地区（福井县芦原市）建立“御坊”（宗主居所）。

一路上，莲如体会到应仁、文明之乱与享德之乱的血腥残酷，深深明白如果本愿寺派不自我强大，早晚还会受到天台宗攻讦。但与此同时，他也敏锐地发现了新机会——各地自治村落广泛出现。

战国乱世开启以后，日本旧有的各大庄园遭到毁灭性打击，农户纷纷开垦新地、结社自保，这就使得自治村落逐步加入日本封建制政治版图之中。较之传统庄园以庄园主意志为是令，自治村落普遍采取农民合议制，村落决策更容易受到民间信仰的影响。

日本古代农民出身低微，文化程度不高，普遍不了解高深的佛教理论，更没有足够资财制作佛像。莲如提出，无论高低贵贱皆可信仰本派，本派不崇拜其他宗派所供奉的佛像，只需称诵“归命尽十方无碍光如来”十字名号，

吉崎御坊今貌

便可认定为本派教众。

靠着各大自治村落联合，本愿寺派的世俗权力不断扩大，由于各大自治村落内部本就团结，本愿寺更凝聚了一支不可小觑的武装。以越前国吉崎御坊为中心，莲如开始觊觎东边相邻的加贺国（石川县南部）。

应仁之乱中，加贺守护富樫政亲参加东军，但由于越前国属于西军，加贺国也受到西军冲击。文明五年（1473），部分加贺国人投奔西军，拥立富樫政亲的弟弟富樫幸千代为新主，富樫家内乱纷起。

就在双方僵持之时，富樫政亲邀请莲如作为援军进入加贺国。在本愿寺派帮助下，文明六年（1474）十月，富樫政亲将富樫幸千代赶出加贺国。内乱平定后，富樫政亲立即变脸赶走本愿寺派。无奈之下，莲如在文明七年（1475）放弃吉崎御坊，回到京都附近居住。

但莲如并非放弃了进攻加贺国之念。他撤退回京都，主要目的是为了巩固纪伊、京都、近江、北陆四个信徒最多地区的联系。文明十年（1478）十月与文明十五年（1483）八月二十二日，莲如分别开启鹭森别院（和歌山县和歌山市鹭森）、山科本愿寺（京都府京都市山科区）的工程建设，加上近江国支持本愿寺势力的园城寺（滋贺县大津市园城寺町），莲如构建了一个以京都为中心，纪伊为后方，北陆地区为前哨站的完整的情报体系。

长享元年（1487）九月十二日，九代将军足利义尚亲自率军讨伐近江守护六角高赖，加贺守护富樫政亲也加入队伍。

趁着富樫政亲出兵，73岁高龄的莲如发动越前、加贺两国僧兵一起攻击加贺国高尾城（石川县金泽市高尾町）。长享二年（1488），富樫政亲回国平叛，却因被困而切腹自尽，本愿寺获得巨大胜利。

为了统治加贺国，莲如派遣三位子孙分别驻守松冈寺、光教寺、本泉寺三所寺庙，这三所寺庙对加贺影响非常大，获得“加贺三山”之称。

以宗教势力介入世俗社会，本愿寺在战国时代乃至整个日本历史中都极为罕见。但本愿寺的问题也非常明显：莲如的13个儿子分散在近畿各地，这虽有助于莲如的统治，但对于继任者九代宗主实如却是一个很大的问题；本愿寺与土民联盟之间只是合作关系，而非上下级的从属关系，每次作战部队都是临时召集，很难形成统一的行动力和战斗力，这使得日后的本愿寺甚至只能以根来、杂贺集团作为军事上的主力部队。

更重要的一点是，本愿寺的影响范围局限于以近畿为中心的很小区域，无法形成全国性的势力范围，也在一定程度上决定了本愿寺可以作为政治势力存在，也可以挑动大名后方的叛乱，但其军事实力却无法与真正的战国大

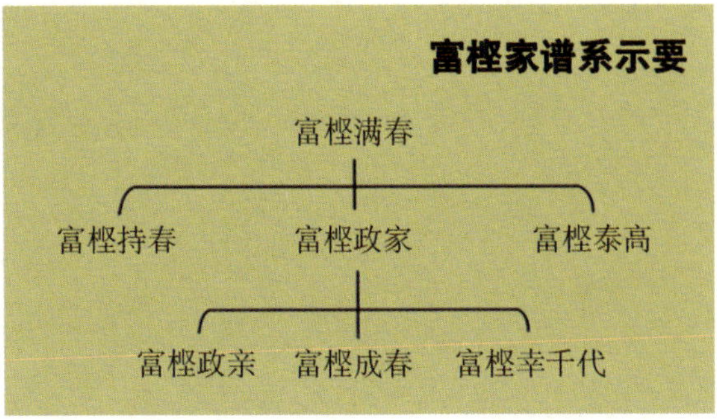

富樫家谱系图

名相提并论。

明应五年（1496）九月，莲如组织人马在京都西南方向的石山地区（大阪市区）修建新寺庙，这也就是后来的石山御坊。第二年十一月，这座寺庙正式完成，由于石山御坊的兴建，加之处于本地区海陆交界处，商业极度繁华，日后的大阪城便在此基础上发展而来。

叁

细川内乱的主要人物

1. 细川政元

细川政元一出生就颠覆了细川、山名两家的联盟，似乎在冥冥之中注定他一生都会是政治人物。

细川胜元在文明五年（1473）五月重病去世，细川政元以八岁幼龄接替家督职位。围绕细川政元，侧近的安富元家、药师寺元长、药师寺元一等一干同辈人形成“内众”，成为细川政元作为细川家家督执政的核心力量。

亲政以后，细川政元面临的第一个对手就是时任管领的畠山政长。文明十四年（1482）六月，细川政元跟随畠山政长出兵讨伐其同族畠山义就，但细川政元基本是出工不出力，反而借机稳定了细川家领国摄津国（大阪府中北部大半、兵库县东南部），目标达成之后随即与畠山义就议和，使得畠山政长大受打击。

文明十七年（1485）年底，随着两畠山军在山城国争战日久，民众掀起自治运动。大家将写好的联名起请文烧掉，并把灰烬放在水中喝掉，象征一心同体——表面上看，这只是一场国人暴动，但背后却有细川政元的鼓动。畠山政长意图统领山城国，细川政元却不希望京都所在地山城国为任何一家独占，挑动民众自然是简单有力的方法。

随着畠山家整体退出山城国，文明十八年（1486）五月，细川家策动同盟——政所执事伊势贞陆为新任山城守护。在新任守护的新政策之下，山城国人成为绊脚石，细川政元迅速出击，将全部国人接收麾下，接替畠山家获得山城国实权。

击溃畠山家以后，细川政元又开始抢夺幕府大权。

长享元年（1487）九月十二日，九代将军足利义尚出征南近江守护六角高赖；九月二十日，细川政元派遣“内众”前往近江各处放火焚烧六角家领地，协助幕府军逼迫六角高赖到甲贺郡（滋贺县甲贺市）避难。战争进入持久战以后，足利义尚逐渐丧失兴趣，每日在阵中吟唱和歌，观看能乐，引发细川政元不满。不过就在细川家有动作之前，延德元年（1489）三月二十六日，足利义尚暴病去世，年仅25岁。

将军急病而死，细川政元作为管领，自然成为决定次任将军的重要人物。在继承人问题上，八代将军夫人日野富子与细川政元共同决定，由八代将军弟弟足利义视之子足利义材继任将军。

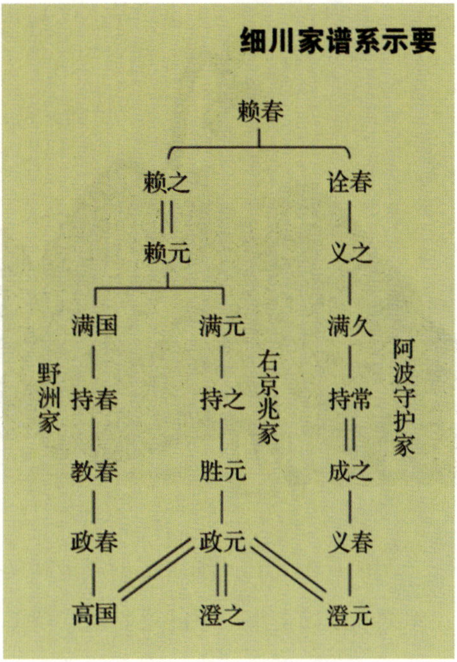

细川家谱系图（单线代表父子，双线代表养父子）

其实在推举足利义材上，细川政元多少有些犹豫。应仁之乱中，足利义材的父亲足利义视属于西军阵营，甚至做过西幕府将军，而细川政元的父亲细川胜元则是东军统帅，双方多少有些龃龉。但由于日野富子的坚持，细川政元并没有反对。

延德二年（1490）八代将军足利义政去世以后，足利义材态度迅速专横，逼得日野富子计划废黜足利义材。作为计划中的一环，八月，细川政元接任南近江守护，这意味着将军不能再出兵进攻南近江。随着延德三年（1491）一月足利义视去世，将军足利义材的权力进一步弱化。

这段时间，管领细川政元却在联络各方势力。二月十三日，他将公卿九条政基的儿子（细川澄之）预定为养子。这使他不仅与公卿建立起良好关系，也与九条家的亲戚堀越公方足利政知加深了联系，为日后迎来新主打下基础。

除此以外，他还与畠山基家的密使多次密会，确定同盟关系。

畠山基家是畠山义就之子，随着父亲在畠山家内乱中失势并郁郁而终，

细川政元

畠山基家受到在京的对手——畠山政长的重点关注：明应二年（1493）二月十五日，畠山政长邀请将军足利义材出兵进攻畠山基家。

趁着足利义材远离京都，四月一日，细川政元秘密派遣内众潜入河内国；四月二十二日，细川政元将足利政知次子秘密带回京都，准备预定为下任将军，室町幕府历史上第一次废黜将军的政变爆发。

闰四月十九日，细川军进攻足利义材、畠山政长的部队；二十一日，畠山军别动队反击细川家的重要据点堺港（大阪府堺市），被细川家同盟赤松家消灭。一番激战之后，畠山政长自尽，足利义材被软禁，后来伺机逃出，到越中国寻求东山再起。

明应之变结束后，细川政元在明应三年（1494）拥立十一代将军足利义高（足利义澄），这也是室町幕府历史上首次由管领直接参与将军废立，以管领为核心的政治体系发展到顶峰。明应八年（1499）九月，细川家击败畠山政长的儿子畠山尚顺，权力进一步向着细川政元集中，他也获得“半将军”的诨名，把持管领位置长达 20 年。

也就是从这一时期开始，细川政元逐渐把幕府政务交给了内众，自己迷信起修验道。

修验道是日本古代的山岳信仰（自然崇拜）与佛教融合后产生的一种宗教派别，其信徒认为，如果在山岳中进行严格的修行，最终能够悟道并获得超自然的“验力”，用这种验力可以拯救众生。

教派规定，修炼者不可接近女色，不过细川政元本来就好男色，以至于有人认为他是以修验道来掩盖断袖之癖。但无论哪种说法正确，细川政元都没有孩子，只得从其他家过继，这就为后来细川家的内乱埋下隐患。

文龟二年（1502）九月，公卿九条家的预定养子正式加入细川家，改名细川澄之；文龟三年（1503）五月，细川政元又从阿波守护家过继细川澄元作为家督候选人，废黜了细川澄之的嗣子地位；此外，细川政元还将野洲细川家的细川高国过继为养子。三位养子围绕着嗣子之位展开了争夺。

由于细川宗家家督世袭右京大夫，细川宗家便以右京大夫的唐朝官名“右京兆”称为细川京兆家。此番细川政元将阿波守护家、野洲家的儿子都过继到宗家，目的便是调和细川家各分支之间的矛盾。但随着嗣子之争激化，矛盾不但没有解决，反而有着升级倾向。

仔细观察细川澄之、澄元、高国三位养子，可以发现三人出身都不简单。细川澄之出身九条家，是摄政关白家成员，在公卿中地位很高，且与十一代将军足利义澄有远亲关系；细川澄元出身阿波守护家，掌握着细川家的主力部队；细川高国出身野洲家，在血缘关系上同京兆家最近，三者都有充分理由认为自己是当仁不让的继承人。

三位养子互相争夺，细川家也不免有了内乱的苗头。

永正元年（1504）闰三月，细川政元解除药师寺元一的摄津国守护代职务，虽然将军足利义澄阻止，但药师寺元一还是在九月掀起反旗，意欲拥立细川澄元为新主。没过几日，其弟药师寺长忠攻来，药师寺元一被迫自尽，年仅28岁。

叛乱虽被平定，但在叛乱过程中，药师寺元一已然与细川家的对手畠山尚顺联合一处，说明连这位早年间就跟随细川政元的“内众”都已经逐渐脱离细川家掌控，这意味着未来细川家的内乱会更为复杂。

永正二年（1505）九月，山城国守护代、细川家臣香西元长准备在京都实行“半济”。“半济”最早是减免一半赋税之意，但在某些时期，“半济”也表示要提前收取半年年贡。要提前征税，细川家遭到本愿寺策动的京都东山、山科一带国人与僧侣的反抗，香西元长虽然带着四五千人去平乱，但依然难以攻克。

九月十一日，细川政元抵达山科本愿寺，要求香西元长退兵。连近在眼皮下的山城国守护代都可以独断专行，可见，“半将军”细川政元控制力减弱，“内众”分化，各自支持细川家的几位养子。

永正四年（1507）四月，为援助盟友若狭武田家，细川政元亲自率军进入丹后国。到了前线，细川政元却突然怪话连篇，声称厌恶战乱，要作为一名普通修验者前往陆奥国修行。虽然这一奇怪想法被家臣三好之长劝住，但就在细川家发起攻击的四月二十五日，细川政元突然带着细川澄元、三好之长返京，只留下细川澄之、香西元长在前线作战。

紧急时刻，细川政元把细川澄之放在前线，却把细川澄元拉回京都，这一举动虽然奇怪，却也给人一种想象：细川政元想要迅速传位给细川澄元，为免他受到战乱波及才将他带回京都。

已经纷纷独立的内众不愿意屈尊于细川澄元象征的细川家分支的阿波守护家，六月二十三日，内众的两名重要人物香西元长、药师寺长忠与警备人员竹田孙七合谋，在细川政元洗澡时下手暗杀，将这位“天下无双之权威”杀死在浴池中，为细川家 24 年内乱拉开大幕。

作为细川家极盛时期的掌门人，细川政元固然让细川家权威高至顶点，却也因自身性格与信仰问题任由内众逐步独立，乃至于坐大为难以解决的问题。

2. 细川高国

作为细川家第三名养子，细川高国最初的势力非常弱小。

细川高国出身于野洲细川家，这个分支较之细川澄之出身的公卿九条家低了许多，较之细川澄元出身于阿波守护家也更为边缘。事实上，历史上甚

细川澄元

至没有细川高国成为养子的时间记载，乃至有人怀疑细川高国并没有成为养子，只是后来假托。但谁也没想到，这位出身与实力都算不得优秀的养子却一度成为细川家家主，成为执掌京都的“天下人”。

永正四年（1507）六月，细川政元遇刺，细川澄元迅速与三好之长前往近江甲贺郡（滋贺县甲贺市）避难。这段时间，细川高国选择支持细川澄元。八月一日，细川高国率领手头所有兵马突袭细川澄之在京都的宅邸，杀死香西元长、药师寺长忠两名刺杀细川政元的内众，帮助细川澄元获得管领之位。

永正四年（1507）十二月，趁着近畿动乱，大内义兴重新拥立十代将军足利义尹（稙），派遣军队分批开往京都。细川高国受命作为中间人与大内军商议，但三月十七日，细川高国却反过来宣布与大内义兴结盟，来到伊贺国寻求支持，开始谋求夺取家督之位。

永正五年（1508）四月九日，随着大内军抵达近畿，细川澄元军队离开京都，来到近江国甲贺郡（滋贺县甲贺市）避难；十日，细川高国获得伊贺守护仁木高长的支持，起兵进京，十一代将军足利义澄被迫出逃；二十七日，细川高国亲自来到堺港迎接大内军先锋。到了七月一日，足利义尹、细川高国、大内义兴一齐进入京都，分别获封将军、管领、管领代官，三家联盟组建完毕。

永正六年（1509）六月十七日，细川澄元3000军队横渡琵琶湖，来到了京都附近的如意岳（京都市左京区）布阵。但细川高国、大内义兴的

船冈山城旧址

20000军队随即察觉，一举击溃澄元军；十月，细川高国趁势进攻近江国，细川澄元被迫离开本州岛，逃回阿波国。

不过细川澄元依然没有放弃，永正八年（1511）七月中旬开始，澄元军从阿波国渡海回到近畿，很快，支持细川澄元的河内守护畠山尚顺、播磨守护赤松义村分别起兵，对京都形成了合围之势。八月十六日，足利义尹出逃至丹波国，细川高国、大内义兴来到但马国，澄元军反而控制京都。

但就在此前两天，八月十四日，十一代将军足利义澄暴病而亡，使得澄元军士气严重下降。细川高国、大内联军趁这个机会，在二十三日夜晚狂攻京都西北部的船冈山城。二十四日凌晨，澄元军从京都仓皇撤退，细川高国、大内义兴重新回到了京都。船冈山决战后，细川高国、细川澄元分化为两派，所谓“二川分流”格局形成。

确立了政权基础，细川高国、大内义兴着手分配利益，其中最引人关注的是遣明船的利益分配问题。

事实上大内义兴之所以举兵进京，目的之一就是为了夺取遣明船专属权。为获大内家支持，永正七年（1510），细川高国、大内义兴达成协议，准备共同派遣遣明船，每次派遣细川家一艘、大内家两艘组成船队出海贸易。

问题看似解决，但实际操作层面却依然存在矛盾。细川高国毕竟代表着细川家的利益，任职于细川家的明朝商人宋素卿自然也更愿意让细川家先行交易，便事先给明武宗宦官刘瑾进献贿赂，因而第二年（1511）大内家遣明船正式进入宁波港之时，细川家贸易已经结束，这就使细川高国、大内义兴之间出现隔阂，大内家帮助细川高国的意愿降低。

与此同时，大内义兴的领国内也局势不稳：周防国附近的出云守护代尼子经久在背后搞小动作，鼓动大内家领地国人反叛。大内义兴先是在永正十二年（1515）三月派遣女婿武田元繁返回镇压，但武田元繁随即反叛，给大内家造成不小压力。永正十五年（1518）八月二日，大内义兴不得不率军离开京都。

失去了强有力的军事支援，近畿局势再度陷入混乱。永正十六年（1519）十一月，澄元方三好之长军队登陆播磨国，永正十七年（1520）二月二日攻克高国方的越水城（兵库县西宫市）。

眼见处于劣势，十代将军足利义稙干脆与细川澄元内通，将细川高国赶到近江坂本城（滋贺县大津市下阪本）。五月，细川高国联合近江大名六角定赖反攻京都，细川澄元退守阿波国。六月，细川澄元去世，嫡子细川晴元继任。大永五年（1525）四月二十一日，细川高国出家，法号“道永”，家督之位让予嫡子细川稙国。但细川稙国于十月暴病而亡，细川高国只得重新担起政务。

嫡子去世对于细川高国是一次重击，他接下来不仅要独自面对细川晴元方面的反攻，更要迎接领内国人的反抗。

从结构上来说，内众大多支持细川澄之，细川高国便将这股势力清理殆尽，细川野洲家不再以内众为领地治理基础，转而与领内国人结成主从关系以巩固实力，以利益为纽带吸引摄津国伊丹元扶、丹波守护代内藤贞正等人支持自己。但细川政元与内众交情深厚都会遭到暗杀，细川高国纯粹凭借利益组建的共同体便更显脆弱。

大永六年（1526）七月，从属于细川高国的丹波守护细川尹贤与另一名家臣香西元盛不睦，便告发其内通细川晴元，细川高国不由分说便将香西元盛斩杀，逼得香西元盛的兄长波多野稙通、弟弟柳本贤治双双离开京都，并在十一月分别固守于八上城（兵库县筱山市）、神尾山城（京都府龟冈市宫前町）两处要道。细川高国随即命令丹波国人首先进攻神尾山城。

柳本贤治并没有坐地等死，而是趁夜主动袭击高国军，加之细川晴元军队在十二月从阿波国登陆摄津国，局势一下子变得对细川高国极为不利，柳本贤治趁机打破神尾山城包围圈。大永七年（1527）二月十二日，细川晴元军队突向京都，晴元、高国两方军队交战于京都西部的桂川原，细川高国大败，不得不在十四日带着足利义晴逃亡到近江坂本城。

不过细川晴元方面也存在问题，他们虽然组织阿波、丹波联军攻入京都，但军力难以控制京都附近所有地区。于是十月十三日，细川高国在近江守护六角定赖 20000 军队、越前朝仓家 10000 军队帮助下再入京都，十月十九日与细川晴元军队交战于桂川附近的川胜寺口（京都市下京区川胜寺），战况陷入胶着。享禄元年（1528）三月六日，由于朝仓军脱离阵线返回越前国，细川高国失去强援，不得不带着足利义晴再度流亡近江。

虽然享禄元年的战役具有决定性意义，但细川高国并不甘心失败。为了获取支持，细川高国的足迹遍布伊贺仁木家、伊势北畠家，甚至渡海前往备前三石（冈山县三石町），终于获得播磨国守护代浦上村宗的支持。享禄三年（1530）六月二十九日，细川高国更是买通杀手刺杀了柳本贤治。

十一月六日，高国、浦上联军联合出击，攻克了摄津国大物城（兵库县尼崎市）；享禄四年（1531）二月，高国军攻克伊丹城（兵库县伊丹市），布阵于中岛（大阪市），距离京都越来越近。这自然引来了细川晴元的军队：享禄四年（1531）三月十日，晴元军 7000 人来到河内国天王寺（大阪市四天王寺区），二十五日，阿波守护细川持隆本人率领 8000 军队来到堺港。

在对峙的关键时刻，六月二日，高国、浦上联军后援——播磨守护赤松政佑临阵倒戈，从背后协助晴元军作战。细川高国再次惨败，联军的主要将领几乎全部战死，残兵败将在仓皇逃跑时被赤松军的伏兵歼灭。四日，细川高国回到大物城，却被细川晴元军队团团包围，城池即刻陷落，细川高国也遭到逮捕。六月八日中午，在细川晴元的授意下，细川高国自杀身亡，延续了三代的细川家内乱结束。

细川家内乱表面上仅仅是细川澄元、细川晴元父子与细川高国之间的内斗，但在不断的内讧中，大内义兴、波多野稙通、尼子经久、六角定赖等各地大名均借机扩大势力，细川家内部最核心的阿波守护家也被家臣三好家架空，细川家实行管领政治的基础彻底崩塌。

至于细川高国本人，历史上对这位“篡权者”自然有所非议，很多人批评他的出现加速了管领细川家的崩溃，但能从一个旁流分支跃升为“天下人”，主导京都权力20余年，自然也让他在战国乱世里获得一席之地。

虽然日后管领职位还有细川晴元、细川氏纲就任，但在历史学家今谷明1990年编纂的《新编日本史辞典》里，细川高国还是被列为室町幕府的最后一任管领。这种分类是否合适还有待商榷，但细川高国无疑是细川家衰落过程中的关键人物。

3. 大内义兴

作为应仁之乱中西军名将大内政弘的嫡子，大内义兴让大内家的势力达到了巅峰。

大内义兴

大内义兴时期，比起大内政弘时代，九州形势已然变化，大友家、少贰家开始走起反大内家路线。明应五年（1496）十二月十三日，大内义兴聚集部队从赤间关（山口县下关市）出兵筑前，与少贰军交战。明应六年（1497）三月，大内军攻克九州大都市博多（福冈市），稳固了从博多通往明朝、朝鲜的海上商路，四月十八日攻克少贰军的最后据点小城城（佐贺县小城市），家督少贰政资逃亡之后自尽。

虽然进攻少贰家的过程相对顺利，但面对大友家，大内义兴却并没有占到便宜，双方一直僵持不下，几年里，大内义兴一直在北九州地区疲于应战。

就在这时，幕府的变动影响到了大内家的命运。明应八年（1499）十二月三十日，十代将军足利义尹（稙）从越中国渡海逃难到大内家的领地，恳求大内义兴发动进京之战。文龟元年（1501）闰六月九日，“半将军”细川政元以幕府管领身份请到天皇命令，宣布大内义兴为“朝敌”，策动大友、少贰家国人在六月二十日攻克大内家丰前国要地马岳城（福冈县行桥市津积马岳），直到七月二十三日，大内义兴才夺回此地。

大内家与细川家围绕日明贸易的主导权存在矛盾，而细川政元又策动周围大名苦苦相逼，使得大内义兴与足利义尹结为同盟。

在足利义尹的调停下，大内义兴先后与大友、少贰等家停战。管领细川政元去世后，近畿陷入一片混乱。永正四年（1507）十一月二十五日，大内义兴除留下重臣右田弘诠驻守山口之外，率领几乎全部重臣进军备后国（广岛县东部），并在永正五年（1508）三月与处于弱势的细川高国结盟，进攻京都。

永正五年（1508）四月二十七日，大内义兴的先锋部队渡海来到和泉国堺港（大阪府堺市），六月八日，足利义尹与大内义兴进京。七月一日足利义尹重新成为将军，大内义兴也获得“管领代”之位，与新任管领细川高国共同执政。较之60年后的织田信长进京之战，大内义兴并没有强求新领地，反而将足利义尹赏赐的堺港南半部交还给相国寺，并出兵保护近畿寺院势力领地，受到各国国人好评。

永正六年（1509）六月十七日，细川澄元3000人军队横渡琵琶湖，来到京都如意岳（京都市左京区），准备发动奇袭。但计划被细川高国、大内义兴的20000军队察觉，大内义兴在对手发动奇袭之前首先夜袭，由于数量占优，加之天降大雨掩护行踪，大内义兴成功击退澄元军。

永正八年（1511）八月，细川澄元卷土重来，协同河内守护畠山尚顺、播磨守护赤松义村合围京都，逼迫将军足利义尹逃亡丹波国。大内义兴立刻率军离开京都来到但马，任由四国军控制京都；二十三日晚，大内义兴趁将军足利义澄身亡之机狂攻京都西北部的船冈山城；二十四日凌晨，澄元军主将细川政贤自尽，其他部队从京都仓皇撤退，细川高国、大内义兴重新回到了京都。

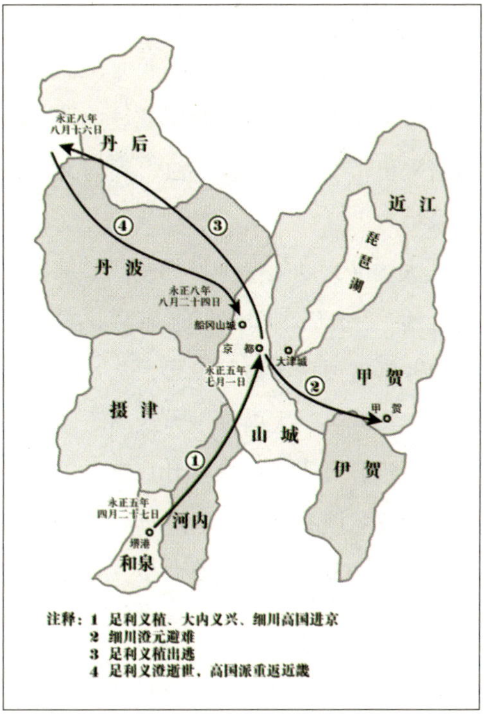

大内义兴进军路线图

永正九年（1512）三月，大内义兴获得从三位官位，也就从此时开始，大内义兴的后方重地——安艺国（广岛县西部）遭到出云守护尼子经久的渗透。

了解到后方有恙，大内义兴于永正十二年（1515）三月派遣女婿武田元繁回国镇压，但刚到安艺国，有“今项羽”之称的武田元繁就与大内义兴养女离婚，迅速与尼子经久结盟，着手进攻大内家的己斐城（广岛市西区）。永正十四年（1517）十月二十二日，武田元繁被从属于大内家的安艺国人毛利元就设伏杀死。这一变乱持续两年有余，多少也让大内义兴萌生退意。

同一时期，十代将军足利义稙与细川高国之间矛盾丛生，互相攻讦。永正十五年（1518）八月，看不到政治前景的大内义兴率军离开京都，并于十月五日回到阔别十余年的山口城。

进京之战让大内家张扬武力，却也让其后方混乱起来。大永三年（1523），尼子家利用毛利元就进攻安艺镜山城（广岛县东广岛市），大内家势力基本被清除出了安艺国。没办法，大内义兴只好安定下来，重新面对新崛起的尼子家势力。

大内义兴的第一个目标是严岛神主友田兴藤。严岛神主是执掌如今的旅游胜地——严岛神社的神主家族，占据着严岛（宫岛）地区的出海口，战略位置非常重要。为清除障碍，八月，大内军动用水军进攻严岛，友田兴藤被迫逃亡；九月，大内军主力从周防国进入安艺国，与严岛军队一齐攻击安艺西部重镇廿日市（广岛县廿日市）；大永四年（1524）十月，在围攻廿日市附近的樱尾城时，逃亡至此的友田兴藤求和，严岛神主家归附大内家。

在大内军的凌厉攻势之下，一度从属于尼子家的毛利元就也在大永五年（1525）三月重新归顺大内家，安艺国局势逐步稳定。大永七年（1527）七月，毛利元就作为大内军先锋阻击尼子军进攻备后国江田（广岛县三次市盐町）的举动，战况再次胶着。

享禄元年（1528）七月，大内义兴在进攻安艺国的前线突然病倒，并在十二月二十日回到山口城之后去世，享年 52 岁。

作为织田信长之前首个进京的地方大名，大内义兴靠着进京之战赚足了政治资本，仅安艺、石见两国就有 21 名国人获得大内义兴赐名“兴”（如毛利元就的兄长毛利兴元），大内家基盘所在的周防、长门、丰前也有 25 名家臣得到“兴”字，足见当时大内家势力之强。除去事功以外，大内义兴也延续了父亲大内政弘的传统，仿效京都贵族的生活模式，以至于主城山口馆一度有着“西之京都”的美誉。

4. 细川晴元

虽然继承了细川家家督之位，但细川晴元的一生谈不上高明。

由于年幼，细川晴元的早期事业均由家臣三好元长代理。大永六年（1526）十月，三好元长发兵攻入近畿，并在大永七年（1527）拥立足利义维为堺公方，俨然代替十二代将军成为近畿“模拟将军府”。

三好元长功高震主，享禄二年（1529）被16岁的细川晴元借故逼迫闭门思过；享禄四年（1531）三月，细川高国策动反击，细川晴元恳求三好元长出山，率领7000人军队击溃细川高国，为长达24年的细川家内乱画上句号。

三好元长居功至伟，但细川晴元依旧对其放心不下。正在他迅速聚拢反感三好元长的近畿国人之时，三好元长卷入了河内国的内斗之中，对决双方是河内守护畠山义尧与守护代木泽长政。

八月，三好元长协助畠山义尧进攻木泽长政。木泽长政恳求调停，细川晴元命令三好元长退兵。天文元年（1532）五月，三好元长依旧包围木泽长政，细川晴元光火之余，决定动用本愿寺力量进攻三好元长。

三好元长本人是佛教日莲宗信徒，曾率军进攻本愿寺，双方存在旧怨。天文元年（1532）六月五日，本愿寺十代宗主证如动员近畿30000僧徒协助木泽长政。浩荡人海之下，六月十七日畠山义尧阵亡，六月二十日三好元长自尽，堺公方足利义维也仓皇逃跑。

细川晴元墓所

利用完本愿寺势力以后，细川晴元立刻翻脸不认人，联合日莲宗进攻本愿寺。八月四日、七日、十二日，本愿寺的堺港浅香道场、山科本愿寺、近江愿证寺等据点相继遭到围困；八月二十四日上午，日莲宗僧兵联合近江守护六角定赖、山城国人共40000人烧毁教派总部山科本愿寺。本愿寺这场“天文法难”直到天文四年（1535）才得以结束。

先是利用三好家打击细川高国，然后用本愿寺打击三好家，再用日莲宗打击本愿寺，“拉一派打一派”多年，细川晴元逐步把手中牌全部打光。天文五年（1536）七月比叡山延历寺制裁日莲宗，京都附近21座日莲宗寺院全部被拆毁，细川晴元也失去了佛教势力的支撑。九月，维护他的主要国人只有三好家（阿波）、波多野家（丹波）、木泽家（河内）、茨木家（摄津），其势力也基本只限于这四个领国的一部分区域。

但木泽长政依旧是不稳定因素，至少进入天文年间以后，木泽长政已经逐渐形成独立势力。天文十年（1541）九月摄津国人盐川国满反叛时，木泽长政便宣布支持反叛者，击退细川军。

事件结束以后，木泽长政并没有继续反抗，而是迅速进京辩解，细川晴元并不细听，于十一月发兵围困木泽长政主城笠置山城（京都府相乐郡）。随后细川晴元联合本愿寺继续进攻木泽长政，天文十一年（1542）三月十七日，木泽长政战死，细川晴元“拉一派打一派”又获得成功。

然而他的好日子也到头了。

天文十四年（1545），曾经支持细川高国的山城国人上野元治、丹波国人内藤国贞造反；天文十五年（1546）八月，细川高国的养子细川氏纲在畠山政国、游佐长教等河内大名帮助下再度举兵。数次举兵虽然都被细川晴元的得力干将——三好长庆左冲右杀加以平定，但细川晴元还是被迫逃亡丹波国避难。

天文十五年（1546）十二月，将军足利义晴让位，并给嫡子足利义辉进行元服。按照室町幕府惯例，新将军元服一般都由管领家主持，然而细川晴元身处丹波国，无法赶赴足利义晴所在的近江坂本城（滋贺县大津市下阪本），这使得将军父子转而支持细川氏纲。

由于先前杀掉太多同盟，细川晴元手头只剩下三好长庆一个重臣。但细川晴元毕竟杀了三好长庆的父亲三好元长，三好长庆的忠诚也不可能持久。天文十七年（1548）十月，局面进一步恶化，三好长庆率领全部军队转而支持细川氏纲，细川晴元战败逃窜到近江。

天文二十年（1551），细川晴元意欲率领旧部反攻近畿，却遭到三好长庆的阻击，接连失败。其对手细川氏纲则在天文二十一年（1552）一月就任管领。

三好长庆逐步坐大，别说整个细川家，就连将军都已容不下他。天文二十二年（1553）三月，十三代将军足利义辉与三好长庆开始争斗，细川晴元表示支持将军。但三好长庆军力强大，细川晴元方面的香西元成、波多野晴通分别被三好家击溃。

永禄四年（1561），细川晴元传位给次子细川晴之，但细川晴之随即战死，细川晴元在悲痛之余只能向三好长庆求和，随即被软禁于摄津国普门寺城（大阪府高槻市富田町），在这里度过人生最后两年。

虽然细川家的覆灭已经不可挽回，但细川晴元毕竟终结了两细川内乱，若是能在一开始就倚重三好家，休养生息，借助佛教势力稳固幕府中央，或许还能在后来的江户时代保留一个大名席位。然而由于细川晴元“拉一派打一派”的政策，近畿动乱加剧，盛极一时的细川阿波守护家只能以江户幕府三春藩的家老身份延续下去。

5. 三好长庆

天文五年（1536）十一月，细川晴元来到家臣三好家宅邸观赏猿乐。由于重臣三好元长先前已被细川晴元间接逼死，如今只有一位 15 岁的青年出面迎接，这个青年便是三好长庆。

长于权术的细川晴元虽然是逼死三好长庆父亲的仇敌，但由于三好家内部分裂，三好长庆仍需要借助这位名义主君的权力与同族三好政长对峙。天文八年（1539）闰六月到十月间，三好长庆、三好政长两人反复交战，细川晴元却暂离京都避难，不愿加入任何一方。双方矛盾虽以议和结束，但三好长庆却转以摄津国越水城（兵库县西宫市）为主城，盘算着扩大自身势力。

天文十二年（1543）七月，细川晴元的反对者——细川氏纲、（河内守护）畠山稙长等人集结和泉、纪伊国人，与三好长庆及与其同盟的摄津国人交战于堺港。虽然三好长庆大获全胜，但反对战线之后一直存在。

天文十五年（1546）八月，细川氏纲再度攻击堺港。三好长庆本想迅速回击，怎奈一时没能聚集太多兵力，只能从堺港附近撤军，并寻求和解。细川氏纲正处于优势，自然不愿议和。一番激战之后，除了三好长庆逃出生天之外，大部分三好军遭到围歼。

眼见主力部队不敌，三好长庆立即向老家四国岛求援，他的两个亲弟弟赞岐国十河一存、淡路国安宅冬康率领骁勇善战的四国军前来支援。天文十六年（1547）二月至六月，三好长庆协同自己的家乡部队重新夺得摄津国的控制权。

安宅冬康

恢复摄津国领地让三好长庆军队士气大振，七月二十一日，三好军与细川氏纲方面的军队交战于东城郡舍利寺（大阪市生野区舍利寺），三好家成员尽数参战，双方作战激烈，甚至将弓箭全部用尽，只能用长枪开始白刃战。最终三好长庆的“四国势”（四国军队）以战死“侍”（武士）37人、“杂兵”（足轻）75人的战绩，换取游佐长教的“河内势”(河内军队)阵亡“侍”301人、“杂兵”800余人。

天文十七年(1548)四月，反对细川晴元的游佐长教、池田信正投降三好长庆。为了强化自身基盘，三好长庆采取怀柔政策，先是迎娶游佐长教的女儿为妻，后又与池田信正结为同盟。京都附近的政治形势一度缓和下来，京都民众闻讯大喜，认为“世上总有五年乃至十年静谧(和平)”。

三好长庆

但到了五月六日，细川晴元为了不让三好长庆坐大，勒令池田信正自尽，令其嫡子继承家业。池田信正的妻子是三好长庆的对手三好政长的女儿，细川晴元明显又祭出“拉一派打一派”的老把戏，让池田家成为三好长庆的对手。

或许是厌倦了细川晴元的作风，十月二十八日，三好长庆带着从属于自己的数家摄津国人倒向细川氏纲一侧，并迅速围攻对手三好政长的榎并城(大阪市城东区)，三好家两派的内乱达到最高潮。

天文十八年(1549)四月二十六日，细川晴元、三好政长联军进入一库城(兵库县川西市)，逼近三好长庆的主城越水城。三好长庆正处于榎并城前线，细川晴元于五月切断越水城与三好长庆前线部队的联系，三好政长则在六月十七日进入江口城(大阪市东淀川区)。江口城处于榎并城正北部，把守着淀川、神崎川两条河流的江口，三好政长要在这里封锁三好长庆的退路。

虽然位置重要，但由于北、东、南三侧都有河流，江口城反而容易遭到水路封锁。三好长庆于是派遣弟弟安宅冬康率领淡路水军进入近畿，切断江口城的对外联络。六月二十四日，三好长庆发起攻势，逼得三好政长跳河逃生却被淹死，战役大获全胜。到七月九日，三好长庆拥立细川氏纲进京。

这次进京以后，三好长庆任命服从自己的国人担任京都附近领地代官，事实上成为京都之主。也从这一时点开始，由于细川家衰微，将军家与细川领家之间的君臣矛盾转化为将军家与三好家的矛盾。

天文十九年（1550）十一月，三好长庆把十三代将军足利义辉驱赶出京都附近的中尾城（京都市左京区净土寺）。天文二十年（1551）三月十四日，幕府“奉公众”进士贤光趁宴席时连刺三好长庆三刀，然而三好长庆却奇迹般生还。五月五日，三好长庆的重要盟友游佐长教也遭到暗杀。七月十四日，三好政长之子三好政胜率军3000人进入相国寺（京都市上京区相国寺），意在与三好长庆军队决战。三好长庆调来摄津、阿波、和泉国人围攻，相国寺最终被烧毁。

一系列作战之后，将军、细川管领家都失去了作战能力，三好长庆并没有赶尽杀绝。天文二十一年（1552）一月二十八日他邀请足利义辉进京，细川晴元本人虽未进京，但却将嫡子交付三好长庆管辖。

但这番怀柔政策并没有收到效果，细川晴元少许休养以后，策动丹波国人波多野晴通反对三好长庆。天文二十二年（1553）三月初，足利义辉离开京都来到灵山城（京都市东山区灵山町），宣布与三好长庆为敌。七月二十八日，细川晴元也来到灵山城，并吸引反对三好长庆的三好政胜等各方势力进城。眼见大敌当前，三好长庆也在八月一日派遣25000军队进京对峙，最终在八月底攻克灵山城。将军足利义辉在与三好长庆的第二次斗法中再度败下阵来。

这段时间三好长庆一直无法稳固控制近畿，但他以敌军一直存在为借口，与近畿国人的关系也从协商态势转为直接发布“长庆裁许状”（直接命令函），正式构建了以三好家为中心的治理体系。在三好长庆之前，虽然室町幕府的权力基盘已经动摇，但起码从名义上依然以幕府御内书（将军发布）、御教书（管领发布）、奉书（奉行人发布）等等形式进行管理，三好长庆的做法，让他成为近畿第一个战国大名。

靠着高度的凝聚力与组织力，三好家在丹波、播磨顶住了细川晴元支持者的进攻。弘治三年（1557）十月，丹波国人波多野晴通被赶出丹波，细川晴元也失去了最后的盟友，将军足利义辉只能在永禄元年（1558）十一月与三好长庆达成和议，重回京都。

面对两度与自己对面为敌的将军，三好长庆又一次使出怀柔手段，不但恢复将军的名义权力，甚至放弃了之前已经成型的“裁许状”体系，转而重新以奉书形式私发命令，假托将军之名扩大领地。这一方面说明三好长庆的实力还不足以笼络近畿国人，也从侧面反映出三好长庆本人还存在强烈的合作意识。靠着这种合作诚意，三好长庆获得了足利义辉的信任。永禄三年（1560）一月，三好家成为幕府相伴众，一月二十七日承担了正亲町天皇即位仪式的警备工作；永禄四年（1561）三月三十日，三好长庆邀请足利义辉在宅邸宴会。五月六日，在足利义辉的劝告下，三好长庆与细川晴元议和。

三好政权稳定后，不同于管领家经常以京都为主城，三好长庆选择饭盛山城（大阪府大东市）作为主城。这是因为一来京都东侧直通平原地区，经常会遭到东侧敌人的袭扰，二来远离京都幕府所在地也能让三好长庆更加解放手脚。

所谓由盛及衰，永禄四年（1561）四月三好长庆的弟弟十河一存去世，这标志着以岸和田城（大阪府岸和田市）为基础的三好家统治结构遭到破坏。细川晴元的次子细川晴之、反对三好家的畠山高政在七月十三日举兵，联合和泉国反三好家人马围困岸和田城。三好长庆立即派出军队援助，但其重臣三好政成、三好实休战死，又让三好家以亲戚关系维系的庞大军队失去了凝聚力。永禄五年（1562）三月五日三好实休战死后，对手一直杀到饭盛山城城下才被阻击。

危机之下，三好家家臣松永久秀在五月十日南下救援饭盛山城，并趁着天降大雨在五月十九日击败细川晴之、畠山高政联军，勉强保住三好家的势力。

本来局势已经稳定下来，怎知到了永禄六年（1563）八月，三好长庆的嫡子三好义兴突然去世，年仅22岁。三好长庆迎立弟弟十河一存之子为新继承人，但三好家似乎是受到诅咒一样走向灭亡。

诅咒不只体现在三好家家臣身上，也体现在三好长庆本人身上。从永禄年间开始，刚刚年过四十的三好长庆大战小战都很少直接出阵。后世认为，平定近畿以后，三好长庆达成多年夙愿，便不再热心军事，转而投身于和歌。三好长庆在人生最后三年一共开了十次连歌会，近畿战火激烈，他却似乎不以为意，多少有些逃避之意，甚至很多人认为三好长庆在晚年罹患抑郁症。

或许是因为精神疾病，也或许是因为嗣子去世而悲痛，英明一世的三好长庆开始变得糊涂起来。永禄七年（1564）五月九日，他将弟弟安宅冬康召唤到饭盛山城并诛杀，虽然他之后非常后悔，但此举也让受到诅咒的三好家彻底断送了前途。三好长庆去世以后，家臣松永久秀与三好三人众（三好长逸、三好政康、岩成友通）之间爆发权力矛盾，双方一直争夺到永禄十一年（1568），三好政权随之崩溃，最终全盘被“战国风云儿”织田信长接手。

三好长庆一生存在很多难解之谜。比如早年锐意进取，晚年却闭门不问世事；比如明明仰仗家族力量，却在晚年已经丧失诸多亲族之后又杀掉弟弟安宅冬康；早年经受了杀父之恨，晚年面对杀父仇人细川晴元却仍然可以把酒言欢。有阴谋论认为，其家臣松永久秀用慢性毒药谋害了三好长庆，但就其本人来说，三好长庆很有可能在中晚年陷入心理矛盾，甚至是精神疾病之中。他本人去世后，三好家族分崩离析，最终走向灭亡。

第二幕

龙争虎斗

壹 相模北条家

1. 伊势盛时（北条早云）

伊势盛时（北条早云）

“该活的人让他活，该死的人让他死，这就是政治！”

语出北条早云，战国大名北条家创始人。整个战国时期，有很多家族新兴崛起，但以一个纯粹的“外人”身份进入一片土地并打下一片天下，只有北条早云与北条家做到了。北条早云原名为伊势盛时，北条早云是其死后的敬称。

伊势盛时出生于康正二年（1456），父亲是备中国荏原庄（冈山县井原市）的国人，家族为室町幕府政所执事伊势家分支。靠着这层家族关系，从青年时代开始，伊势盛时就作为九代将军足利义尚的奉公众供职于幕府。

伊势盛时能够登上历史舞台，机会来源于骏河今川家的内乱。文明八年（1476），伊势盛时的妹夫、骏河守护今川义忠战死，嫡长子龙王丸本应继承家督，然而今川义忠的从兄弟小鹿范满在扇谷上杉家的支持下前来争夺守护之位。作为幕府官员的伊势盛时立刻来到骏河国调停，最终决定在龙王丸15岁之前，让小鹿范满代行守护职权。长享元年（1487），龙王丸已经过了15岁，小鹿范满并没有归还骏河守护职位。十一月九日，伊势盛时再次从京都来到骏河国，率领军队攻克骏河馆（静冈县静冈市），小鹿范满、小鹿孙五郎父子两人双双被杀。为了表彰舅父的功绩，龙王丸特地将“富士下方十二乡”（静冈县沼津市西部一带）以及兴国寺城交给伊势盛时作为封地，伊势盛时便辞去幕府奉公众之职，专心经营领地。

为了减轻民众负担，伊势盛时在兴国寺城将税率从“一公一民”（50%）下降为“四公六民”（40%），吸引大量民众前来投奔。对于因战乱而四散逃亡的难民，伊势盛时也予以收留，为他们安置了新的产业。就在这段时间，毗邻兴国寺城的伊豆国堀越公方内部出现变乱，给伊势盛时提供了机会。

延德三年（1491）七月一日，伊豆国二代堀越公方足利茶茶丸杀死了异母弟弟及继母。明应二年（1493）秋天，伊势盛时认为时机已到，策反山本、伊东、佐藤等伊豆国人一起突袭堀越御所（静冈县伊豆之国市），足利茶茶丸被迫逃出。没过一个月，整个伊豆国全部平定，伊势盛时顺势在堀越御所东边建立了韮山城（静冈县伊豆之国市东部），触角渐渐伸进关东地区。

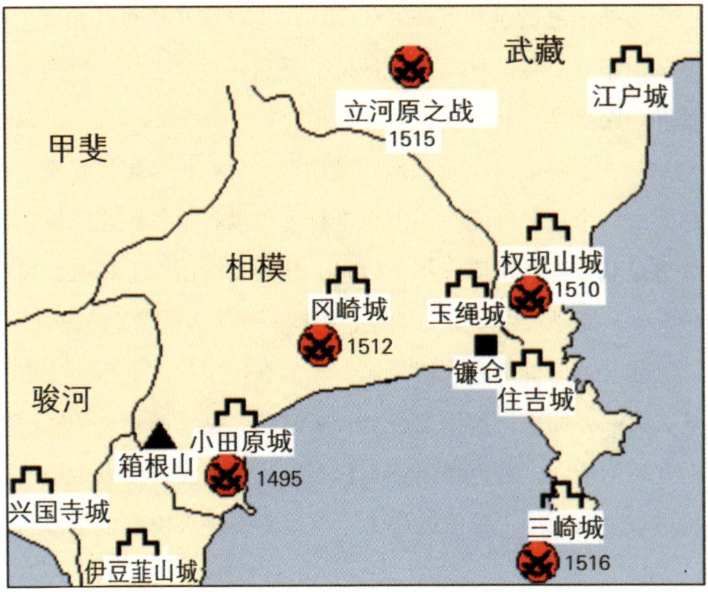

伊势盛时的关东征服之路

足利茶茶丸墓

进入韮山城以后，伊势盛时继续在这里施行保护民力政策，调低税率，伊豆一国迅速稳定。这一时期，伊豆国出现了大规模的地震与瘟疫，百姓痛苦不堪。伊势盛时命令军队分散照顾病人并分发药物，因此获得了领民的爱戴。据《北条五代记》记载，伊豆农民曾经说过：“（伊势盛时）心地非常善良，慈悲得如同活佛一般。”

被迫出逃的足利茶茶丸依靠山内上杉家在伊豆、相模（神奈川县）、甲斐（山梨县）各地移动进行抵抗，最后在明应七年（1498）八月被伊势军逮捕并切腹自尽。

就在伊势盛时主政兴国寺城期间，关东地区爆发长享之乱，关东管领上杉家的两个重要分支——山内上杉家与扇谷上杉家之间发生冲突。由于古河公方足利成氏在明应三年（1494）开始支持山内上杉家，扇谷上杉家失去了依靠，只能寻求领地里的伊豆、相模两国国人的帮助——伊势盛时正在其列。

伊势盛时能够进入伊豆国，当然在一定程度上得益于堀越公方内部的矛盾，另一方面也得益于扇谷上杉家带路。据《镰仓九代后记》记载，伊势盛时在骏河期间，曾经与扇谷上杉家进行过密谋，对方希望能够通过伊势盛时的进攻削弱山内上杉家的势力，故伊势军进入伊豆也是得到了关东传统势力的支持。

不过对于伊势盛时而言，山内、扇谷之争与他并没有什么关系。作为名义上的幕府直臣，他没有义务向任何一家势力尽忠，这在客观上促使伊势盛时走向自我发展之路。既然已经在伊豆国驻扎下来，他的下一步就是打通进入相模国的要道——小田原城（神奈川县小田原市）。

根据军记物语《北条记》记载，明应四年（1495）二月，伊势盛时对小田原城城主大森藤赖设下计谋，假称先前狩猎时有猎物逃到了小田原城附近的箱根山，接着让百余名士兵化装成猎手来到小田原城附近。深夜，伊势盛时派遣军队找来千余头牛，点燃牛角冲向小田原城。大森藤赖以为"火牛阵"是大军来袭，便逃出了城池，伊势盛时顺利占领坚城小田原——虽然目前一般认为攻克小田原城是在文龟元年（1501）前后，但伊势盛时夺取小田原城应该确有其事。

有了伊势盛时的支持，永正元年（1504）九月，扇谷上杉军在武藏国立河原（东京都立川市）击败山内上杉军。山内上杉军于第二年（1505）引来越后守护助战，逼迫扇谷上杉家求和。

延续近20年的长享之乱就此结束，没有了动乱，伊势盛时也失去了继续扩张的名分。正在烦恼之际，永正四年（1507），京都的幕府管领细川政元遇刺导致整个细川家陷入大乱，同时越后守护代长尾为景杀死了越后守护上杉房能，另立新主。伊势盛时眼见全国动乱，审时度势，立即与长尾为景联合，着手攻击实力最弱的扇谷上杉家。永正七年（1510）六月，山内上杉家家督、关东管领上杉显定被长尾为景的军队杀死，关东方面山内、扇谷两家重臣长尾景春、上田政盛分别响应伊势盛时举兵反叛，上

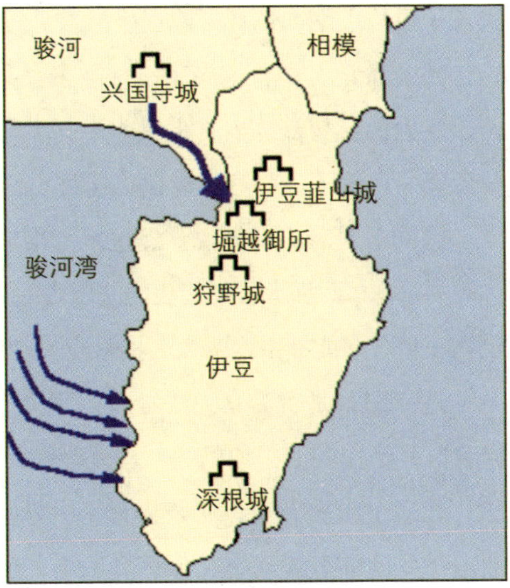

伊势盛时进攻伊豆路线示意图

杉家遇到重大危机。

正在此时，伊势盛时遇到自己晚年的死敌——相模国人三浦家。永正七年（1510）七月，三浦道寸击败北条军，随后在十月逼近伊势盛时的小田原城。经过一年对峙，永正八年（1511）十一月，伊势盛时被迫向扇谷上杉家求和。

而在这段时间，二代古河公方足利政氏的两个儿子足利高基、足利高氏兄弟内讧，山内、扇谷两上杉家只能分别站队。借此良机，伊势军在永正九年（1512）八月上旬再次举兵，攻克三浦道寸驻守的冈崎城（神奈川县平塚市），触角伸到了关东中心镰仓城附近，确立了对相模国的大体支配权。

三浦道寸原本打算固守镰仓城，但到永正十年（1513）一月，伊势盛时以优势兵力夺下镰仓城，逼迫三浦家军队前往三浦半岛南端的新井城（神奈川县三浦市）固守。

为了切断三浦家与两上杉家之间的联系，伊势盛时在镰仓南部建立玉绳城。四月，玉绳城基本完工，伊势军开始围攻新井城。永正十三年（1516）七月，伊势军攻破新井城，相模三浦家灭亡，相模国完全落入伊势盛时手中。

三浦家灭亡后，永正十五年（1518）二月八日，伊势盛时将家督之位让给长子伊势氏纲，选择了隐居生活，并于第二年（1519）八月十五日去世。

《北条记》中曾记录了一件趣事：某天晚上伊势盛时做了个梦，梦见有两棵巨大的杉树矗立着，但是有一只老鼠却在狂啃树根，啃着啃着，两棵杉树轰隆一声倒下，而这只老鼠也摇身一变，变成了一只大老虎。

询问卜卦者，对方说：您是鼠年出生（1456年为鼠年），所以这只老鼠代表的是您，两棵大杉树代表的是山内、扇谷两上杉家。老鼠啃倒了两棵杉树，也就预示着您能够击垮两大上杉家族。在胜利之后，您就会如同老虎一样威武。

这一记载是否为真无法考证，但伊势盛时确实让关东两大上杉家急速走向衰落，这位关东平原的纯“外人”，终于一点点把触角伸入相模国。

在后世史家看来，北条早云（伊势盛时）算是第一个“战国大名”。虽然围绕战国大名如何定义依然有争论，但抛去幕府利益、专心以领国利益为先，这种思路转换应看作战国大名的基本特征。

思维一旦活络起来，就难免进行各种各样的合纵连横。纵观伊势盛时一生，除了与今川家一直保持友好之外，与山内、扇谷等敌对家族从来是亦敌亦友，只要有利于自身发展，都“该活下来”，否则便是“该杀”之人。

2. 北条氏纲（伊势氏纲）

说到北条氏纲，还要从伊势盛时人生最后几年的关东局势说起。

与父亲相似，北条氏纲最初的苗字也是伊势，不过从大永三年（1523）六月开始，他正式将“伊势”改为“北条”。之所以更改苗字，一般认为是他要以镰仓幕府执权北条家的贵族名分号令关东诸侯，正式与关东旧势力决裂。不过就当时情况而言，北条家并没有与传统势力断然决裂，其家一度与古河公方商讨联姻之事，双方建立联盟，共同反对从古河公方内部分裂出来的小弓公方势力——由于与三代古河公方足利高基不睦，其弟足利义明在上总国人武田家、安房国人里见家支持下自立为小弓公方（居城为小弓城，现千叶市），这是北条氏纲执政初年的重要背景。

北条氏纲继任初期关东南部形势图

但这次联姻未能成功。由于扇谷上杉家的武藏国距离北条家领地最近，看到北条氏纲来势汹汹，扇谷上杉家倍感恐惧，在大永四年（1524）一月十日与山内上杉家、古河公方达成协议，共同抗击北条家。毕竟对于他们来说，小弓公方、北条家虽然都是威胁，但目前小弓公方地处边界一隅，势力不大，而北条家刚刚更换家督，新旧交替之时正有可乘之机。

北条氏纲意识到自己要与关东旧势力全面为敌，便迅速越过武藏进入品川（东京都品川区），一月十三日攻克江户城，三月攻克岩付城（埼玉县岩槻市）；为了反击北条家，两上杉军在大永四年（1524）六月进入河越城，摆出反击架势；大永五年（1525）九月，两上杉军选择进攻北条家后方，于十一月夺取相模玉绳城（神奈川县镰仓市），相当于从西侧包围了北条家领地。随后上总武田家、安房里见家也加入扇谷上杉朝兴一方，于大永六年（1526）五月渡过“武总内海”（东京湾）登陆武藏品川，威胁江户城；享禄三年（1530）九月，上杉家夺回岩付城。

一番激战后，北条氏纲不但没能进一步深入武藏，反而后路被抄。虽然关东旧势力已是强弩之末，但所有势力合并一处，北条家仍然难以应对。就在北条家进军武藏的步伐延缓之时，古河公方、小弓公方之间战事再起，北条家在关东旧势力的铁板之中找到了缝隙。

天文三年（1534）七月，上总武田家的信隆、信应两个儿子围绕继承权发生内讧。趁着关东各大势力集中于东南方向，十月，北条氏纲进攻扇谷方河越城。天文六年（1537）七月北条氏纲攻克河越城，顺手拿下附近的松山城（埼玉县吉见町）。

虽然扇谷方丧失武藏国核心地区，但从天文六年（1537）五月开始，小弓公方开始讨伐自己厌恶的武田信隆等人。这明显的扩张之心让关东旧势力把目光重新聚焦在小弓公方身上。北条家觅得良机，与古河公方、两上杉家结盟进攻小弓公方。

天文七年（1538）六月，足利义明联合安房里见义尧1万军队进驻国府台城（千叶县市川市）。随即古河公方直接下令北条家出兵，十月六日，北条家在大义名分指引下从江户城出发，十月七日进驻松户相模台（千叶县松户市），就在国府台城北部不远。

而在北条军的进军过程中，小弓公方与同盟里见义尧之间产生矛盾，致使里见军中出现了消极怠战的情绪。十月七日北条军进驻前线当天，小弓公方足利义明就进攻相模台，最终与弟弟、嫡子及140名武士战死。后方里见义尧听闻此讯随即撤退，北条家大获全胜，声威大震。

天文八年（1539）北条氏纲将女儿嫁给三代古河公方足利晴氏，获得古河公方“御一家”身份。天文十年（1541），北条氏纲去世。

去世前，北条氏纲撰写“御留书”，全书包括五条，强调道义、慈悲与礼法，成为北条家后代共同遵守的家训。北条氏纲是北条家承上启下的重要人物，但因其父与其儿都很出色，他的光芒被掩盖了。

3. 北条氏康

北条氏康一生最辉煌的一幕莫过于河越夜袭，这场夜袭不仅决定了北条家的命运，更决定了关东地区未来数十年的政治版图。

得知北条家政权更迭，一心想要消灭北条家的关东管领上杉宪政联络各方，除了同族扇谷上杉家之外，还团结了骏河今川家与甲斐武田家。由于今川、北条之间存在领土矛盾，今川义元选择支持上杉宪政。天文十四年（1545）七月，今川义元占领骏河国善德寺（静冈县富士市）；八月，武田信玄也为增援今川义元进兵，两军从西侧合围北条家领地。

西线告急的同时，上杉家整体出动6万军队，于九月二十六日来到河越城前线。为取得出师之名，上杉宪政请求古河公方足利晴氏在十月二十七日率军前来助战，正面总兵力增加到了8万，河越城包围网构建完毕。

面对恶化的局势，天文十四年（1545）十月十日，北条氏康没有迅速进兵，而是前往玉绳城（神奈川县镰仓市）鹤冈八幡宫进献愿文，祈求能够击败上

北条氏康

杉军。随后32岁的北条氏康通过武田信玄向今川义元求和，答应十一月上旬，北条氏康将归还之前从今川家夺取的领土，以换取和平。

退兵今川之后，北条氏康通过亲戚向足利晴氏提出申请，声称只要能够保全城内士兵的安全，愿意将城池拱手让出；不久后，他又给上杉宪政的家臣等人写了书信，表示只要能留下北条纲成性命，北条家不仅会开城投降，以后也会完全臣从。在两份和议申请中，北条氏康的姿态越来越低，完全麻痹了对手。

但上杉宪政拒绝了北条氏康的和议申请，命令大军继续围困河越城。围城期间，上杉宪政感觉胜利在望，便放松警惕，整日纵酒欢歌。从天文十四年（1545）十月到天文十五年（1546）四月，上杉军围城六月，其间商人、艺人、娼妓纷纷在军营中进出，上杉军军纪混乱、士气松懈。

天文十五年（1546）四月中旬，北条氏康带领8000士兵来到城池附近，准备发起突袭。关于战役的过程，后世大量的军记物语中都有详细记载。

北条军一开始特意派遣小股部队前去骚扰，反复进行多次之后，上杉军误以为北条军没有大规模部队，更加懈怠；四月二十日夜，北条氏康将8000人分为四队，除去家臣多目元忠率领的一队预备队之外，其余所有士兵都在铠甲上覆盖白色纸片，以便辨明敌我；攻击发起之后，上杉宪政军队迅速败退，河越城守将北条纲成立即率军出城左突右杀，立下赫赫战功；而看到北条氏康突击过深，处于后方的多目元忠迅速吹响法螺贝，促使北条氏康回归本阵。

河越战役结束后，北条家在关东地区已经根基稳固，难以拔掉，而上杉家颓势尽显，走向衰亡已经是板上钉钉。另外，靠着河越战役里的合作，北条家与今川家、武田家都结下了良好关系，为未来的同盟打下了基础。

但必须提到，河越战役胜利虽然可贵，但武藏国中北部至上野国南部仍有数量众多的原上杉家国人，他们并不愿屈服于北条家，如扇谷上杉家旧臣太田资正就在天文十六年（1547）九月攻克松山城（埼玉县东松山市）。虽然北条家于天文十七年（1548）一月收回松山城，但未来北条家与关东国人之间关系一直很复杂，一直到自身灭亡，北条家都未能彻底把全部国人收入麾下，这也使他们无法从地方政权发展为全国政权。

国人动乱频仍，天文十八年（1549）的关东大地震又造成领国动荡，大量领民逃出北条领，出现所谓“国中诸郡退转”现象。为安抚领民，北条氏康在天文十九年（1550）四月发布公开赦免令：从伊豆国至南武藏的全部北条领地减免赋税、废除债务；在各领地设置“目安箱”，允许农民直接控诉中层管理者，进而缩小地头国人权力规模。这些应急措施虽然是亡羊补牢，却也着实提升了北条家的内政水平。

就在北条氏康为了内政事宜焦头烂额之时，其领地西侧的今川义元送来一份协议，这便是“甲骏相三国同盟”，一旦协议签署，三方就形成“背靠背”协议，不用再担心后方安全问题。天文二十三年（1554）七月，北条氏康将女儿嫁给了今川义元的嗣子今川氏真，随即将目光投向关东前线。

弘治元年（1555）十一月，北条氏康强

扇谷上杉氏居城——川越城本丸御殿

迫古河公方足利晴氏下台，要求其嗣子也是自己的外甥足利义氏就任，成为五代古河公方足利义氏。北条氏康以舅父之名，以古河城为中心正式号令关东诸侯，东武藏、北下总、南下野等地区国人也成为北条家的盟友。

但关东地区的形势依旧复杂。有别于日本其他地区经常会出现一朝天子一朝臣的现象，关东国人构成数百年来几乎没有变化，甚至于国人苗字与城池所在也都高度重合（如下野宇都宫、下总结城、常陆小田），国人势力自然更加强大。除去伊豆、相模、南武藏之外，北条家只能以联盟形式团结国人，这就使得战国中后期北条家陷入了一场又一场的拉锯战。

永禄二年（1559），由于连年歉收，北条家领地爆发大饥荒，北条氏康为承担责任而主动隐居，将家督之位让予嫡子北条氏政。不过他依旧留在小田原城内，以“御本城様”的身份掌握实权。

永禄三年（1560）九月开始，上杉军突然越过三国岭南下上野国，北条方接连丢失上野、下野、北武藏等多处领地，甚至已经从属于北条氏康的武藏国人成田长泰、太田资正也叛归上杉军。北条氏康闻讯从前线赶回，一边要求同盟武田家、本愿寺家出兵牵制，一边亲临河越城前线备战。然而到了十二月，河越城、古河城前线已经遍布上杉军，北条氏康只得先回归小田原城。

永禄四年（1561）三月，上杉军组织各国国人进抵小田原城，不过在坚城面前却逡巡而不敢进，加之北条军适时出兵反击，导致上杉联军军心不稳。而上杉谦信进军关东的主要目的是获取关东管领之名，因此他对平定关东没有明确的战略，北条氏康虽然暂时丢掉了绝大多数领地，但还是得以从容逃过危机。在武藏留下的河越、江户（东京都千代田区）、泷山（东京都八王子市）、钵形（埼玉县寄居町）四座南部城池，也成为北条家反击的基础。

上杉谦信刚一离开，北条家立刻策反大量从属于上杉家的关东国人。而由于大雪封山，上杉谦信只能在每年开春南下进攻，并赶在农忙之前回到越后国或是上野国厩桥城（群马县前桥市）。到永禄六年（1563）二月，松山城守将太田资正投降北条家，标志着上杉、北条的势力范围又恢复到永禄四年（1561）以前的状况。

经历一系列阵仗后，北条氏康终于可以专心应对安房大名里见义尧。

其实从北条氏纲时代的国府台之战开始，里见义尧就是北条家的死敌。里见家领地——安房国与南上总（千叶县南部）占据着“武总内海”（东京湾）的另一端，双方围绕港湾商贸时有争夺。早在永禄三年（1560）五月，在海贼集团三浦水军的支持下，北条军便渡海包围久留里城（千叶县木更津市）。里见义尧随即派遣国人北上寻求上杉谦信援助，北条氏康被迫在近三年时间内放弃东南战线，专心应对上杉谦信。

到北条氏康反击松山城时，永禄六年（1563）一月，里见义尧率军东进准备支援太田资正，但太田资正二月就开城投降，里见军只得退却。北条家继续追击里见义尧，上杉谦信便又来援助，又邀请里见义尧在当年十二月再度进入关东腹地，这一次里见军 1.4 万人驻扎在国府台城（千叶县市川市）。

十二月中旬，北条家内部出现变乱，江户城家臣太田资康突然叛至里见军，与同族太田资正遥相呼应，使得江户城这座本属于太田家的城池颇有整体反叛的风险。为了压制叛乱，永禄七年（1564）一月七日，北条氏康亲率 2 万军队抵达国府台城正面，准备与里见军决战。

根据军记物语中的记载，北条家本想由主队与下总千叶军一同夹击里见军，然而江户城主远山纲景认为自己对太田资康的叛逃负有责任，便率先发起突击，结果被里见军反击而战死。里见军认为已经获取胜利，便在当晚设宴款待众将，结果一月八日凌晨遭到北条军回兵突击，里见军最终以“两千余骑讨死”，大败而归。

随着第二次国府台之战成功，北条家彻底打开东线战场。永禄八年（1565）二月，北条家进攻下总，五月转战利根川上游的关宿城，最终在永禄九年（1566）四月收服关宿城，从西北两方面包围里见家领地。

眼见遭到包围，永禄十年（1567）春天，里见家开始反扑，并占领上总佐贯城（千叶县富津市），北条军前往一番激战却大败而归，里见义尧、义弘父子分别以久留里城、佐贯城两座城池为中心，形成联动以抵抗北条家，东南战线推进不动的局面一直持续到北条氏康去世。

就在此时，“甲骏相三国同盟”突然崩溃。

今川家在失去了家督今川义元之后逐渐衰落，武田信玄便在永禄十一年（1568）十二月撕毁三国同盟，南下进攻今川家。北条氏康选择支援女婿今川氏真，同时与三河德川家康密约夹击武田军，逼迫武田军一时退回甲斐国。永禄十二年（1569）六月，北条氏康与死敌上杉谦信议和结盟。

为了争取支持，北条氏康承认上杉谦信是正统的关东管领。作为回报，上杉谦信也认可北条氏康支持的足利义氏是正统的古河公方，双方算是把名分问题解决了。针对势力范围分布，上杉谦信提出以永禄四年（1561）的版图为基础，经过一定调整，以岩付城、松山城（武藏）、关宿城（下总）为分界线，北部属于上杉谦信，南部归属北条氏康。

同盟达成之后，北条氏康派遣七子北条三郎前往越后成为上杉谦信的养子，上杉谦信家臣柿崎景家嫡子柿崎晴家也来到北条家作为人质。以“越相同盟”为基础，北条氏康正式与武田信玄展开较量。

永禄十二年（1569）六月，武田信玄进攻北条家最初的主城韮山城；九月，武田信玄进攻北武藏，但北条家守军在钵形城、泷山城固守不出，武田军只能继续前进，在十月一日兵临小田原城下。北条氏康下令固守。四天之后，武田信玄眼见攻击不成，便烧毁城下町，匆匆离去。在北条氏康时代，北条家两度以小田原坚城挡住了上杉谦信、武田信玄两名顶级武将的进攻，足见其守城术之强。

小田原包围结束以后，北条氏康命令追击，不过埋伏在对方退路三增岭的北条军4万人却被武田信玄击破。虽然北条家守城能力一流，但野战水平却并不高强，所以不与敌人拼野战，而是等敌人彻底退却以后再步步蚕食，才是战国大名北条家的生存之道。

或许是看到了这一点，元龟二年（1571）十月北条氏康去世之前，曾专

三增岭之战示意图

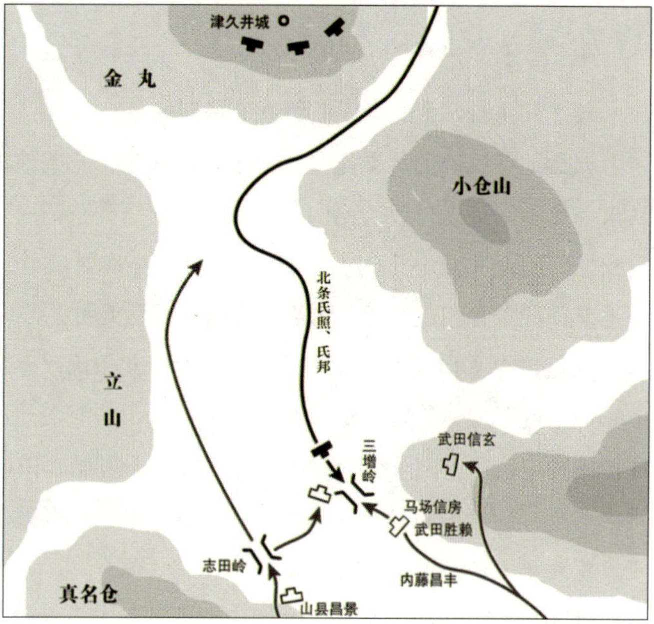

门寻求与武田信玄的和解之途。临终前，北条氏康把北条氏政等诸多儿女聚集一处，留下遗言“重新与武田信玄结盟”。或许对于北条氏康而言，较之与邻国武田家一争高下，保住北条家在关东的地位更为重要；与其跟武田家争个两败俱伤，不如重新联合一处，继续进攻一盘散沙的关东国人。

按这位“相模狮子”的遗命，就在他去世当年的十二月二十七日，北条、武田两家重新结盟。

北条氏康虽然早年打出了河越夜袭的漂亮仗，但随着势力逐步扩大，他的活动范围也受到局限。这固然是因为北条氏康的性格偏于守成，同时也是因为北条家的既有地盘及势力依旧有限，与新加入的关东国人之间的主从关系也十分脆弱，北条家自身的扩展遇到了瓶颈——这一点直到其子北条氏政时代才得以突破。

4. 北条氏政

较之几位长辈，北条氏政始终显得无能。

讽刺北条氏政的“无能”有一个著名段子：吃茶泡饭的时候，北条氏政从来都算不好茶水与饭的比例，因而每次都要浇茶两次。父亲北条氏康看到后叹息不已，觉得儿子连这点事都算不好，早晚要败家。

然而段子终究是段子，北条氏政固然不是英明主君，却也不是等闲之辈。

元龟二年（1571）十月北条氏康病逝，北条氏政遵从父亲的遗愿解除与上杉谦信的联盟，修复甲相同盟，并支持武田信玄发动进京之战。按照越相同盟的约定，北条、上杉在上总国以关宿城（千叶县野田市关宿三轩家）为界，因而与上杉谦信撕破脸面以后，北条氏政的第一选择就是派遣弟弟北条氏照于天正元年（1573）七月进攻关宿城。

北条氏政的作战方案反复利用了越后冬天大雪封山、关东夏天河水充沛的特点。天正二年（1574）五月上杉谦信袭来时，恰好利根川水位高涨，双方对峙于河流两岸；而到十一月，上杉军虽然推进至武藏，烧毁大量北条家城池，但由于越后国大雪封山，闰十一月上杉军不得不撤退，这就让北条氏政顺利夺取了关宿城。

北条氏政

夺取关宿城，北条氏政打开了通往东北、东南两个方向的道路，也免除了西北方向上杉谦信的骚扰。东北方向，天正三年（1575）三月北条军围攻下野小山城（栃木县小山市），天正

北条五代墓所

四年（1576）围攻下野祇园城（栃木县小山市），天正五年（1577）闰七月突然抵达下总结城（茨城县结城市）城下，与常陆佐竹家展开对峙；东南方向，天正五年（1577）九月下旬，北条氏政降伏长南城（千叶县长南町）的上总国人武田丰信，这等于是直接杀到了老对手里见家的门口，里见家被迫在十一月让渡北上总地区给北条家，北条氏政则将女儿嫁给里见义弘的弟弟里见义赖。到了天正六年（1578）五月，里见义弘突然去世，北条氏政操纵里见义赖夺取久留里城，与北条家结盟。

攻克关宿城之后不过三四年工夫，北条氏政便在东侧战场打出一片天。不过正当他要进一步北上进攻常陆佐竹家时，天正六年（1578）越后国爆发“御馆之乱”，北条氏政要求甲相同盟的另一方——武田胜赖出兵援助自己的亲弟弟上杉景虎。谁承想，处于衰败之中的武田家为了金钱而与“御馆之乱”的另一方上杉景胜议和，北条氏政只得亲自率军北进支援。但没想到，北条氏政曾经利用过的越后大雪也阻碍了他的脚步。天正七年（1579）三月，上杉景胜取得胜利，北条氏政的弟弟上杉景虎自尽。

弟弟去世，北条氏政自然迁怒于武田胜赖，又开始与武田家为敌。十月，武田胜赖与常陆佐竹家联盟制约北条家，常陆佐竹家则组建关东国人联盟围攻北条家。面对险恶局势，北条氏政立即选择与德川家康结盟，继而与德川家康的同盟——织田信长成为盟友。天正八年（1580）三月十日，北条氏政派遣使者通过织田家部将泷川一益与织田信长接触，宣布臣从于织田家。

由于织田信长已经在长筱之战（1575 年）中击败武田胜赖，足以震慑关东国人，北条家从属于织田家以后，常陆佐竹家也不敢与之为敌，而是私下请求与织田家议和，北条家面对的关东国人联盟也瞬间瓦解。也靠了织田家强大的军力，天正十年（1582）武田家灭亡前后，北条氏政迅速夺取上野、东骏河两片领地。不过到了分国时，织田信长将上野划给泷川一益，甚至任命泷川一益行使关东管领职权。北条氏政不敢反抗。

武田家灭亡以后，北条家嫡子北条氏直迎娶了织田家女子，两家结为政治婚姻。但六月二日本能寺之变之后，关东再度陷入混战，北条氏政在蛰伏数年以后再度开始扩张领地。

首先是面对织田家在关东的总代理人泷川一益。六月十六日，北条氏政出兵 5.6 万来到上野仓贺野（群马县高崎市仓贺野町），十八日与泷川一益的军队交战于神流川南岸。初战北条军虽然失败，但最终北条军在十九日击溃了泷川一益。随后 4.3 万北条军迅速越过碓冰岭进入信浓国，先是在六月下旬席卷佐久郡（长野县佐久市），接着在七月攻克上野国吾妻郡、信浓国小县郡，继而收服旧武田家臣真田昌幸等人。

但按照织田信长时代的势力划分，信浓南部与甲斐名义上的主人是德川家，北条家的这一番进攻自然导致双方的冲突。八月六日，北条军追击到甲斐国若神子城（山梨县北杜市须玉町），并派遣别动队 1 万人袭击甲斐东部，意在切断德川军的退路，却遭到德川军 2000 人的伏击而被迫撤退。进入九月，本来投靠北条家的真田家出兵东上野切断北条军后路，北条军进退两难；十月，德川家的同盟从北面攻克小诸城（长野县小诸市），与南部德川军主力形成夹击北条之势。

十月二十九日，在织田信长次子织田信雄的调停下，德川、北条两家议和并结盟。通过这次同盟，北条家嫡子北条氏直迎娶了德川家康之女，北条家虽然丢掉了甲斐、信浓，但好歹留住了上野。但真田家不愿交出东上野，反而投奔更北方的上杉家，成为北条家在东上野的心头之患。

在日本的各类影视剧里，北条氏政都会以贪婪的面目出现，总想着攫取更多的领土，最终导致自身灭亡。事实上，天正十二年（1584）年底，德川家康也给北条氏政写过信，提及所谓“关东总无事”，希望北条家不要再过多与周围国人为敌，然而北条家对此无动于衷。十二月，北条家强行从上野国人一方接收金山（群马县太田市）、馆林（群马县馆林市），彻底打断了上野、下野两方反北条国人之间的联系。

之前投奔织田家时又是结亲又是送礼、态度极为谦恭的北条家如今颇为傲慢，究其原因，还是要着眼于北条家所处的环境：先前投靠织田家时，北条家正遭到四面围攻，而且还有武田、上杉两个强敌威胁自己；如今丰臣家虽然强大，但东国最大势力德川家已经是北条家同盟，只要德川家康依然站在自身前方，丰臣秀吉便不会直接攻击北条家——但这个认识，最终让北条家走向灭亡。

天正十五年（1587）十二月，已经征服九州的丰臣秀吉对关东、东北发布正式的“总无事令”，严禁大名之间私自交战。天正十六年（1588），丰臣秀吉要求北条家加入聚乐第行幸的大名行列中，被北条家拒绝。与此同时，北条氏政下令加固小田原城防，摆出对抗架势。

五月，德川家康作为中间人开始从中调和，促使北条氏政派遣弟弟北条氏规作为“名代”进京，北条与丰臣家关系开始缓和。但北条家提出真田家需要将占领的东上野领地归还自己，于是天正十七年（1589）二月，丰臣家判定北条家获得东上野沼田领的三分之二，问题多少得到解决；北条氏直还在六月五日给丰臣秀吉送去感谢信，表示北条氏政会在十二月上旬进京称臣，如果不出意外，北条家会按部就班地成为丰臣家的家臣。

然而就在北条氏政决定进京之后，十一月三日，东上野守将猪俣邦宪夺取了沼田城另外三分之一的领地。北条家不但没有处罚猪俣邦宪，反而派人去勘察地形，这一行为激怒了丰臣秀吉。二十四日，丰臣秀吉发布了讨伐北条家的檄文，正式宣战。

一般认为，北条氏政算不准茶泡饭的比例，所以也算不准贪婪的“度”，贸然突破丰臣家设置的界限，这种逾矩导致北条家遭遇了灭顶之灾。但从目前的分析看来，攻取东上野很可能是猪俣邦宪本人擅自行动，或者是他的直属上级——北条氏政的弟弟北条氏邦指使。之所以北条氏政未加处罚，是因为北条氏邦拥有北条家最具战斗力的家臣团，甚至连北条氏政也忌惮三分。但是不管怎么说，北条氏政宁可去惹庞大的丰臣家也不愿意内部解决问题，说明他缺乏大局观。或许囿于关东之地日久，北条氏政与整个北条家都丧失了观察大局的能力。

为了抵御丰臣家的攻击，北条家颠覆了战国时代守城战的一贯模式。一般而言，战国时代的守城战会将城下町、农田等百姓居所全部放弃，但北条家本着仁德理念，也考虑到城内补给，在小田原城等多座城池周围挖掘了周长达 9 千米的障子堀。所谓障子堀是指“皿”字形深沟，每段深沟中间都会留有细长土方，敌人只能从深沟中间走过，极易被守城士兵的火枪、弓箭等武器瞄准。

天正十八年（1590）三月一日，丰臣军各方面部队开始出发；四月三日，丰臣军主力部队 22 万人包围了小田原城，而城中守军只有 5.6 万人。丰臣秀吉使用了经典的围城断粮战术，同时要求东北大名前来参阵。而在包围小田原城的过程中，北条家如同面对当年的上杉谦信一样，接连丢失上野松井田城（四月十九日）、上野祇园城（四月二十三日）、岩付城（五月二十二日）、八王子城（六月二十二日），小田原城逐渐孤立。

虽然从后世观点看来，小田原城确实顶不住丰臣家的攻击，但仅就当时的状况而言，丰臣家 22 万部队的补给反而是更大的问题。丰臣家在出兵前配备了 20 万石粮草，但这最多只能满足部队四个半月之用。从三月一日出

北条家陷落顺序图（1590）

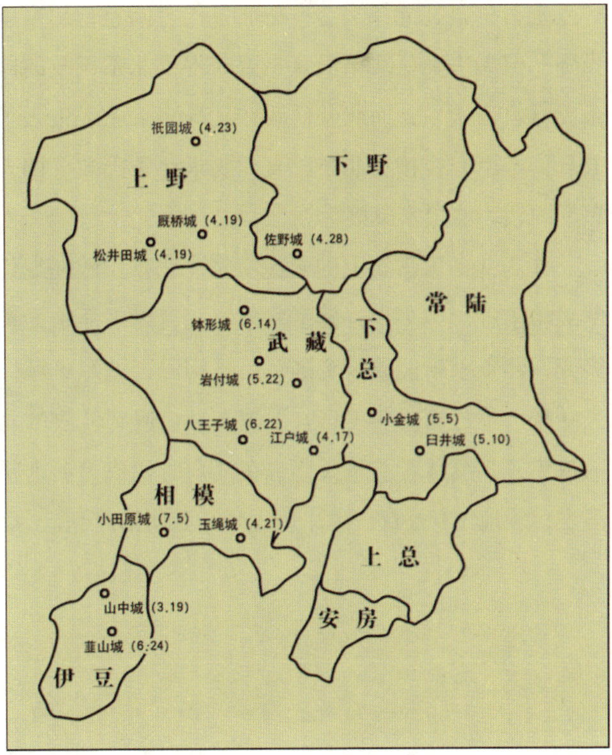

兵算起，到六月底已是四个月，如果无法破城，后果不堪设想。小田原城攻略战最危险之处就在这里，如果北条家能够坚持过七月，恐怕丰臣家就不得不退兵。

六月二十四日，北条家发源之所——伊豆国韮山城在经历百日围城之后宣布投降，这给了北条家巨大的打击。六月二十七日，北条家突然发现小田原城西南部多了一座高大的城池，这便是丰臣秀吉一直秘密修建的石垣山城。北条家误以为丰臣秀吉已经强大到一夜之间足以建城，开始怀疑固守战术是否有效。

七月一日，北条家督——北条氏直同意德川家康使者的劝说，准备出城投降。但无法确认北条氏直是否获得了北条氏政的同意，很可能是稳健派北条氏直自己做主，而北条氏政在乱局之下已经失去了发布命令的能力。七月五日，丰臣秀吉接见北条氏直，要求北条氏政等四人自杀。北条家灭亡，北条家旧领为德川家康接管。

作为北条家事实上的末代家督，北条氏政在继任初期其实显示出了一定的战略手腕，也多少打破了北条家一直以来面临的扩张瓶颈。然而时代局势突变，北条家未能放眼全国，而是拘泥于关东一城一地，最终灭亡，也颇让人唏嘘。不过第二年（1591）闰一月，遭到流放的北条氏直获得了丰臣秀吉的赦免，其继承者北条氏盛也在江户时代成为河内狭山藩（大阪府狭山市）藩主，领地 1.1 万石，国祚一直延续到明治维新。

贰 甲斐武田家

甲斐要害山城地形

1. 武田信虎

较之儿子武田信玄，武田信虎显得默默无闻，然而从创业角度来看，若不是武田信虎平定了整个甲斐国（山梨县），武田信玄也无法迅速崛起。

永正四年（1507）二月，14 岁的武田信虎刚刚继承家业，便面临着叔父油川信惠、岩手绳美的威胁。直到永正五年（1508）十月，武田信虎才从争斗中取胜，不仅杀死两位叔父，还降服了甲斐国人小山田家，稳固了武田家的基盘。永正七年（1510），小山田家继任者迎娶武田家女子，双方和睦。

通过家族内斗，武田信虎基本解决了家族内部矛盾，但对甲斐国人依旧缺乏控制力。永正十二年（1515），甲斐河内地区（南巨摩郡）国人穴山家引来南部的骏河守护今川家北上进攻，随后驻守富田城（南阿尔卑斯市户田）的大井信达也投靠了今川家，武田家在甲斐国的处境不容乐观。永正十三年（1516）九月二十八日，今川军攻击武田家主城，若非武田信虎拼死抵抗，坚持到今川家出现内乱，武田家恐怕难以顺利过关。

眼见战乱频仍，武田信虎决心修筑一座易守难攻的城池以抵抗今川家。永正十六年（1519）八月十五日开始，武田信虎在甲府山地修建新的居馆（踯躅崎馆），又在东北部丸山修建要害山城（山梨县甲府市上积翠寺町）作为“诘城”，即主城本丸。居馆用于日常居住及办公，主城用于军事作战。

虽然武田信玄时期的武田军异常强大，但在武田信虎时代，武田家其实处于衰落状态之中，各地国人自立现象严重。新城建好之后，武田信虎要求属下大名逐步离开领地，来到踯躅崎馆居住，以弱化国人与领地之间的关系，强化自身统治。不过他的集权举动也遭到领内一些不愿臣从的国人的反对。永正十七年（1520）五月，国人栗原信重、今井信是、大井信达等人联合从踯躅崎馆退出，武田信虎接下来花了一年的时间与三家国人作战。

为了扰乱甲斐国，今川家开始支援三家国人。大永元年（1521）二月二十七日，今川家臣福岛正成沿着富士川北上进攻甲斐国；九月十六日，今川军攻克富田城大井家，逼迫武田信虎一度离开居馆，固守于要害山城；十月十六日，武田信虎重整军队进攻今川家，并在十一月二十三日击败福岛正成。这段时间武田信虎正妻大井夫人撤退到要害山城，并生下嫡长子，也就是后来

武田神社——原武田家踯躅崎馆

的武田信玄。

彻底击退今川家、平定内乱以后，武田信虎来到富士山，参加久远寺举办的“御授法”，围着富士山火山口绕行一圈。这场仪式看起来只是宗教行为，但考虑到富士山所处位置正是武田、今川两家的接壤处，敢于来到这里举办仪式，武田信虎无异于向周遭宣布：即便他离开主城来到与今川家交界的险要之地，也依然从容不迫。

“御授法”之后，武田信虎走上对外扩张之路。

大永七年（1527）六月开始，武田家进军信浓国南部，但在享禄元年（1528）被南信浓国人诹访赖满击退。享禄四年（1531），诹访赖满又联系甲斐国人饭富虎昌，共同在韮崎城（山梨县韮崎市）阻击武田信虎，几方势力最终在天文元年（1532）才被实力逐步凝聚的武田信虎降服。

为了争取有力同盟，武田信虎对败将并没有赶尽杀绝，他先将猛将饭富虎昌纳入麾下，又于天文四年（1535）九月十七日，与诹访赖满在诹访神社鸣响宝铃，宣布议和并结盟。天文五年（1536），今川义元接任今川家督以后，迎娶了武田信虎之女，双方结成“甲骏同盟”，武田军开始帮助今川家进攻北条家。天文九年（1540）十一月二十九日，武田信虎又将另一位女儿嫁给诹访赖满的嫡孙诹访赖重。

通过姻亲盟约，武田信虎在信浓国地位上升，但正在他准备大干一番的时候，却被嫡子武田信玄从背后捅了一刀。

天文十年（1541）六月十四日，武田信虎前往骏河访问今川义元，武田信玄（晴信）立即宣布放逐父亲。遭到放逐的武田信虎从天文十二年（1543）开始游览京都附近的名山大川，并在今川义元死于桶狭间之战后开始隐居于京都，不问世事。直到天正二年（1574）武田信玄去世之后一年，武田信虎才回到武田领地，以 81 岁高龄去世。

如果没有武田信虎奠定基础，作为甲斐守护的武田家也很有可能被守护代乃至国人灭掉，或是如同邻国信浓守护小笠原家一样成为普通的国人领主，武田信玄即便崛起也要把这条路重走一遍。后世虽然大赞武田信玄，但也不能忘了武田信虎这位先行者。

2. 武田信玄

终其一生，武田信玄都在试图凝聚整个家族，但每一次的努力，却都让家族更加离散。

·初生

天文五年（1536）十一月，16岁的武田晴信跟随父亲出征信浓国海之口城（长野县南佐久郡南牧村），遭到了守将的强力抵抗，围城战一直持续了36天。武田军见状退却，留下武田晴信率领300人殿后。武田晴信利用敌方的松懈心理一举攻入海之口城，创造了父亲没能建成的功勋。

关于海之口城战役，史料上并无其他记载，其过程也是疑点甚多。不过有一点却很明显：武田晴信与父亲的矛盾贯穿了武田晴信本人的早年生涯。

据说武田信虎晚年课税顿高，其家臣与领民极度不满。天文十年（1541）六月十四日，武田信虎前往骏河国（静冈县中部）拜访女婿今川义元，武田晴信迅速联合板垣信方、甘利虎泰、饭富虎昌三位重臣封锁骏河到甲斐的道路；随即九月二十三日，他与今川义元达成协定软禁父亲武田信虎，兵不血刃地得到甲斐国主之位。

武田信虎已经彻底平定甲斐国内的反对势力，武田晴信只需沿着父亲的足迹将触角深入信浓国即可。但武田家在信浓国的原盟友诹访赖重、村上义清并不愿与武田晴信合作，天文十一年（1542），武田晴信攻灭诹访赖重，并迎娶诹访赖重的女儿为侧室，迈出了征服信浓的第一步。

武田信玄最著名的行为艺术莫过于以《孙子兵法》“疾如风，徐如林，侵略如火，不动如山”四句话为旗印，但这个旗印事实上从永禄四年（1561）才开始使用，早年间，武田军本阵旗是“南无诹方南宫法性上下大明神”，而“诹方明神”信仰正来自诹访领的诹访神社。可以说，征服诹访不仅让武田家在信浓获得了立足点，也获得了信仰之本。

天文十六年（1547）八月六日，武田晴信准备进攻信浓国志贺城（长野县佐久市），但志贺城守将笠原清繁和前来援助的关东管领上杉宪政却先行发兵，与武田军交战于城外的小田井原（长野县北佐久郡御代田町）。经过激烈战斗，武田军获胜并杀死了敌军3000余人。

据说为了打击志贺城的士气，武田晴信特地将阵亡的3000将士的首级砍下来，摆在志贺城下。八月十日，武田军大举攻城，城池很快陷落。战役胜利让武田晴信获得了佐久郡（长野县佐久市及南、北佐久郡），与北部豪族村上义清对峙。

武田信玄——歌川国芳画作

天文十七年（1548）二月一日，武田晴信率领8000人马向北进军，准备一举击溃村上义清。担任先锋的板垣信方、甘利虎泰在上田原（长野县上田市）一马当先，击败村上军。但两人判断失误，在清扫战场之时遭到了村上义清反击，两人双双战死。武田军先胜后败，全军撤退，信浓国反武田势力又重新抬头。

天文十九年（1550）七月，武田晴信进攻村上义清的户石城（长野县上田市），又一次遭到失败。无奈之下，武田晴信转而依靠计策，派遣出生于此地的真田幸隆进入城池策反信浓国人。很快，户石城城门大开，武田军顺利占领了这片阻挡他多年的城池。

使用真田幸隆对于武田家有标志性意义，因为这是武田家“先方众”策略首演于世。所谓先方众，是指从属于某一大名，但却并不出生于该大名领国的国人。战国时期大名领地不断扩大，需要越来越多的非本国国人支持。

但需要明确，先方众并非在真正意义上还从属于战国大名，而是与战国大名有着相似统治体系的国人众。先方众与战国大名之间的关系更类似被保护国与宗主国的关系。虽然先方众的势力常常局限于城池、町甚至村子，影响范围非常小，但麻雀虽小，五脏俱全，它的统治体系与战国大名颇为类似。

国人为了保护自己的势力，常常会投靠附近更强大的大名，成为这些大名的先方众。能否用好先方众，是战国大名能否开疆扩土的关键所在。

天文二十二年（1553）四月，武田军强攻村上家主城葛尾城（长野县埴科郡坂城町）；八月，村上义清弃城而逃，跟随众多信浓国人一起依附于越后国（新潟县）大名长尾景虎（上杉谦信），武田晴信基本统一了信浓国。

·龙虎之争

村上义清刚刚逃亡到越后国，就联合信浓国人一起向越后长尾景虎申请出兵。恰好武田军先锋突至川中岛附近。为了防止敌军一口气进入越后国，天文二十二年（1553）九月一日，长尾军击退了武田军。武田晴信不甘示弱，对获胜的长尾军进行夜袭，重新将战线退回川中岛。对峙20余日之后，武田、长尾两军宣布撤退。

决战地点之所以在川中岛，是因为川中岛为犀川、千曲川交汇冲积而成的小岛屿，地处信浓国北部，距离春日山城只有70千米的距离。川中岛周边几乎都是陡峭的山地，换句话说，这里是从信浓进入越后的必经之路，自然是兵家必争之地。

作为信浓国进入越后国的枢纽，川中岛附近的善光寺（长野县长野市元善町）一带聚集着大量商人，以农业、矿业为主的甲斐国（山梨县）急于夺取善光寺附近的商业资源。武田晴信首先劝降善光寺南部国人栗田鹤寿，对北部长尾家势力形成压制。

为夺回善光寺的控制权，长尾家于弘治元年（1555）七月十九日第二次与武田军对峙于川中岛地区。这次长尾景虎选择善光寺北部的葛山安营扎寨，而武田晴信选择南部的旭山凭城固守。为了击败武田军，长尾景虎故意在营寨中放火，准备在对手前来攻击之际设下埋伏。但武田晴信没有中计，只是按兵不动，长尾景虎的计策没有成功。

从七月十九日开始，武田、上杉两军对峙长达200余日，直至闰十月十五日，双方才在今川义元的调停下各自撤军。武田晴信被迫接受数家信浓国人回归旧领，双方罢兵。

不甘示弱的武田晴信反复攻击北部信浓，在弘治三年（1557）八月下旬第三次与长尾军在川中岛交战，但与前两次战役一样未分胜负。这一时期，13代将军足利义辉向双方发布停战书，并要求长尾景虎帮助自己。武田晴信见机要挟足利义辉，无奈之下，永禄元年（1558）一月，足利义辉将信浓守护候补的职位授予武田家。永禄二年（1559）武田晴信正式获得信浓守护的职位，武田家也获得了夺取信浓国的大义名分。

也是在这一年，武田晴信出家，其称呼更改为“武田信玄”。

三场川中岛之战全部以平局收场，双方都无法在战线上有所推进。但据统计，在双方处于对峙状态中时，武田、长尾双方发布的“印判状”数量均增长4倍，这说明越来越多的国人被编入两方家臣团中。两家虽然没能在战线上有所推进，却促成领内国人凝聚，加速了大名领国制的建立。

有趣的是，两人对峙期间，经常会以奇怪的语句通信。如武田晴信写道“您不要总想着打仗之事，双方便可退兵”，似乎暗示武田军没有作战想法。长尾景虎回信说“与您为敌，我可能一无所获”，更明确表明自己也无战意。双方究竟是单纯作战，还是有更深层目的，抑或是两者兼有，仍难以确定。

永禄三年（1560）四月，长尾景虎突然发动“越山”之战，从越后国南下进入关东，一直打到北条家小田原城才告罢休。永禄四年（1561）三月，长尾景虎退兵，并在武家圣地鹤冈八幡宫就任关东管领，并改名上杉政虎（上杉谦信）。

在盟友北条氏康的要求下，武田信玄先是南下援助北条家，紧接着在八月二十九日再度北上进入川中岛海津城（长野市松代町），与上杉谦信军队对峙。这一次由于农忙季节将到，武田军必须速战速决，因而在九月九日夜间采用军师山本勘助的“啄木鸟战术”，派遣 1.2 万人组成别动队沿着妻女山后山摸黑行军，武田信玄率领本阵 8000 人马在上杉军的退路八幡原设下埋伏，就等着截击对方的溃逃将士，然后一网打尽。

上杉军发现了武田军的动向，下山北撤。九月十日上午，武田信玄本阵遭到上杉军冲击，上杉谦信更是策马闯入指挥所，猝不及防的武田信玄只能以军扇抵挡，连续被上杉谦信砍了三刀，这就是所谓的川中岛“一骑讨”。

“一骑讨”结束后的中午时分，春日虎纲率领武田军别动队进入八幡原，上杉谦信下令全军撤退。下午 4 时左右，武田军停止追击，第四次川中岛之战正式结束。武田军在战役中损失惨重，武田信玄之子武田信繁，家臣诸角虎定、山本勘助、望月盛时、油川信吉、初鹿野忠次等阵亡，军队损失 4000 人之众。

川中岛“一骑讨”雕像

第四次川中岛之战后，武田信玄转而出兵西上野领地，并与上杉家旧臣长野业正对峙于箕轮城（群马县高崎市箕乡町）。长野业正善战，一直到永禄四年（1561）十一月长野业正去世之前，武田军都没有发起进攻。永禄七年（1564）第五次川中岛之战爆发，但上杉家与武

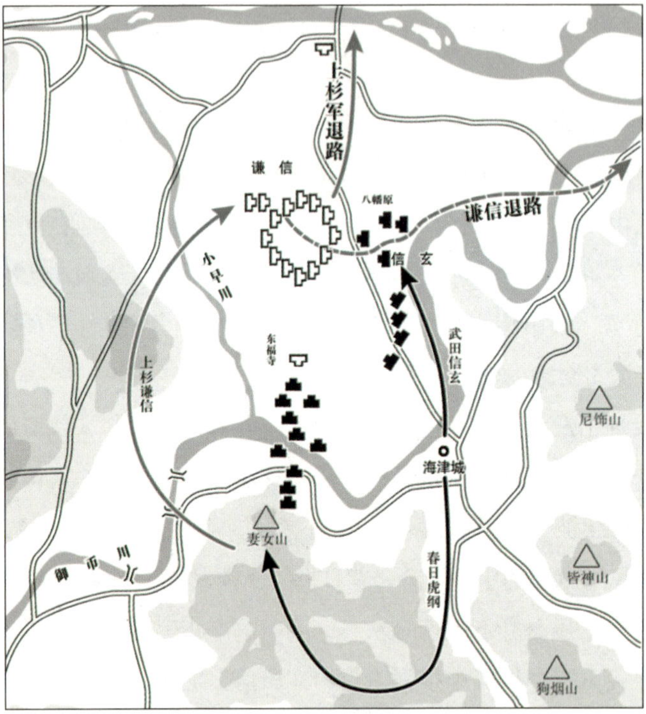

第四次川中岛之战简图

田家并未交战，对峙 60 余日后双双撤兵。永禄九年（1566）九月，武田军攻克箕轮城，守将长野业盛自尽身亡。

·武田家变

武田、上杉两家对于相互交战不再热心，武田信玄开始将目光向南投向骏河国，即已经失去大佬今川义元正在苟延残喘的盟友今川家。

永禄七年（1564），武田信玄将进攻今川家的议题提上日程。三国同盟结成之前，武田家嗣子武田义信已娶了今川义元的女儿，如今武田信玄要求武田义信与妻子离婚，引起后者的强烈不满。

当年七月，就在第五次川中岛之战结束后不久，武田义信召集饭富虎昌、长坂昌国等家臣商议，准备重演24年前武田信玄驱逐父亲之举，自立为家督。但武田义信的准备工作做得并不到位，信息让饭富虎昌的弟弟山县昌景得知，旋即被报告给了武田信玄。

武田信玄得到消息后，先是震惊，接着勃然大怒。永禄八年（1565）一月，武田信玄将参与谋反的80多名家臣加以斩首或流放，主谋饭富虎昌虽然曾帮助武田信玄夺位，却依然在八月十五日被勒令自尽，武田义信本人也在十月被软禁。十一月十三日，织田信长的养女嫁给了武田信玄的四子武田胜赖，双方达成同盟协议，武田军攻击骏河已经在所难免。

永禄十年（1567）八月七日，包括武田信玄弟弟在内的武田家237名家臣联名写了一封起请文，宣誓效忠于武田信玄。这封"血之起请文"要求全部家臣效忠"信玄様"，武田信玄本人曾篡位夺职，因此最为担心嗣子以及家臣反叛。他一方面鼓励个人崇拜，另一方面在永禄十年（1567）十月十九日，勒令年仅30岁的武田义信在东光寺切腹自尽。十一月，今川义元的女儿被送回到骏河国，武田、今川两家正式对立。

武田信玄固然冷血，但他绝非不爱儿子。他的次子海野信亲是盲人，武田信玄曾经甚至说过：可以用自己的右眼来交换，来恢复儿子视力。他逼死武田义信，正是为了武田家的团结和统一。

武田家变虽然以悲剧结束，但却着实提高了武田家臣对主君的忠诚度，其军团的战斗力也愈发强大，为顺利进军骏河国乃至赢得三方原之战打下了基础。

十一月二十一日，由于武田胜赖的妻子（织田信长的养女）去世，武田信玄将养女嫁给织田信长，以维护同盟关系。与织田信长结盟后，武田信玄同三河大名德川家康达成协议，决定瓜分今川家的领地。

· 对抗群雄

永禄十一年（1568）十二月六日，武田信玄率1.2万人马攻击骏河。十三日，多达21名今川家国人投降武田军，骏府城（静冈县静冈市）被武田军攻克，今川氏真被迫带着 50 名随从逃出城池，前往远江国挂川城（静冈县挂川市）。慌乱之中，今川氏真的妻子甚至没有马可骑，只能步行，其惨状可见一斑。

与武田、今川同时结盟的北条氏康对此极为愤怒，站在了今川家一方。永禄十二年（1569）一月十八日，北条军 4.5 万士兵来到了伊豆、骏河两国边境，武田军则有 1.8 万军队迎敌，双方虽没有大规模交战，但北条家随即联络德川、上杉、今川等势力结为同盟，共同围困武田信玄，好似一张“信玄包围网”。

针对数家势力，武田信玄与德川家康僵持，对上杉谦信主守，对北条氏康主动出击。永禄十二年（1569）九月，武田军从信浓国出发，越过碓冰岭进入关东。武田军先是攻击钵形城（埼玉县大里郡寄居町）北条氏邦，接着又攻击泷山城（东京都八王子市丹木町）北条氏照，最后在十月一日围困小田原城。

围困数日后武田军意识到坚城难攻，便开始退兵，在十月六日于相模国三增岭（神奈川县相模原市爱甲郡爱川町）与北条家交战。面对北条军的伏击，武田信玄并不慌张，他将军队分为三支，一支由马场信房、武田胜赖、内藤昌丰在正面迎敌，一支由自己率领在右翼侧击，第三支由山县昌景率领的 5000 精锐部队迂回包抄。因为战术配置得当，加之战斗力强，武田军虽然人数较少却占据了上风，北条军大败而回。

三增岭之战中，武田军无论在兵力还是形势上都居于劣势，但却能够在敌人突袭的情况下冷静分兵，完成武田信玄的战术，说明武田军的战将对于指令的执行力非常强，故而武田军具有强大的战斗力。

这种执行力一方面来自长期的战争，另一方面来自武田信玄的细心经营。以作为军功凭证的感状为例，通常来说，感状会在战役后数天内发行，但武田信玄常在战役结束当天立刻发放感状。不只如此，他在战时还会随身携带武士刀、金银等宝物，在发布感状后立刻赏赐。正因如此，武田军的凝聚力日渐增强，武田家也迎来与织田、德川家的决战之日。

·最后决战

压制北条家以后，武田信玄回兵西进，开始与德川家康决战。元龟二年（1571）四月，武田信玄进攻三河国吉田城（爱知县丰桥市），德川家康仅派了 2000 士兵前往援助，被武田军击溃。到五月，武田信玄夺取德川领五座城寨，但因为咯血而被迫回返。武田信玄本人的身体问题开始暴露出来。

十月，北条氏康去世，武田信玄与北条家重新议和并结盟，这为武田信玄进一步发动“西上作战”打下坚实基础，他已准备与织田信长盟友德川家决战。

早在元龟元年（1570）一月，足利义昭在信中要求武田信玄：“为了天下太平，希望能够尽快进京。”随着进京之战时机成熟，武田信玄便加入了对织田信长、德川家康这对盟友的讨伐中。

三方原之战示意图

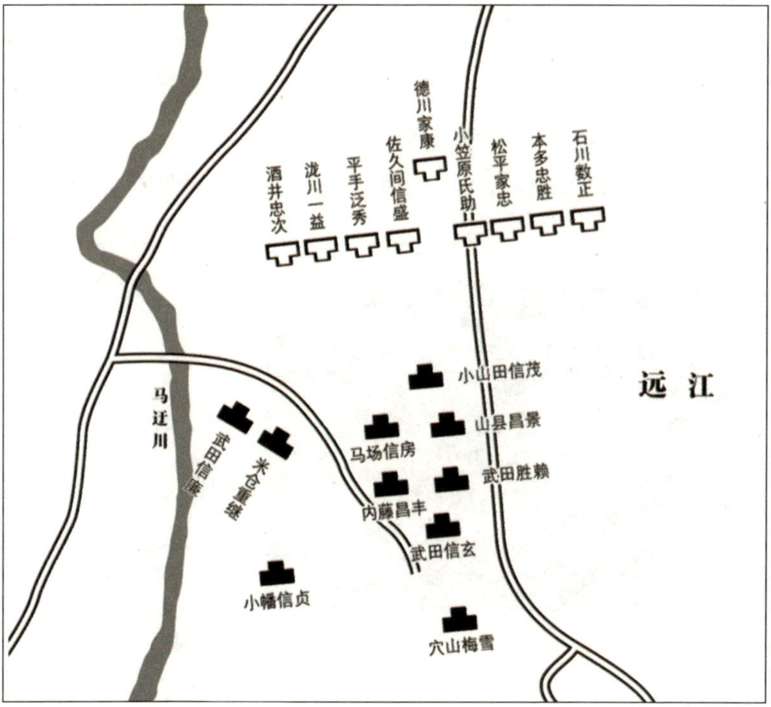

元龟三年（1572）十月三日，就在北条氏康去世一周年之际，武田信玄发动进京之战。虽然织田信长一度要求议和，但武田信玄并未停手，并在十月十六日围困二俣城（静冈县滨松市天龙区）。经过两个月的固守，城池失守。

二俣城攻防战期间，德川家康匆忙间向织田家求援。十一月底，织田援军3000人抵达远江国滨松城（静冈县滨松市）。在当时状况下，武田信玄处境尴尬，如果强攻滨松城，肯定会耗时耗力，但如果放弃滨松城，则会受到织田、德川两军的夹击。所以唯一方法就是引出德川家康决战。

十二月二十二日，武田军大军压境时，武田信玄没有选择直接攻城，而是绕过滨松城，直接向西北方向进发。这样一来，武田军的背后就暴露给了德川军。武田军的这一举动吸引德川军1.1万人离开滨松城进行追击。

中午时分，德川家康跟随武田军的脚步登上了北部的高地三方原。但已经基本离开三方原的武田军，此时却突然前军转后军、后军转前军，组成鱼鳞之阵回到三方原战场。下午4时，战役正式打响，有“战国最强”之称的武田军团如猛虎下山一般冲向德川军，6时左右战役结束，武田军大获全胜，德川家康逃跑时甚至被吓得失禁。

三方原之战结束后，武田军继续对三河、远江两国进行扩张，但在天正元年（1573）四月，武田信玄突然病倒，只得放弃进京之战，全军撤退。四月十二日途经信浓国伊那郡（长野县伊那市）时，武田信玄溘然长逝，享年53岁。

高坂昌信著《甲阳军鉴》

据《甲阳军鉴》记载，武田信玄去世前留下遗言：三年秘不发丧，家督之位则让给孙子武田信胜，并让武田胜赖代理家督事务。虽然如此，他的死还是以各种方式流传开来。

臣下意见。

此外，武田胜赖在继任以后除重用马场信房、山县昌景等谱代旧臣之外，更为重视亲信迹部胜资、小原继忠等，但对武田信玄十分重视的同族成员却较为冷淡，使得武田家同族对其颇有怨言，双方矛盾愈发尖锐——这在长筱之战里深刻地反映出来。

山县昌景

长筱城（爱知县新城市长筱）地处滨松城西北侧，是远江、三河与信浓三国的交会点，为兵家必争之地。早在元龟元年（1573）武田信玄死后的七月十九日，德川家康就派遣本多忠胜反攻长筱城；八月二十日，德川家康策反武田家的三河先方众，即作手城（爱知县新城市作手清岳）城主奥平贞昌，继而在九月十日攻克长筱城；九月二十一日，武田家杀死奥平家交给武田家的人质。

天正三年（1575）四月，德川家康杀死内通武田胜赖的家臣大贺弥四郎，武田军于是在五月一日围攻奥平贞昌守卫的长筱城，奥平家迅速派军前往织田家求援。

五月十八日，织田、德川联军 3.8 万人在长筱城西部 4 千米设乐原地区的极乐寺山布阵。由于武田军只有 1.5 万人，“武田四天王”中的马场信房、山县昌景、内藤昌丰均提出撤兵建议，武田同族重臣武田信廉、穴山信君也毫无战意。

但织田军虽然前来作战，却未主动出击，武田胜赖认为“敌军已经陷入

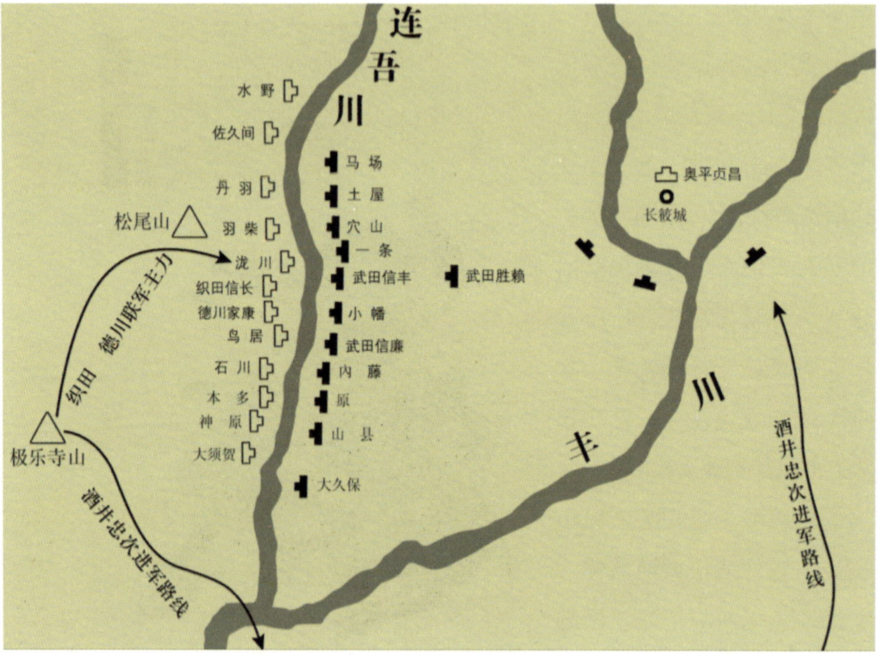

长筱之战示意图

窘境，无回天之术”，便强行通过作战计划。五月二十日夜，武田胜赖决定留下 3000 人围困长筱城，将其余 1.2 万军队全部派往设乐原前线，准备第二天发动总攻。

在设乐原布阵时，武田胜赖并没有将武田家马队一字排开，而是使用所谓“鹤翼阵”，中军同族家臣武田信廉、穴山信君在后，右翼配以马场信房、土屋昌次，左翼配以山县昌景、原昌胤。其意在用这种阵型扩大攻击面积，尽可能让每一个士兵都迅速应敌，再利用马场信房、山县昌景等猛将冲破织田军阵型。

但织田军在阵前设置巨型拒马桩，并配以火枪阻击，使得武田军骑兵队机动性减弱，难以攻克织田军侧翼。虽然织田家并未如同传说所言一直在用火枪射击，也没有史料证明“铁炮三段击”战术存在，但其火枪确实在战役开始阶段造成威慑效果。经过数小时激战，武田军开始出现颓势。

战役进入胶着阶段后，穴山信君、武田信廉两人由于不满武田胜赖而强行退兵，使得武田军两翼失去支援，遭到织田军围堵，最终两翼四名将领全部战死，中军的武田同族人马却安然无恙。

同族人马不听从武田胜赖的指挥，谱代家臣却为武田胜赖奋战至死，可见武田胜赖在日常更偏重于使用非同族家臣。武田胜赖之所以不重用同族，一方面是因为武田信廉、穴山信君等家臣能力平平，二来也是因为同族家臣对武田信玄的遗言过分重视，并不愿意听从武田胜赖的指挥。

长篠之战后，春日虎纲（高坂昌信）提议让穴山信君切腹谢罪，但武田胜赖担心这样家中会出现更多动荡，没有同意这个决定。

长篠之战结束后，天正三年（1575）六月开始，德川家康向远江武田领发起反击，并在八月攻克诹访原城（静冈县岛田市金谷），切断了高天神城的补给线。为了援助高天神城，武田胜赖派遣穴山信君接替战死的山县昌景负责骏远防务，逼退德川家康意图进击小山城（静冈县榛原郡吉田町）的部队。最终二俣城虽然在十二月二十四日被迫开城投降，但高天神城重镇还是得以保留。

穴山信君

进入天正四年（1576）六月，将军足利义昭与上杉谦信联合，与毛利辉元、本愿寺等势力结成包围网，武田胜赖便与上杉谦信达成停战协议，共建第二次反信长包围网。随后上杉谦信进攻越中、能登，在手取川大败织田军。织田信长

长筱设乐原航拍图

一度寻求与武田胜赖结盟，但遭到拒绝。

天正五年（1577）闰七月，德川家康以家臣大须贺康高修筑的横须贺城（静冈县挂川市西大渊）为支撑，开始围攻高天神城。武田胜赖则于九月二十二日进入江尻城（静冈市清水区江尻町），十月二十日抵达前线与德川军对峙。双方并无交战之意，便双双撤兵。

天正六年（1578）三月，上杉谦信病死，两个养子上杉景虎、上杉景胜展开争斗（御馆之乱）。由于上杉景虎出身北条家，北条氏政便以甲相同盟为由要求武田胜赖支持上杉景虎。武田胜赖便于五月二十九日率军2万进入越后、信浓两国边界。

六月二十九日武田军兵临城下，上杉景胜突然赠予武田胜赖大量黄金要求议和。黄金对急于战后重建的武田家十分重要，武田胜赖同意议和，并帮助景虎、景胜两派罢兵。八月中旬，武田胜赖决定与上杉景胜结盟，作为结盟条件，上杉景胜迎娶了武田胜赖的妹妹菊姬，并将上野国的上杉领地割让给武田家。

得知武田胜赖离开甲斐，德川家康于八月二十二日包围小山城，并继续向西攻击骏河田中城（静冈县藤枝市田中），武田胜赖只得在八月二十八日南下，于十月初进入高天神城，并在十一月三日进攻横须贺城。但无论双方如何交战，德川、武田战线依旧维持原状。

但武田胜赖离开后，天正七年（1579）三月，上杉景胜击溃对手成为上杉家之主。北条家极为愤怒，迅速切断与武田胜赖的同盟关系，并与德川家康结盟夹击骏、远武田领。十月八日，武田胜赖与反对北条家的佐竹义重结盟（甲佐同盟），但依然无法阻止德川、北条两家压缩武田领地。

长筱之战失败以后，武田胜赖意图仿效织田信长，建立火绳枪队，但由于起步较晚，加之资金实力不敌织田家，武田军的战斗力并没有本质提升。天正八年（1580）三月开始，德川家重重包围高天神城，北条氏政也开始进军武田家的领地，形势岌岌可危。

天正九年（1581）一月，高天神城的守将已经无法支撑，准备投降德川家康。但德川家拒不接受投降，于三月二十二日一举突入城池。失去了联结骏河、远江两国的重要基地，武田胜赖只能将战线收回甲斐。

七月，为防敌人一举突入踯躅崎馆，也为出兵更方便，武田胜赖离开了这座长期以来的武田家主城，在北部新建了新府城（山梨县韮崎市），并于十二月正式入主，但武田家的寿命，却只剩下了短短三个月。

天正十年（1582）二月一日，守卫武田、织田两家接壤地区的木曾义昌投靠织田信长，并愿意充当引路人。武田家已对武田胜赖失去信任：二月十四日，松尾城（长野县饭田市）城主小笠原信岭投降；三月一日，江尻城城主穴山信君投降；三月二日，内山城（长野县佐久市）城主武田盛信（武田信玄五子）自尽。

三月五日，武田军残部离开新府城北上，向着小山田信茂的岩殿山城（山梨县大月市）进发。走到半路，小山田信茂反叛投敌，逼得武田胜赖于三月十一日自尽，延续了450多年的名门武田家灭亡。

武田家不是亡于外敌，而是亡于内讧。武田信玄时代过度集中权力形成的权威对武田胜赖造成了极大的制约，曾经以团结闻名的武田军最终土崩瓦

武田胜赖自尽于天目山

解，真是令人悲哀。

4. 武田义信

天文十九年（1550），13 岁的武田义信元服之后迎娶骏河今川义元之女为妻。天文二十三年（1554），武田义信在进攻信浓国佐久郡时完成初阵，之后更是在永禄四年（1561）的川中岛之战中表现出色。

根据部分小说中的描写，川中岛之战时武田义信贪功冒进，逼得武田信繁出阵援救，最终导致武田信繁战死沙场；然而根据上杉方史料《越后野志》记载，在上杉谦信击退武田军休息之时，武田义信突然率领 800 士兵突袭上杉军本阵，杀死上杉家两位老臣，逼得上杉谦信亲自出战防御。一番激战后，武田义信全身而退。

从其自身事迹来看，武田义信理应受到父亲的重点栽培，也当得武田信玄的合格继承人，但谋反事件却彻底打乱了这顺理成章的安排。

武田义信囚禁之所——甲斐东光寺

永禄七年（1564）七月，由于反对父亲撕毁甲骏相同盟，武田义信与师傅饭富虎昌、侧近长坂昌国、曾根虎盛等人密谋暗杀父亲。事情败露后，饭富虎昌等主谋被斩首，80余名家臣遭到流放，武田义信本人被囚禁在甲府东光寺，并被迫与今川义元的女儿离婚。

武田义信之所以遭到囚禁，不单是因为他想刺杀父亲，更因为他身后站着为数众多的亲今川方家臣，其中最重要的就是地处今川、武田两家交会处的穴山家。穴山家虽然在穴山信君（梅雪）一代迎娶武田信玄的次女，但其整个家族并未与武田家融合，仍有可能内通今川家。对武田信玄来说，如果不能威慑家臣，武田家很有可能会在信玄一代就彻底垮掉。通过考虑，永禄十年（1567）十月十九日，武田义信被勒令自尽。

武田义信去世以后，武田信玄特地在他的法号上加了一个“筹”字。在日语中，“筹”与“谋”意义接近，武田义信等于被盖棺论定为谋反者。

在这种政治恐怖气氛下，穴山家在武田家的骏河攻略中充当了先锋，也同样因此，穴山信君在日后对武田胜赖极度不信任，并在天正十年（1582）

率先内通德川家康，帮助德川军迅速攻占骏河国。

5. 山本勘助

作为武田家著名的军师，山本勘助在小说及影视剧《风林火山》中大放异彩。

一直以来，由于除了《甲阳军鉴》以外并无更多正史记载山本勘助其人，史学界对其是否存在颇有怀疑。近年来发现了大量有“山本菅助”（与山本勘助发音相同）字样的文书，其本人的存在最终得以确认。

根据《甲阳军鉴》记载，山本勘助从 20 岁起游历四方，曾在当时的剑豪上泉秀纲麾下进行“武者修行”。但上泉秀纲是在永禄七年（1564）以后才开始从事剑术教学，此时山本勘助已经去世四年，故此说不确。

天文五年（1536），37 岁的山本勘助希望出仕今川家，今川义元对这位丑陋跛脚的中年男人并无兴趣，他只得作为一名普通浪人在今川家逗留。到天文十二年（1543），经武田家重臣板垣信方推举，山本勘助以知行 200 贯出仕武田家。

《甲阳军鉴》中对山本勘助的智谋推崇有加，但许多细节并不符合史实。山本勘助人生中最浓墨重彩的一笔莫过于他在第四次川中岛之战中的表现。永禄四年（1561）八月二十九日，武田信玄驻扎海津城，上杉谦信在附近妻女山驻军。

武田信玄急于吸引上杉谦信下山作战，但对手始终不为所动。九月九日，山本勘助看到啄木鸟敲击树干引诱虫子出来，密谋派遣 1.2 万人趁夜进入妻女山逼迫上杉军出击，结果计策被上杉谦信看穿，最终引得武田信玄、上杉谦信在八幡原上演“一骑讨”。

根据《甲阳军鉴》的记载，武田军别动队从妻女山后山用了五六个小时进入上杉军阵营。但实际上，妻女山后山极为陡峭，很多地方只能容一人通过，很难想象 1.2 万人的大军能在深夜秘密行军到山顶。

据江户时代其他军记物语记载，山本勘助意识到自己的计谋出现问题后，迅速率兵冲入上杉军阵营，最终在上杉谦信第一猛将柿崎景家攻击下落马而死，享年 62 岁。

山本勘助

叁 长尾上杉家

1. 长尾为景

永正四年（1507）八月，因不愿被越后守护上杉房能盘剥，长尾为景袭击越后守护居馆，杀死上杉房能，拥立上杉定实为新守护。

长尾为景反叛之后，面临的最主要的敌人便是越后国东北部地区，即所谓下越地区的“扬北众”。扬北众也称“阿贺北众”（“扬”“阿贺”在越后方言里同音），占据越后国阿贺川以北地区，以本庄城（新潟县村上市）本庄家、平林城（同前）色部家、新发田城（新潟县新发田市）新发田家、岩谷城（同前）竹俣家为中心。由于地处偏远，扬北众的行事风格向来独特，也成为越后长尾家发展过程中的阻碍。

永正四年（1507）十月，长尾为景击溃越后国东北部（下越地区）本庄城。永正五年（1508）五月攻克平林城色部家，六月降服岩谷城竹俣家。八月，长尾为景向幕府献上金钱，幕府在十一月同意任命上杉定实为新任越后守护。

永正六年（1509）七月，关东管领上杉显定北上为亲弟弟复仇，一度攻克越后府中城（新潟县上越市），逼得长尾为景逃亡越中国。永正七年（1510）四月，趁上杉显定大意之机，长尾为景从佐渡岛登陆越后国海岸，击溃上杉军；六月十二日，上杉家分支上条定宪投奔长尾为景，帮助他在六月二十日夺回府中城，逼死关东管领上杉显定。

就任家督刚刚四年，长尾为景就消灭了越后守护、关东管领两个重要人物，成为越后事实上的统治者。不过他依然尊重幕府权威，致力于从幕府处获得与守护相同的礼仪待遇，旨在打造一个不同于越后守护家族的崭新的长尾家。从这段时间开始，越后府中城从平原地带迁至附近的山上重建，这也就是日后越后长尾家的主城——春日山城。

虽然打破周遭包围，有了一隅之地，但长尾为景依然要面对扬北众与上条上杉家这两个不安定因素。随着长尾为景地盘逐渐扩大，这两个地方势力不免成为长尾家的眼中钉，而长尾家也威胁着上条家的发展。永正十年（1513）

九月，在上条定宪的帮助下，越后守护上杉定实邀请扬北众各家势力反叛。十月，长尾为景攻击上杉定实的居馆，并将自己推举的这位越后守护囚禁起来；永正十一年（1514）一月，长尾为景在上田庄六日市（新潟县南鱼沼市六日町）击溃扬北众。

平定越后内部后，长尾为景致力于西进，在永正十七年（1520）十二月攻克越中新庄城（富山市新庄町），杀死害死自己父亲的神保庆宗。他的这番举动引发了越中本愿寺僧徒的暴动。大永元年（1521）二月，长尾为景发布“无碍光众禁止令”，禁止越中信仰本愿寺，并亲自征伐反抗人群；直到大永二年（1522）五月，在管领细川高国的调停下，长尾为景才停止绞杀本愿寺势力。

1520年代，细川高国政权正处于鼎盛时期，长尾为景以其为后盾，在越后接连平定反对势力。但享禄四年（1531），细川高国战死，失去了大义名分的长尾为景在天文二年（1533）重新与上条上杉家的上条定宪产生矛盾。这一次，上条定宪不仅联合扬北众，还联合越后长尾家分支——上田长尾家加入反对阵营。

越后长尾家分为三个分支，一是世代占据越后守护代职位的三条长尾家，二是以坂户城庄（新潟县南鱼沼市）为中心的上田长尾家，三是以古志郡（新潟县长冈市）为中心的古志长尾家。相对于其他两家，上田长尾家较为独立，与宗家的冲突自然更多。

仰仗着出色的军事能力，长尾为景在天文五年（1536）三分一原战役里击败对手。由于上条定宪在同一年郁郁而终，反对长尾为景的势力也最终解体。天文六年（1537），长尾为景将女儿嫁给上田长尾家继承人长尾政景为妻，双方终于打破老死不相往来的状态。

长尾为景究竟何时去世已经不得而知，一般认为他在天文五年（1536）八月隐居，十二月二十四日去世，但另有说法认为他是在天文九年（1540）八月隐居，而且一直活到天文十一年（1542）才去世。此外，许多小说认为长尾为景是在出征时分遭到暗杀，这一点目前在史学界也无定论。

与关东地区前辈长尾景春类似，长尾为景也是“下克上”的代表人物，他不仅颠覆了越后国的局势，也对关东管领家继承问题、关东地区局势产生了影响。凭着长尾为景打下的基础，其后人本应走上笃信义理、破坏传统的战国枭雄路线。但谁也没想到，这位奸雄居然会有一个笃信义理的继承人——上杉谦信。

2. 上杉谦信（长尾景虎）

在所有人都追逐利益时，唯有上杉谦信还能考虑到“义”。

上杉谦信出生于享禄三年（1530）一月二十一日，比其毕生对手武田信玄小九岁，是越后守护代长尾为景的次子。为了避免兄弟相争，上杉谦信六岁便到春日山城（新潟县上越市）城下不远处的林泉寺修行，如今林泉寺还存有上杉谦信手书“第一义”的牌匾。

上杉谦信身处寺院，与外界接触很少，不过他出身的越后长尾家却动乱频仍：由于三条、上田、古志三大越后长尾家分支矛盾不断，上杉谦信的兄长、长尾家家督长尾晴景也难以处理。为了寻求帮助，长尾晴景特地在天文十二年（1543）八月十五日为上杉谦信举行成人礼，要求这位 14 岁少年还俗助战。九月，上杉谦信应邀出山，并以长尾景虎之名讳进入母亲出身的古志郡栃尾城（新潟县长冈市栃尾地区），统领中越后国人。

上杉谦信出家地——林泉寺

经过三年征战，长尾景虎平定越后国人黑田秀

上杉谦信的居城——春日山城遗址

忠的叛乱，立下了赫赫战功，与无甚作为的兄长形成了鲜明对比。天文十七年（1548），直江实纲等三条、古志方国人聚集在一起，推举长尾景虎代替兄长执掌越后；“扬北众”却协同上田长尾家继续拥护长尾晴景，双方剑拔弩张。为避免内乱再起，天文十八年（1549），在越后守护上杉定实的调停下，长尾晴景隐居，20 岁的长尾景虎继任长尾家督、越后守护代。第二年（1550），上杉定实去世，十三代将军足利义辉下令承认越后长尾家为越后“国主”，事实上认可了长尾景虎的统治地位。

与其他战国将领必须通过不断的“下克上”拓展地盘不同，长尾景虎（上杉谦信）最初的势力是靠着礼法与幕府认可得来，加之其幼年在寺院里笃学儒学佛学，因此他形成了有别于其他战国大名的“重义”特征。恰好关东、信浓两个方向的旧势力在北条、武田两家攻击下纷纷北逃，长尾景虎所在的越后国一时间也成为旧势力收容站。天文二十一年（1552）四月，关东管领上杉宪政逃亡越后国；天文二十二年（1553）八月，北信浓国人村上义清丢掉信浓领地之后也来投奔长尾家。而当武田军先锋部队突入川中岛时，九月一日，长尾景虎亲自率军阻击武田军，双方对峙 20 余日才宣告退兵。

经过第一次交战，双方均认识到对手强大，因而想方设法巩固后方。武田信玄选择策反越后国人北条高广在长尾家后方反叛；长尾景虎则选择重“义”之路，长途跋涉前往京都，向十三代将军足利义辉申请到了讨伐武田家的命令。回兵之后，弘治元年（1555）七月十九日，武田、长尾两家再度交战于川中岛善光寺，这次长尾景虎逼得武田信玄归还井上、须田、岛津三家国人的旧领地。

为什么要援助各路败将？长尾景虎在弘治二年（1556）六月二十八日曾给林泉寺住持天室光育一封书信，提道“村上、井上、须田、岛津、栗田等家因信玄侵略而受苦不已，向我求助。高梨政赖（长尾景虎姑父）更是亲戚，不能见死不救”。能看出长尾景虎对于受到侵犯的战国大名抱有怜悯同情之意；但另一方面，信中也体现出他担忧武田信玄北进越后，所以他与武田信玄的冲突，也有一定的自保成分。

当时越后并不是铁板一块，上杉谦信基盘只在上越地方（越后国西侧，相当于新潟县上越市、妙高市、系鱼川市），其余地区统治相对松散，下越地区（越后国东北部）“扬北众”更好似化外之民。因为短期内无法凝聚全越后之力，长尾景虎并没能将全部精力投入川中岛之战，与武田之战也成为长尾景虎加强统治的方式。弘治三年（1557）八月下旬，武田、长尾再度对峙于川中岛，后在将军足利义辉调停下对峙才告结束。

既然摆明为义理而战，那么较之与武田信玄争个你死我活，长尾景虎更要争取大义名分，因此发动了“越山”之战，帮助关东管领上杉宪政平定北条家。作为回报，上杉宪政表示愿意将关东管领职位与“上杉”苗字赠予长尾景虎。

永禄二年（1559）四月二十七日，长尾景虎第二次进入京都面见足利义辉。六月二十六日，足利义辉允许长尾景虎以关东管领辅佐人身份协助上杉宪政。回到越后国以后，长尾景虎分别在十月二十八日和十一月一日两次召集越后国人举办典礼庆贺。

长尾景虎执着于得到关东管领之职，并不意味着他重视所有的传统旧势力，事实上关东管领名义上的上级——古河公方足利义氏支持北条氏康，但长尾景虎与古河公方没有任何往来。即便是重义者如谦信，也懂得选取盟友，并通过传统权威凝聚越后、关东国人为己所用。

永禄三年（1560）三月，安房久留里城（千叶县君津市久留里）大名里见义尧由于遭到北条军围困而邀请长尾景虎出兵援助；四月，上杉宪政再次催促长尾景虎出兵关东。经过审慎考虑，八月二十九日，长尾景虎率领 8000 人以关东管领之名出发，九月上旬翻越了越后、上野之间的三国岭，进入关东。

上野国存在着为数众多的反北条势力，长尾景虎刚一进入关东，长尾景长（上野劝农城主）、长尾宪景（上野白井城主）、长野业正（上野箕轮城主）等众多上野国人纷至沓来，为长尾家添油助力；十月初，上杉谦信攻克沼田城（群马县沼田市），随即南下攻克厩桥城（群马县前桥市）。仅仅一个月时间，长尾景虎与同盟军就夺取上野国，并继续向南攻克武藏羽生城（埼玉县羽生市），距离北条氏康越来越近。

闻知消息，关东反北条势力宣布投奔长尾景虎，组成“关越军”。武藏国人成田长泰、太田资正主动出击，分别平定镰仓城（神奈川县镰仓市）与品川（东京都品川区），为关越军继续南下铺平道路。十二月初，关越军包围河越城与古河城（枥木县古河市），北条家众多支城也全部关门固守。

永禄四年（1561）二月，关越军先后攻克古河城与武藏松山城（埼玉县比企郡吉见町），随后三月底从镰仓一带沿海冲入小田原前线，准备强攻城池。不过需要注意，史料记载里，关越军并没有像后来的丰臣秀吉一样四面围困小田原城，而是驻军在各大要道，偶尔出兵在城下放火吸引城兵出阵。较之战国后期，这一时期的攻城战体系仍不完备，也缺乏足够的补给增援，面对小田原坚城，除去截大路别无他法。

从三月二十日开始，关越军内部开始有流言称武田家会增援小田原城，并会在五日之内到达。进入闰三月，兵粮补给匮乏，10 万大军的庞大消耗已经使得关越军成为强弩之末，长尾景虎只好退兵。

闰三月十六日，长尾景虎在镰仓武家圣地鹤冈八幡宫就任关东管领，并改称上杉政虎。随后上杉军在闰三月二十八日踏上归途，六月二十八日返回春日山城；当年十一月，他又接受十三代将军足利义辉偏讳“辉”，改名为上杉辉虎。（为行文方便，后文统一称“上杉谦信”）

上杉谦信

整个越山、小田原之战与其说是一场战争，不如说是上杉谦信加位关东管领而上演的大型活动。但仰仗战争获得大义名分也带来另一个问题，就是越后国不仅有流亡的关东国人，还有北信浓国人，接下来上杉谦信就必须要如同进攻关东一样攻击夺取信浓的武田家，这就使得上杉谦信加入了第四次川中岛之战。携压制北条家的余威，永禄四年（1561）八月十六日，上杉谦信亲率1.3万人来到了妻女山驻扎，威胁东北部海津城（长野市松代町），同时善光寺配备3000兵马，以备补给。

面对只有数百人驻扎的海津城，上杉谦信并未迅速进攻，而是默默等待武田信玄到来。或许这反映出上杉谦信坚守古典义理的行为准则，但从军事而言，妻女山处于武田家领地腹心，孤军深入却不先发制人，可说是违背了军事原则；八月二十九日武田信玄1.6万军队抵达海津城，准备引出上杉军决战，但上杉谦信依旧按兵不动。上杉谦信出兵妻女山，目的不在于攻城略地，而在于要做出一个出兵的样子，以维护自身的重义之名。

九月九日夜，武田军1.2万人的别动队沿着妻女山后山摸黑行军，武田本阵则于八幡原设下伏击。据说这段时间，上杉谦信每天晚上都会观察海津城的炊烟，由于当晚炊烟非常多，上杉谦信便在军议中提出“武田信玄可能要对我们发动奇袭”，并亲率1.2万军队下山，向北进军，其余1000人伪装主力拖住武田军。九月十日上午 8 点，川中岛浓雾刚刚散去，上杉军便阵容严整地来到八幡原，动用车轮阵，将部队分为不同部分轮流冲锋作战。由于上杉军占有局势和人数优势，武田军陷入苦战。上杉谦信随即冲入武田军阵营，与武田信玄“一骑讨”。

但如果上杉谦信确实攻击了武田信玄，上杉家一定会作为荣耀写入家史。但在米泽藩上杉家《上杉家御年谱》里，挥刀攻击武田信玄者并非上杉谦信，而是经常担任“影武者”的荒川长实。《甲阳军鉴》中也未写明来者就是上杉谦信，而是在段落最后写道“后来听说这位武士是辉虎”，武田家可能误将荒川长实当作了上杉谦信。一番激战，上杉军本队损失3000余人，大川忠秀、荒川长实等家臣阵亡。由于武田军别动队在中午到来，上杉谦信军队随即回返善光寺，与之前在此布下的 3000 人马合为一军，继续北返。

龙虎争斗虽然为后世称道，然而在当时而言，武田信玄正思考着南下进攻今川家，上杉谦信则继续与北条家为敌，双方的主要敌人均不是对方，因而达成了某种默契。虽然永禄七年（1564）又爆发了第五次川中岛之战，但双方依旧只是对峙而不互相攻击。

在与北条家交战的过程中，上杉谦信遇到一个重要问题，那就是自己到底要以何种身份统合关东国人。他虽然获得关东管领名分，但却身处越后，经常受到冬季大雪封山的影响，而北条家势力扩张迅速，大量关东国人都在走“墙头草”路线。就在第四次川中岛之战前后，下野唐泽山城（栃木县佐野市富士町）城主佐野昌纲、忍城（埼玉县行田市）城主成田长泰一起归降北条家，给上杉家以极大打击。

成田长泰与上杉谦信间还有一段逸事。据说在鹤冈八幡宫上杉谦信的就任仪式上，成田长泰并未下马致敬。成田长泰先祖为藤原氏，当年见到源氏武家统领源义家（源赖朝、足利尊氏之祖先）都可以不下马，因此武田长泰自认不必下马，上杉谦信却认为他“对管领之做法少许无礼”，用军扇打掉其乌帽子。这段逸事真假不明。在关东国人看来，上杉谦信就任新关东管领

上杉谦信像

并没有为他们带来太大利益，因此对上杉家彻底死心。从结果来看，上杉谦信发动关越之战后，北条家进取关东的速度反而加快了。

永禄五年（1562）二月，上杉军攻克馆林城（群马县馆林市），随后在三月进取唐泽山城，被佐野昌纲击退。随后越中增山城（富山市）城主神保长职宣布反对上杉谦信，逼迫上杉军在五月至七月间将目光投向西方。趁此良机，武田信玄进攻西上野，而北条家则在九月围攻上杉方太田资正把守的武藏松山城。上杉谦信虽然很想迅速施以援手，怎奈越中国动乱迟迟不结，随后又是冬天大雪封路，只能等到开春以后，在永禄六年（1563）二月才推进到北武藏。

谁承想，由于北条军力强大，武藏松山城投降，上杉谦信虽然降服之前倒向北条家的成田长泰、佐野昌纲，但上杉军一走，佐野昌纲就马上带着唐泽山城投降北条家。永禄七年（1564）十月，上杉谦信出兵第三次制服唐泽山城，并要求佐野昌纲进献人质。

就在上杉军为唐泽山城苦恼之时，北条家已经把目光转向了上总关宿城，这就让上杉谦信的征讨之路变得更长。永禄九年（1566）三月，上杉军终于抵达下总臼井城（千叶县佐仓市臼井田），打断了北条家进攻安房的步伐。不过就在这一时期，处于流亡状态的将军弟弟足利义昭发来信件，要求上杉谦信与北条家议和，并拥戴自己发动进京之战。上杉军于四月中旬离开下总。上杉谦信一走，关东国人彻底失望。九月武田家夺取上野箕轮城，从上野金山城（群马县太田市）城主由良成繁，到下野国人小山、结城、宇都宫、小田等家全部倒戈北条家。永禄十年（1567），上杉军只剩下东上野沼田城一带领地。

关东主战场虽然难言成功，但随着南方武田、北条同盟崩溃，永禄十二年（1569）三月，上杉谦信与北条氏康结为同盟，并迎来北条氏康七子作为养子（上杉景虎）。结束东部战事后，上杉谦信开始把目光投向西侧越中国。元龟二年（1571）二月，上杉谦信亲率2.8万军队攻陷越中松仓城（富山县鱼津市）。

但刚刚攻克一座城池，元龟三年（1572）一月，北条家撕毁与上杉家的盟约，重新与武田家结盟，上杉家又一次腹背受敌。从五月开始，武田信玄挑动本愿寺势力进攻上杉家，五月二十三日，3万僧兵逼近上杉家前线日宫城（富山县射水市），日宫城开城投降。到八月前，越中重镇富山城（富山市）也被本愿寺部队占领。直到九月，由于越中进入梅雨季节，本愿寺的主要兵种火绳枪无法使用，才让上杉谦信扳回一城，夺回富山城。天正元年（1573）三月，武田信玄去世，上杉谦信西线的主要对手也从武田家变成占据京都的织田信长，这反而与本愿寺利益一致，双方迅速议和。

进一步进攻西线之前，上杉谦信在天正二年（1574）继续与北条氏政对峙，但北条家利用夏季河流水位高涨、冬天大雪封山的气候条件拖住上杉军，攻克关宿城。这一战之后，上杉谦信失去了西进之心，烧掉上杉军在关东东南部的所有据点，专心向东。

天正四年（1576），足利义昭以十五代幕府将军的身份，要求关东管领上杉家发动进京之战，拥立自己回到京都。为了击溃织田信长，上杉谦信决定响应号召。九月，上杉谦信带领2万人向西进军，平定越中国后转向，北进管领畠山家的能登国（石川县北部）。十一月，上杉谦信集中兵力围困能登国七尾城。七尾城毗邻港口，如果夺取，军粮就能源源不断输送过来。

七尾城城主是年仅两岁的畠山春王丸，城中事务由家臣长续连主持。在敌军到来之际，长续连决定固守不出，同时在上杉军的背后煽动农民暴动。上杉谦信眼见七尾城坚固，便先扫除附近支城。第二年（1577）三月，北条氏政从背后进攻上野国上杉领地，上杉谦信只好率领主力回归越后国。不过出乎意料的是，上杉军在闰七月便迅速击败北条军，以迅雷不及掩耳之势返回七尾城战场。

长续连见此情况，将附近能够战斗的成年男性全部带入七尾城中，凑集了 1.5 万人马固守城池。但由于夏天闷热，七尾城又缺少公共卫生条件，城中暴发瘟疫，军队大规模减少，家督畠山春王丸也病逝，长续连只好求援织田信长。就在织田军到来之前，七尾城爆发兵变，长续连遭到杀害。九月十五日，七尾城开城投降，上杉谦信占领能登国。

七尾城陷落的消息并没有立刻传到织田军中，柴田胜家一直北进增援。九月十八日，织田军已经渡过七尾城西南部 80 千米处的手取川。上杉谦信意识到大战在即，立刻率军 2 万从七尾城出发。

柴田胜家得知敌人到来，立刻撤退，但上杉谦信并没有给他们机会。九月二十二日，上杉军飞速到达手取川北岸的松任城（石川县白山市古城町）。织田军以火枪为主，上杉军则以骑兵和长枪兵为主，为了削弱火枪的战斗力，上杉谦信决定在视线不好的夜晚进行战斗。九月二十三日夜晚，天降大雨，上杉谦信趁机发起进攻。织田军不适应夜晚战役，加之大雨让火枪无法使用，很快全军溃败，士兵争相渡过手取川逃跑。但没想到，大雨又导致手取川水位猛涨，很多士兵没来得及渡河便被淹死，最后织田军损失 1000 人左右回到了北之庄城。当时的歌谣记载了手取川之战的大致情况：“织田军在手取川与上杉军相遇，谦信飞腾，信长逃亡。”

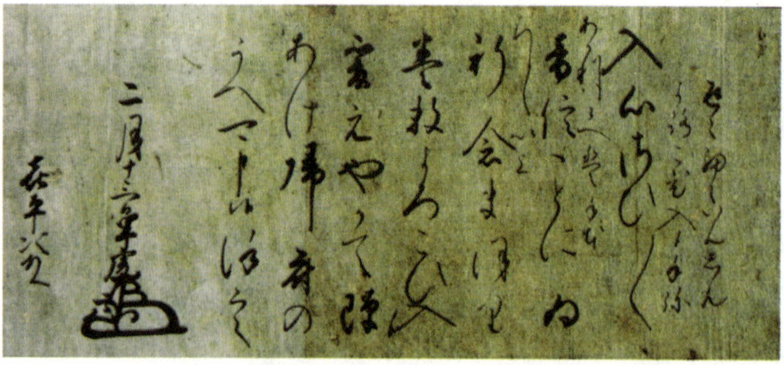

上杉谦信给上杉景胜的信件

夺取七尾城、击败织田军以后，上杉谦信终于拥有了一支敌人难以匹敌的队伍。天正六年（1578）春天，上杉谦信集结6万军队，准备在三月十五日发动进京之战。但三月十一日，上杉谦信突然在厕所晕倒，十三日便溘然长逝，享年49岁。继武田信玄去世于进京之战后五年，宿敌上杉谦信也倒在了进京之路的半途，织田信长再次逃过一劫。

上杉谦信的一生与其他大名迥然不同，在他心中，施行义理、救助弱者最为重要。正因如此，他的一生与武田信玄、北条氏康、织田信长这些战国强者紧紧地绑在了一起。当然，也会有很多人认为上杉谦信所谓重义有一些虚伪成分，但考虑到战国乱世，他能够在周遭普遍重利的情况下偏重于义，这也多少说明他在一生中尽可能实现自身理想。上杉谦信虽然没有成为改变历史的人物，但这种为义理而行动的作风，却凝结为16条家训，一直流传至今，影响了一代又一代日本人。

3. 上杉景胜

作为上杉家的继承人，上杉景胜从一开始就不为本家所容。

上杉谦信的父母分别出身于三条、古志两大长尾家，而上杉景胜却出身于上田长尾家，与三条、古志家均常年对立。所以上杉谦信去世以后，很多家臣甚至宁愿支持北条家出身的上杉景虎。上杉景胜自然坐不住，开始考虑春日山夺城计划。

春日山城建在海拔50米左右的小山之上，与平城不同，山城二之丸、三之丸一般不是修在城外，而是修在山下险要之处。上杉景虎住在三之丸山下，住在二之丸的上杉景胜在地理上已占得先机。天正六年（1578）三月二十四日，上杉景胜宣布自己是上杉谦信的继承人，靠着距离优势迅速进入本丸接管上杉家的金库和武器库。

上杉景胜继任引来古志长尾家不满，他们迅速联合北条、武田、伊达等

春日山城登城道

外部大名插手上杉内部事务。感受到威胁，上杉家臣直江信纲等人宣布支持上杉景胜，上杉家麾下的扬北众、信浓国人则分裂为二，多数支持上杉景胜。五月五日，上杉景胜率军进攻外城，上杉景虎在五月十三日撤退到御馆（新潟县上越市直江津）并对外求援。五月二十九日，上杉景虎的援军武田胜赖率军 2 万进入越后边界。

六月二十九日，武田军来到春日山城下。面对各路敌军，上杉景胜展开政治攻势，赠予武田胜赖黄金 5 万枚，并娶了武田胜赖的妹妹菊姬，双方达成和议。八月二十八日，武田胜赖退兵，上杉景虎的一路援军就这样转为上杉景胜的后援。

武田家刚走，北条家又至。九月，北条氏政军队进入越后国，围困上田长尾家主城坂户城（新潟县南鱼沼市坂户山）。不过由于严冬将至，北条军将主力撤回关东，双方在这年冬天一直僵持不下。

天正七年（1579）二月开始，上杉景胜对景虎方的各座城池展开了总攻，上杉景虎再次请求北条军援助。但此时积雪未化，北条军根本无法进入越后。三月十七日，弹尽粮绝的上杉景虎派遣长子作为人质前往春日山城议和，同时原关东管领上杉宪政也作为中间人一同前往，但行至半途，议和使团却被景胜军围歼。上杉景虎侥幸从御馆逃脱，最终于三月二十四日走投无路，被迫切腹自尽。

上杉景虎去世后，反抗上杉景胜的势力直到天正八年（1580）才被清除。而且由于上杉景胜偏向原有家臣“上田众”，引发了扬北众中新发田重家的不满。天正九年（1581），新发田重家在北越后反叛，同时织田信长命令柴田胜家北陆军团 4 万人进攻越中国，上杉家也如同南边的武田家一样陷入危机。

天正十年（1582）三月，武田家灭亡，织田家家臣森长可、泷川一益准备从信浓北上；而柴田胜家 4 万军队更是从西南向东北围攻上杉要地鱼津城（富山县鱼津市本町）。在五月的一封书信中，上杉景胜说：“真是好时代啊！我以越后一国单独对峙六十余国，即便灭亡也能在死后回味！”可见当时的窘迫态势。一场激烈的攻防战之后，六月三日，鱼津城陷落。

而之前的六月二日，本能寺之变发生，织田信长去世，柴田胜家迅速退兵，上杉军得到了喘息的机会，不仅再度攻克鱼津城，还逐步收复了东越中；紧接着丰臣秀吉崛起，接连消灭明智光秀、柴田胜家两位织田家重臣，上杉景胜便在天正十三年（1585）八月丰臣秀吉进攻越中国期间与其结盟。天正十四年（1586）六月，上杉景胜进京称臣。

进入丰臣家麾下以后，上杉家无法再争霸天下，成为一个稳定的地区性大名。对于丰臣家而言，上杉家不仅处于北陆地区重镇，也是中央政权联络东北地区的重要前线。当时东北新崛起的最上义光、伊达政宗等大名蠢蠢欲动，企图拉拢上杉家入伙。丰臣家对上杉家这个桥头堡极尽宽容。靠着丰臣家的支持，天正十五年（1587）十月，上杉景胜消灭反叛多年的新发田重家，一统越后；天正十七年（1589），上杉景胜越海攻克佐渡岛，这座富含金银矿产的岛屿成为上杉家之物；天正十八年（1590）小田原战役，上杉景胜成为北路军首脑，从北陆率军南下进攻上野、武藏诸城。

由于多年勤勉有功，上杉景胜在后期位列丰臣家五大老之一，也担负

御馆之乱前上杉景胜居住地

着替丰臣家监视东北大名的任务。庆长三年（1598）八月丰臣秀吉去世前，上杉景胜的领地特地从越后转移到较远的会津（福岛县会津若松市），领地规模增至120万石。会津恰好位于从北陆、关东两个方向到东北的入口，让上杉家转移到会津，就不只是要其防范东北大名，更是要防止关东大名德川家康篡夺权力。

庆长五年（1600）二月开始，为了履行丰臣家交付的责任，上杉景胜开始在会津盆地中央位置修建新城，这当然遭到德川家康的诘问。四月一日，德川家康派遣家臣前往会津城要求上杉景胜进京，并以书信质问上杉家有何“图谋”：一是指责上杉景胜不按时进京；二是认为上杉家整备军务和修建道路、桥梁是意图谋反之举。书信最后还指出：现在是决定会津存亡、上杉家兴衰的重要关头，请三思后行。

五月三日，直江兼续的回信抵达大坂城，这封《直江状》长度接近6米，内容16条，密密麻麻写满了字，针对德川家康的质问毫不客气地一一作答。一般认为，文中的语言充满挑衅性，才使得德川家康暴跳如雷。德川、上杉之间一战在所难免。

一般认为，上杉家之所以选择西军阵营，主要出于对丰臣家的忠心，但事实可能更为复杂。毕竟关原之战本质上是丰臣家内乱，上杉景胜还是要按照丰臣秀吉生前的政策，尽可能压制最上义光、伊达政宗两名不安分的东北大名，继而对德川家康形成威慑。如果最上义光、伊达政宗没有选择德川家康，上杉景胜或许还会与德川家康达成某种意义上的默契，但这两个人与德川家康结盟，上杉景胜不得不做出抵抗。

六月十六日，德川家康率军 8 万从京都北进，支持德川方的伊达政宗、最上义光随即出兵围困上杉家领地。上杉家本欲决战，正在此时，京都方面的石田三成竖起反旗，德川家康被迫在八月退兵，并于九月进军京都，关原决战打响。

为了援助京都石田三成部队，九月八日，上杉景胜 2.5 万人部队从两个方向围攻最上义光，最上家主城山形城（山形县山形市霞城町）只有区区 4000 人守卫，只能固守不出。九月中旬，上杉军成功进军山形城门户长谷堂城（山形县山形市长谷堂）附近，但直江兼续随即被最上军拦住去路，双方对峙十日之久。九月二十九日，关原之战战果传来，西军惨败，作为德川家对手的上杉家只能返回会津城。

德川家康自然不会放过上杉家。庆长六年（1601）八月十六日，上杉景胜来到大坂城谢罪，德川家康顺势将上杉家从会津 120 万石转封米泽 30 万石。这次站队失误，上杉家从地区性大名降格成为江户幕府一个普通的藩。虽然日后上杉景胜也参与了庆长十九年（1614）、二十年（1615）的大坂冬、夏两场战役，但只担任外部驻扎任务，被德川家疏远。

上杉景胜一代，上杉家先是从足以问鼎天下的关东管领降格为丰臣家五大老之一，紧接着又在关原之战后降格为一个普通大名，只能以米泽藩的形式存留下来。这与上杉景胜本人的能力关系并不大。如果不是上杉景胜在丰臣秀吉崛起时分立即选择归降，上杉家很可能会与武田家一样遭到灭顶之灾。而关原之战的站队问题，上杉家只是与德川家康之外的另外三位大老做了同样的选择。应该说，上杉景胜一生并不算失败，他做到了当时能够做到的最好选择。

4. 宇佐美定满

战国三大军师之中，除了竹中重治史料脉络清晰之外，山本勘助、宇佐美定行都不甚明了。宇佐美定行更像是假托上杉谦信旗下武将宇佐美定满之名而成。

宇佐美定满出生于延德元年（1489），比上杉谦信大41岁，因而其活跃时代应该在永正年间（1504—1521）。但由于记载较少，目前只知道他早年曾出仕上条上杉家，并在天文四年（1535）与上条定宪一起试图反击越后守护代长尾为景却被击溃。宇佐美定满随后投奔长尾为景，成为长尾晴景、长尾景虎（上杉谦信）的家臣。

天文十九年（1550），出于对上杉谦信的不满，上田长尾家家督长尾政景突然凭坂户城（新潟县南鱼沼市坂户山）造反，宇佐美定满亲自率军西进评判，最终在一年之后收服长尾政景与上田众，为上杉谦信进行川中岛之战打下了坚实的基础。

永禄七年（1564）七月五日，宇佐美定满邀请长尾政景一起到野尻池坐船游览，并与其一同落水身亡。根据军记物语《北越军谈》记载，宇佐美定满是奉了上杉谦信之命前来，用自己年过古稀之躯换得上田长尾家这位38岁的家督的性命，以弱化上田众反抗上杉本家之力。

虽然按史料记载，长尾政景是溺死的，但其死因并不明确。而“野尻池”的具体位置也有两种说法，一种认为是在长尾政景主城坂户城附近（新潟县南鱼沼市坂户钱渊公园），另一种认为是在宇佐美定满的主城琵琶岛城附近（新潟县柏崎市）。

宇佐美定满去世以后，由于其长子先逝，次子宇佐美胜行继承家督之位。由于上杉家继任主君上杉景胜是长尾政景之子，与宇佐美家矛盾重重，宇佐美胜行最终逃离上杉家，选择臣从于丰臣家。

进入江户时代后，德川家默许民间崇拜武田家，以《甲阳军鉴》为中心

宇佐美定满

的“甲州流军学”十分卖座；与之相对，纪州藩军学者宇佐美定佑假托祖先为上杉谦信的军师“宇佐美定行”，提出了“越后流军学”，把武田、上杉之争从真刀真枪的战国时代转移到舞文弄墨的江户时代。

元禄十年（1697），《关东古战录》的作者槙岛昭武模仿《甲阳军鉴》写作了另一本军学书《北越军谈》，对上杉家与北信浓地区的各大战役做了详尽介绍。书中，宇佐美定行不仅活跃于前线，更以长者身份教导青年上杉谦信，成为上杉谦信的军事启蒙导师。

5. 直江兼续（樋口兼续）

在小说及 2009 年大河剧《天地人》里，主角直江兼续有一颗大爱之心，而且除去正室船姬之外别无妻妾，所以才配得上“爱”字头盔。

直江兼续出身于上田众樋口家，从小便是上杉景胜陪臣。在御馆之乱结束之前，樋口兼续的行为并无太多可圈可点之处。从天正八年（1580）开始，他开始担任上杉家与信浓众之间的联络职（取次）；天正九年（1581），上杉景胜侧近直江信纲遇刺，樋口兼续迎娶直江信纲遗孀船姬为妻，继承直江家与坂城（新潟县长冈市与坂町）；上杉景胜的另一重臣狩野秀治病死后，直江兼续在天正十二年（1584）开始负责上杉家的内政外交各方面事宜。

天正十七年（1589）直江兼续随主君远征佐渡岛，战后成为佐渡代官；天正十八年（1590）小田原战役前后，他作为上杉军先锋攻克松山城（埼玉县寄居町）与八王子城（东京都八王子市）；文禄二年（1593）跟随前往朝鲜，建筑熊川倭城。

由于与石田三成关系甚笃，直江兼续与丰臣家关系密切，共同提防德川家康。庆长三年（1598）丰臣秀吉去世之前，两人策划将上杉景胜转封至会津，甚至联名撰写了给新领地百姓的公告。提防态度最终促发庆长五年（1600）《直江状》诞生。

在庆长五年（1600）的《直江状》中，针对德川家康指责上杉景胜不按时进京一事，直江兼续态度强硬地说："去年九月上杉景胜刚刚回国，如果一月再次进京，如何打理国内事宜？况且会津寒冷，十月至三月间什么也做不了。如果您向周围熟悉情况的人了解一下，就会发现无人认为上杉景胜存有逆心。"

针对对上杉家修筑城池的指责，直江兼续更是写道："对于领主而言，修桥补路是当然的事情。武器方面，大国武士或许会带上茶具一类的高雅之物，但小国武士也只会用弓箭、铁炮，这种差异分析一下，就不会觉得可疑。"

由于直江兼续联合石田三成，同时率领上杉家加入反对德川家康的行列之中，其形象在江户初期一直为佞臣。但其军事作战与治理能力出色，后来风评逐渐转好，到后世被称为"天下第一陪臣"。

肆 奥羽列强

伊达稙宗

1. 伊达稙宗

永正十一年（1514），27岁的陆奥伊达家第十四代家督伊达稙宗刚刚继任，就趁乱北上攻克山形城（山形县山形市），强迫羽州探题最上义定迎娶自己的妹妹；永正十七年（1520），最上义定去世，没有嗣子，其弟中野义建便接过山形城主之位，联合各地势力共同反击伊达家。然而联军并没能阻止伊达家扩张的脚步，伊达稙宗依然率军夺取了出羽最上郡（山形县东部）。

与毛利元就相仿，伊达稙宗也擅长将儿子、女儿送到其他家，以亲缘关系形成庞大势力。

其次子过继给奥州探题大崎家、七子过继给陆奥中部国人葛西家，12名成年男子里总计有7位过继出去；女儿更是广泛嫁给了相马、芦名、二阶堂、田村等南陆奥国人，再加上与出羽最上家联姻，这就使得伊达家靠着家族凝聚力获得了南奥羽的统治地位。到大永二年（1522），幕府专门为伊达家创设“陆奥守护”一职，虽然陆奥探题名义上还存活，但伊达家已经成为事实上的南奥羽之主。

天文十一年（1542）六月，伊达稙宗看到越后守护上杉定实没有养子，便想把三子过继过去以霸占越后守护之位，遭到嫡子伊达晴宗反对。伊达晴宗趁着父亲外出打猎，抓捕父亲，将其囚禁在主城；伊达稙宗的亲信小梁川宗朝将主君救出，号召奥羽全部伊达稙宗的亲戚夹击伊达晴宗。

双方对峙数年，天文十六年（1547），黑川城（福岛县会津若松市）守将芦名盛氏与伊达晴宗结盟，压制伊达稙宗。天文十七年（1548），将军足利义辉发布停战令，由伊达晴宗接任家督，父亲伊达稙宗退位隐居。

父子不和导致伊达家内部出现分裂。伊达晴宗毕其一生都在想办法平定叛乱，但伊达稙宗直到永禄八年（1565）才以高龄去世，伊达家内乱也难以收拾，直到伊达政宗一代才得以缓解。

2. 津轻为信（大浦为信）

从镰仓时代开始，北陆奥就由南部家管辖。此地酷寒，南部家的地盘在战国时代几乎无人问津，直到战国中后期，在津轻海峡附近才出现一个新的大名。

津轻为信出生于大浦城（青森县弘前市贺田），因此又名大浦为信。由于他曾以“南部右京亮”的名义给丰臣秀吉上书，后人推测他可能出身于南部家某一支分家。永禄十年（1567）成为大浦城城主之后，这位津轻为信逐步踏上了独立征途。

元亀二年（1571）五月五日，津轻为信突发夺取不远处的石川城（青森县弘前市内），逼迫城主石川高信自尽身亡；天正四年（1576），津轻为信南下夺取大光寺城（青森县平川市大光寺）；天正六年（1578）七月，东进攻取浪冈城（青森县青森市浪冈）。浪冈城是旧陆奥国司北畠家的领地，室町时代托付给南部家保护，长年以来都以贵族身份存活。这次灭亡在津轻家手中，引起南部、安东等奥羽大名不满。

天正七年（1579）七月，安东家联合北畠残部1000人北上进攻，越过奥羽边界攻克乳井城（青森县平川市乳井神社），继而北上进攻身处大光寺城附近的津轻军。大浦为信本阵武士几乎全部战死。为了保护他，武士田中太郎五郎尽全力杀入安东军，击杀敌军大将比山六郎，这才艰难赢得战役。

天正十年（1582）南部晴政、南部晴继父子相继去世，南部家内乱开始。津轻为信随即挑起反旗，并向南部家领地拓展。天正十三年（1585）三月，津轻为信攻克油川城（青森县青森市），与南部家正式对抗。

津轻为信

津轻为信从最上义光处得知丰臣秀吉坐大之后，亲自乘船出海准备前往京都，途中遭到暴风袭击漂流到北海道松前海域。随后津轻为信意图沿陆路南下，但首先在天正十四年(1586)遭到安东家国人阻碍，后于天正十五年（1587）遭到南部家阻碍、天正十六年（1588）遭到秋田家阻碍，一直无法南下。

天正十七年（1589），津轻为信与南方秋田实季议和，这才得以派遣家臣进京，通过石田三成面见丰臣秀吉。津轻为信甚至在小田原战役时期率领18名家臣前往骏河国面见丰臣秀吉，最终作为独立大名津轻家被列入丰臣政权。

关原之战期间，津轻为信并未参与纷争，而是开始在大浦城附近修建新的弘前城，津轻家后来成为江户幕府的弘前藩。

3. 最上义光

“羽州之狐”最上义光是战国时代出羽国唯一的名将。

最上家虽然是室町幕府认可的羽州探题，然而如前所述，在最上义定一代，最上家颇受伊达家掣肘。因而在继承家督之后，最上义光首先致力于脱离伊达家影响。

天正二年(1574)一月，伊达辉宗率各路军队围攻山形城(山形县山形市)，最上义光没有硬拼，而是一一给予小利和谈。九月十日最上义光与伊达家和谈，从伊达家彻底独立出来。

独立之后，最上义光迈上北进统一南出羽之路。天正五年（1577），最上家与最上郡国人天童家作战，战役未决出胜负，最上义光迎娶天童家女子为侧室。天正八年（1580），在天童家支持下，最上义光攻克上山城（山形县上山市）。

天童家以天童城（山形县天童市）为主城，联合最上郡其他七家国人形成所谓“最上八楯”，是出羽国主要的国人联盟力量。靠着天童家支持，最上义光一度发展得很好，然而天正十年（1582）最上义光迎娶的天童家女子去世，双方又进入对峙状况。

针对这个令人又爱又恨的“最上八楯”，最上义光没有强攻，而是采取内部分裂政策，首先将女儿嫁给“八楯”的第二大家族延泽家，鼓动延泽家与天童家互相仇视，再一举出兵进攻天童家。一番交战之后，天童家败亡，最上义光终于夺取整个最上郡。

同一时期，最上家与出羽庄内大名大宝寺家又产生矛盾。天正十一年（1583），大宝寺家在越后扬北众本庄繁长的支援下准备进攻最上家，却反遭最上义光的进攻，家督大宝寺义氏被迫自刃身亡；天正十六年（1588）八月，大宝寺家引入本庄繁长进攻最上家。

此时最上义光已经臣服于丰臣家，但本庄繁长的家主上杉家早就成为丰臣秀吉的左膀右臂。丰臣家为了争取上杉家的支持，默许上杉家臣本庄繁长

最上义光

本庄繁长

的举动，于是本庄繁长趁机夺取尾浦城（山形县鹤冈市）。最上义光无法再行进攻，最上家的领地最终定于出羽国东南部地区。

归降丰臣秀吉以后，天正十九年（1591），最上义光将三女驹姬许配给同行的丰臣秀吉的外甥丰臣秀次。本以为这会进一步巩固自己的位置，谁承想文禄三年（1594）丰臣秀次遭到丰臣秀吉残杀，驹姬也随着丰臣秀次一起遭到斩首，年仅 15 岁。

据说驹姬相貌非常可爱，深得最上义光夫妇的喜爱。斩首之前，最上义光多次前往各处寻求帮助，企图留下女儿性命，而丰臣秀吉最终也动容，派遣快马出发，“改死刑为出家”。然而距离刑场只有一町距离时，驹姬已遭到斩首。听闻女儿死亡，最上义光多日没有进食，其正室大崎夫人则在数日之后郁郁而终（一说自尽）。

随后最上义光虽然跟随其他 27 家大名一起宣誓效忠丰臣家，然而却因“协助秀次”而受到蛰居处分，一系列事件对最上义光造成了巨大刺激。庆长伏见地震（1596 年）期间，身处京都的最上义光没有第一时间前往护卫秀吉，反而来到德川家康宅邸，可见最上义光已经不愿再效忠丰臣家了。

庆长五年（1600）六月，德川家康宣布征伐会津上杉家，由于山形城距离上杉家米泽城最近，最上家便邀请出羽国东军众将前来集结。不过由于惧怕上杉家的强大军力，南部、伊达等家都不敢冒进，最上义光最终只能以

7000 人抵御上杉家 2 万人进攻：畑谷城（山形县东村山郡山边町）攻防战中，守将江口光清以 350 人兵力给上杉军造成 1000 人死伤，己方全灭；之后长谷堂城（山形县山形市长谷堂）守将志村光安也以 1000 人一度阻击上杉军北上。一系列战役里，最上军表现极为英勇，甚至让对面的上杉军惊叹不已。

九月二十九日，关原之战的消息传来，上杉军开始撤退，最上义光率军追击，虽然遭到阻击，但最上家依然作为东军胜利者获得大势支持；十月十八日，最上家趁着上杉家后退迅速进攻庄内，成功夺回十多年前丧失的尾浦城。由于阻击上杉军有功，德川家认可最上义光所夺领土，两片领土加在一起，构成了江户时代 57 万石的出羽山形藩。

其实进入战国时代以后，最上家作为传统大名遭到伊达家的侵蚀，导致一度难以独立。但在最上义光一代，他将最上家从一个衰落家族打造为出羽南部不可或缺的大名，进而与伊达家一同成为丰臣家麾下的“南奥羽双璧”，最终靠着对德川家的忠诚获得了远超上杉家的领地，可以说是大时代下普通人成功的范例。

但是反复更换主君，使得最上家内部分裂为幕府派与反主流派两个派阀，加之最上义光之后连续两任主君都早逝，最上家最终在元和年间（1615—1622）爆发内乱，幕府也将最上家改易至近江大石藩，领地规模仅剩 1 万石。

4. 伊达政宗

历史上真实的伊达政宗，与传说中那个战无不胜的形象颇为不符，事实上他在一生的大战中几乎从无胜绩。伊达政宗获得成就，主要依赖其良好的大局观与政治才能。

天正十二年（1584）十月，伊达辉宗隐居，其 18 岁的儿子伊达政宗成为第十七代家督。刚一就任，他便面临着整个南奥政治上的重新组合。

本能寺之变后，以织田信长为核心的关东统治机制荡然无存。北条氏领

地周围的常陆大名佐竹义重与陆奥国人黑川城（福岛县会津若松市）芦名家、大馆城（福岛县磐城市）岩城家组成联盟，这就让位居其附近的伊达政宗颇为警惕。

尤其是到了天正十二年（1584）前后，佐竹家与北条家停战，联盟就开始反伊达家。接任家督之后，伊达政宗对周边国人的态度从默许转为对抗，并与三春城（福岛县田村郡三春町）田村家建立同盟。恰逢田村家家臣、小滨城主（福岛县二本松市）大内定纲想要脱离主君自立，伊达政宗便决定南下逼迫大内定纲投向自己。由于小滨城恰处于伊达、田村、岩城三大国人的中心位置，伊达政宗的这一举动也无异于对周围国人，尤其是佐竹家联盟宣战。

大内定纲随即与黑川芦名家结成联盟。天正十三年（1585）五月，伊达政宗派遣 3000 人进攻芦名家桧原城（福岛县猪苗代町），却遭到芦名军 500 人伏击而溃；虽然失败，但伊达政宗随即在九月回兵进攻小滨城，大内定纲被迫逃亡到二本松城（福岛县二本松市），寻求城主畠山义继的庇护。

畠山义继要求退隐，伊达辉宗出面调停，于是十月八日，伊达辉宗来到小滨城，却遭到畠山军绑架。正在附近狩猎的伊达政宗立即回兵，用火枪将绑架父亲的所有人全部杀死，不仅杀死了畠山义继，伊达辉宗也不幸罹难。

伊达政宗受到巨大刺激，十月十五日，父亲刚刚出了头七，他便率领 1.3 万人围攻二本松城；十一月十日，佐竹家联盟联合反对伊达家的数家国人集结 3 万军队北上，伊达政宗眼见大敌来袭，留下 5000 军队围城，另率领主力 8000 人南下，在本宫城观音堂山（福岛县本宫市糠泽高松）准备迎击。

十一月十七日，伊达军与佐竹联军开始激战（人取桥之战）。处于兵力劣势的伊达军节节败退，连伊达政宗本人都中了弓箭 1 发、火绳枪弹 5 发，伊达军随即撤退。

幸运的是，就在当晚，佐竹家部将小野崎义昌遭到家臣刺杀，佐竹家不得不率领 3 万人迅速撤退。虽然伊达军损失超过 1000 人，战术上完败，但对手并没有达成战略目的。

由于失去佐竹家的支持，反伊达家的国人变成一盘散沙，伊达政宗没有继续诉诸武力，而是在天正十四年（1586）七月劝降二本松城。虽然在战役中失败，但战略上却取得成功。

伊达政宗刚刚有点小成就，天正十五年（1587）十二月，准备一统天下的丰臣秀吉就发布“关东、奥羽总无事令”，禁止各大名之间私自交战。伊达政宗对此置之不理，而是卷入大崎家的内乱。

天正十六年（1588）二月，大崎家出现内乱，伊达政宗派遣 1 万军队北进维护稳定。出兵途中，其家臣留守政景、泉田重光两人严重对立，使得军队战斗力大打折扣，最终被大崎家一路反击，逼迫留守政景交出人质才得以撤退。

大崎家为了反击伊达政宗，请求女婿最上义光以 5000 人进攻伊达家领地，伊达政宗处境危急。五月，伊达政宗恳求母亲，也是最上义光的妹妹——义姬在最上、伊达两军交战期间抵达前线，请求双方议和。七月，最上家调停了大崎、伊达之间的战役。

伊达、最上之战其实体现出战国时代一个基本逻辑，那就是政治合纵比军事作战更为重要。如果没有周围中小国人的支持，即便强如伊达家也会备受掣肘。相反，一旦人心出现变动，比如最上家从反对伊达家转为支持，那么伊达家的危机就能迅速解除。而且周遭国人即便再想反对伊达家，也会投鼠忌器。

有最上家做背书，伊达政宗将下一个进攻对象定为南部的芦名义广（亲生父亲为佐竹义重，为芦名家养子）。而若想攻击黑川城，首先要攻击东北部的桧原城（福岛县耶麻郡猪苗代町），伊达政宗便联络已经退隐的城主猪苗代盛国，寻求内应。

天正十七年（1589）四月底，伊达政宗在二本松城聚集2万军队，并派遣先锋于五月初出发，扫荡桧原城附近的反对势力；六月一日，猪苗代家送来人质，伊达政宗迅速在六月四日入城。这一时期，为了援助芦名家，佐竹家、二阶堂家组成的2万军队也来到附近，战事一触即发。

六月五日，芦名联军1.8万人在桧原城西侧8千米的高森山布阵，伊达军2.3万人与其对峙，双方大战于两地中间的折上原，芦名军阵型崩溃，死亡人数超过4000人；六月十一日，伊达政宗终于在大战中首次胜利，黑川城落入囊中。

悲剧的是，伊达政宗刚刚崭露头角，天正十八年（1590）三月丰臣秀吉就发起小田原战役，要求关东、东北国人全部来到前线支援。伊达政宗早期与北条家为反对佐竹家达成盟约，因而并没有迅速出动，直到五月丰臣家催促，他才于五月九日从会津出发。由于到来时间太晚，丰臣秀吉直到六月九日才接见伊达政宗，并剥夺其黑川城领地。

虽然不得不参与到丰臣家的体系之中，但伊达政宗明显心有不甘。

天正十九年（1591）一月，蒲生氏乡向丰臣秀吉汇报，称抓获的东北地区反叛人士很多高举伊达家旗帜，同时还截获了一张带有伊达政宗签名的煽动文件。二月四日，伊达政宗被迫进京解释，他以"花押（签名后的防伪标志）不同"主张这些煽动文件为伪造，丰臣秀吉虽然没有继续追究，却要求伊达政宗继续北上平乱，意在用伊达家的力量与东北其他豪强争斗，削弱伊达家势力。

为了表示忠诚，伊达政宗于六月十四日再度出兵平乱。但由于国人势力强大，伊达政宗在一个月内接连丧失两员大将，直到七月四日才彻底平定叛乱；八月十四日，伊达政宗将东北地区全部的造反将领召唤一处，下令全部杀死。

因为这次平乱，伊达政宗得罪了诸多东北大名，而丰臣秀吉再也没有对他下手，只是将他从米泽领 12 郡 72 万石转封至岩出山（宫城县大崎市）领 19 郡 58 万石。伊达政宗随即开始修筑青叶城（宫城县仙台市），这里日后成为仙台藩主城。

在丰臣政权下，伊达政宗一直都是丰臣家防范的重点对象，日后将上杉家转移到会津城的主要目的之一也是为了监视与限制伊达家的发展，这导致伊达政宗与关东的德川家康越走越近。

丰臣秀吉去世之后，庆长四年（1599），伊达政宗打破秀吉的遗训，私下与德川家康定下姻亲之约；庆长五年（1600）德川家康征讨会津时，伊达政宗选择支持亲家。不过在上杉军与最上家对峙时，伊达政宗并没有大举出兵，而是仅派 3000 人从侧面进攻上杉家占据的伊达旧领刈田郡（宫城县藏王町、七宿町）。这一举动虽然使得德川家康在战后未给伊达家加封，但至少在当时，上杉家也没有主动进攻伊达家，这多少体现出了伊达政宗在乱世中的处世哲学。

由于出兵不积极，德川家康未给伊达政宗加封，仙台藩最终只有 62 万石领地。即便如此，仙台藩的领地规模在江户幕府内也仅仅少于加贺藩、萨摩藩，伊达政宗更是获得松平苗字，在整个江户时代对外称“松平陆奥守”。

进入和平年代，伊达政宗开始热心于领国治理，并习惯于花鸟风月之事。庆长十八年（1613），在德川家康的允许下，伊达政宗派遣支仓常长一行 180 人途经墨西哥、西班牙最终抵达罗马天主教廷，这一次访欧之旅为伊达政宗带来许多欧洲艺术作品。如今仙台市瑞凤殿与松岛瑞严寺等建筑都留有仿欧装饰。

这次“庆长遣欧使节”虽然并不出名，但显示出伊达政宗希望能以仙台为中心，缔造一个不同于江户幕府治下其他地区的独立领地。事实上对于当时人而言，日本民族概念并未真正形成，东北地区更是因为长期处于边陲而有着半独立意识。伊达政宗无法统一全国，但也是希望能在领内塑造自己的理想国。

庆长十九年（1614）大坂冬之阵，伊达政宗并未参与实际战役，仅在战役结束之后负责填埋大坂城壕沟；庆长二十年（1615）五月大坂夏之阵，伊达政宗作为大和方面军参与了道明寺之战。

战役从五月六日午夜开始，丰臣军后藤基次部队 2800 人进攻幕府军，到下午四点，伊达政宗作为第四番手（第四段部队）开始用火枪围攻小松山（大阪府柏原市玉手山公园），这一攻击不仅让敌军大将后藤基次本人战死，部队也四散而逃。伊达政宗乘胜追击到誉田（大阪府羽曳野市誉田），遭到敌将真田信繁拦截而被迫撤退。

五月七日天王寺之战，伊达政宗在大和口设伏。据说在这次战斗中，幕府方神保相茂队 300 人全体遭到伊达军误杀。随后大和口主将水野胜成前来抗议，但伊达政宗却提到“伊达军法之中不分敌我”。所谓“不分敌我”，一方面或许是伊达政宗掩盖自身过失的言语，但另一方面也多少体现出他对幕府方面存在不满情绪。

因此 1987 年的大河剧《独眼龙政宗》为大河剧收视率史上第一，战国迷对这位战将推崇有加，甚至认为如果早生二十年，伊达政宗很可能与织田信长一争高下。然而从实际能力来看，伊达政宗或许擅长政治上的纵横捭阖，但他本人与整个伊达家都不擅长实际作战。况且伊达家地处偏远的东北地区，想要夺取天下实为难事。

不过伊达政宗的内部治理能力很强，经过数十年耕耘，到他去世之前，伊达家领地规模已经从名义上（表高）60 万石扩大到 75 万石，到江户时代中期伊达家更是有着“仙台百万石”之称。如今仙台能成为东北地区的中心，与伊达政宗奠定的基础有密切关系。

伍 出云尼子家

尼子经久

1. 尼子经久

出云大名尼子经久位居传说中的“西国三大谋将”之首，他的一生都处于内乱之中。

尼子经久曾于文明六年（1474）去过京都面见出云国守护京极政经。但这次会面之后，关于他的动向再没有准确的信息。直到文明十一年（1479），他才接任尼子家族家督和出云国守护代的职位。

他为什么要去京都？江户时代的军记物语中提到，尼子经久到京都，是为了请求守护京极家减免其领地五分之四的税额。不过京极家不但没有同意，反而把尼子经久扣押为人质，以威胁整个尼子家不要轻举妄动。

恰逢应仁之乱，京极家属于东军，但出云国却处于西军的大内家与山名家的夹击之中，如果出云守护代尼子家反了，京极家又在京都，那领国就保不住了，因此他们才留下尼子经久作为人质。到了文明十一年（1479），应仁之乱早已结束，尼子经久自然被放回领国。

正因为有这段不愉快的经历，尼子经久回国以后更与京极家为敌。文明十四年（1482）十二月，他在出云国东部三郡（能义、意宇、岛根）秘密推倒众多幕府机构，并将守护京极家的寺社领地全部纳为己有，甚至拒绝缴纳商税。

这番行为严重影响幕府统治，文明十六年（1484）三月，幕府要求出云国人齐攻尼子经久。很快，尼子家主城月山富田城（岛根县安来市）就被各路军马围困，尼子经久放弃抵抗，随后被流放出领地，守护代职位也转给西出云国人盐治家。直到长享二年（1488），尼子经久才夺回主城。

江户时代的军记物语《阴德太平记》对其夺回主城的经过描述如下：长享二年(1488)春节，盐治家按照惯例邀请专事表演的贺麻众表演“千秋万代”舞，尼子经久趁着城中守备懈怠，率领不到100人闯入城池，夺回月山富田城。

这段传奇虽然缺乏史料依据，可信度也较差，但多少可以说明一点：尼子经久虽然受到幕府惩罚，但夺回城池以后并没有受到责难，这意味着幕府在地方的影响力愈发薄弱。这一记载里提到的西出云国人盐治家，日后也的确成为尼子家的重要对手。而当时由于羽翼未丰，尼子经久没有直接对抗盐治家，而是在永正十五年（1518）将三子尼子兴久送入盐治家做养子。终尼子经久一生，盐治家乃至整个西出云国人均与尼子家维持着极为脆弱的主从关系，东西出云的矛盾甚至一直持续到尼子家灭亡。

永正八年（1511），周防守护大内义兴进京并长期留守京都，趁着主君不在，尼子经久便对臣从于大内家的安艺国打起主意，暗地策反大内义兴的女婿武田元繁反对大内家的统治。虽然武田元繁很快战死，但其子武田光和依旧占领着佐东银山城（广岛市安佐北区），逼迫大内义兴在永正十五年（1518）回归周防。大永三年（1523）四月，严岛神主友田兴藤受到尼子家策反投奔武田家，举兵清空南安艺大内军。大内家在安艺国基础不稳，尼子经久率领军队驻扎在了高田郡（广岛县安艺高田市），并策反数千米之外的吉田郡山城（广岛县安艺高田市吉田町）毛利家倒向自己。

大永四年（1524），大内义兴派兵平定安艺国，武田光和、友田兴藤等尼子家国人双双败绩，加之尼子家与毛利家联盟崩溃，整个安艺国再度回到大内家手中，尼子经久夺权之路受挫。

享禄三年（1530）八月，尼子经久的三子盐治兴久在西出云国人挑唆下反叛父亲，西部出云国的三泽家、三刀屋家等国人同时掀起反旗。很明显，尼子经久不但没把儿子培养成稳定盐治家的力量，儿子反而受到西出云国人的渗透，成为反对自己的急先锋。

同一时期，大内家在九州岛的领地遭到入侵，无暇东顾，因而大内家与

尼子家居所——月山富田城便位于此山之上

尼子家达成互不侵犯默契。与大内家关系稳定之后，享禄四年（1531）七月，尼子经久率先提出建议，让嫡孙尼子晴久与毛利元就结下兄弟之约。

天文元年（1532），出云国内乱最终平定，盐冶兴久狼狈出逃到备后国甲山城（广岛县庄原市），并于天文三年（1534）自尽。这场内乱虽然让尼子家丧失了一部分实力，但在克服危机之后，尼子家的权力基础也得以进一步巩固。

虽然尼子经久使尼子家从一个占据出云国东三郡的守护代家族，摇身变为势力浸润九国多个地区的战国大名，但他本人过于重视对外扩张，没有在凝聚领内国人上下太多功夫，使得出云国一直未能统一。从这个方面来看，尼子经久的能力较之同时代的北条早云还是略逊一筹。

2. 尼子晴久

较之尼子经久，尼子晴久一向给人“败家子”之感。不过正是在尼子晴久一代，尼子家开辟了家族史上最大的疆域。

天文六年（1537）尼子晴久刚刚接过家督之职时，尼子家并不强大。相反，由于国内叛乱刚刚平定，尼子家仍处于百废待兴的状态。就在这时，九州大名大友义镇突然送来一份邀请，希望尼子家能够加入“大内包围网”。

作为九州最大的家族，大内家吸引了最多的仇恨，丰后大友家希望能与处于大内家东侧的尼子家共同夹击大内家。考虑到尼子家的实际状况，尼子晴久没有同意这一方案，反而趁着大内家疲于应付大友家之际，选择向京都进发，先行收拢播磨国（兵库县西部）散落国人。

天文七年（1538）九月，尼子晴久率军大举进攻，由于成功策反了播磨国人别所村春，播磨国迅速陷落，守护赤松则村逃亡，进京之路完全打开。尼子晴久在这场战争中谨慎控制全局，称得上是一位出色的战将。

但这时九州局势已经发生了根本变化。早在天文五年（1536）九月四日，与大内家对抗的少贰资元被包围并自尽，大友义镇则在天文七年（1538）三月率先与大内家私下议和，“大内包围网”的构想流产，尼子晴久的进京之梦也宣告破灭。

结束九州之乱的大内义隆将目光投到了尼子家，插手了安艺国头崎城（广岛县东广岛市内）的平贺家内乱。这让尼子晴久倍感压力，于是天文九年（1540）初，尼子家全军回到出云国（岛根县东部），准备重新与大内家展开争斗。

天文九年（1540）六月，回兵休整的尼子晴久不顾与毛利元就的兄弟之约，下令攻击吉田郡山城，但由尼子国久、尼子诚久率领的先锋3000人还没有到达吉田郡山城，便被备后国的毛利家同盟宍户元源击退，仓皇逃回出云国。

尼子晴久

八月十日，尼子晴久亲率在九国领地内招募到的3万人马，从赤穴城（岛根县饭南町）浩浩荡荡地开向吉田郡山城。但由于军队是临时拼凑的，行动力并不强。九月四日，尼子军进驻吉田郡山城北4千米的风越山。守城的毛利军只有2400人，即使

吉田郡山城之战青山尼子家布阵处遗址

加上临时组建的农民和商人，也只有 8000 人。见己方人数占优， 尼子晴久拟定了围城断粮的战术。

九月五日开始，尼子军不断派出小股部队在城池附近的村庄大肆放火。由于前一年（1539）是荒年，毛利军的粮食储备不如往年，而九月又是收获的季节，所以此举必定会使毛利军的粮草补给出现问题。毛利元就虽然派兵抵抗，也击退了一部分尼子军，但总体而言效果并不明显。九月二十三日，尼子晴久将大营移到了青山、三塚山地区，缩小了对吉田郡山城的包围圈，毛利元就被迫向大内家求援。

从双方第一回合的交锋来看，尼子军总体上处于优势，城池也顺利包围了起来。但这种优势更多是军队数量多带来的，并非战术上的成果，事实上尼子晴久的战术存在着很大的问题。

从军事角度讲，围城断粮的战术一般适用于对手无强援的情况，而对手有大内家这样的强大势力做靠山，围城断粮战术就限制了尼子军兵力优势的发挥。

九月二十六日，尼子军部将汤原宗纲率领 1500 人对城外的毛利军同盟——小早川兴景展开攻击，但其战术意图却被识破，被城内外军队夹击而败，汤原宗纲本人战死。

不甘示弱的尼子晴久再次派遣堂弟尼子诚久进攻城池。十月十一日，尼子诚久的3000军队在城池附近扫荡，却遭到毛利元就奇袭，出云国人三泽为幸战死。两场战役的失败使得尼子军蒙受了很大的损失。

在多次攻击失败以后，十二月三日，大内军2万人抵达吉田郡山城南的住吉山地区，与城池遥相呼应；十二月十三日，尼子军大本营遭到陶隆房率领的大内军主力进攻，只得仓皇撤退，殿后的尼子久幸（尼子经久之弟）率500人拼死抵抗，最终战死沙场。

战后，尼子军在安艺国的同盟势力如山崩一样不可逆转地崩塌：同盟武田信实逃至出云，严岛神主友田兴藤切腹自尽，吉川、三吉、山内家等安艺、备后国人全部投靠了大内家，尼子家势力受到重创。

天文十一年（1542）一月十一日，大内军从山口城出发，往尼子家领地开来——第一次月山富田城之战即将打响。

六月开始，大内军进入出云国，并开始拉拢西出云反对尼子家的三泽、三刀屋等，三刀屋家在十月甚至将自己的主城献给大内军，作为前敌指挥所。见此情景，尼子晴久不禁感叹："出云国人很多投奔了敌人，就剩下（月山）富田一座城了。"

虽然拥有绝对优势，大内军却像之前尼子军一样不想强行攻城，企图使出断粮策略击垮敌人。有了前一次失败的经验，尼子晴久知道在这种状况下不宜反攻，只有发挥主场优势才是制胜之道，便决定坚守月山富田城。双方这种你不攻我不抵抗的对峙局面从十月开始，一直持续到了第二年（1543）二月。

三月十四日，尼子军在月山富田城附近的菅谷口迎战，大内军大败而回，攻城计划流产。为了彻底消灭大内军，尼子晴久下令切断从出云国到备后、石见两国的道路，内无补给、外无退路的大内军陷入绝境，大内义隆只能乘船出海。

胜负易手，尼子晴久继续出兵进攻大内家领地。天文十三年（1544），因幡守护山名诚通归顺尼子家。七月，尼子晴久进军备后，准备进攻大内家的备后国人三吉广隆。

七月二十八日，尼子国久、尼子诚久父子率领7000兵马进入备后国布野（广岛县三次市），距离三吉广隆驻守的比叡尾山城只有不到10千米距离；由于比叡尾山城正处于吉田郡山城入城要道，毛利家旋即出兵1000人增援。

尼子国久、诚久父子是所谓“新宫党”的核心人物，在之前的盐治兴久叛乱之后，尼子经久以次子尼子国久为中心在月山富田城北部的新宫谷训练新兵。面对尼子家的精锐部队，毛利军最初也尝到败绩，不过三吉广隆率军在七月二十九日从侧面突袭尼子家本阵，逼得尼子军撤回出云。

较之在安艺、备后方面一直不顺利，尼子家在东边的拓展却是有声有色：天文十七年（1548），美作胜山城（冈山县真庭市）宣布归顺尼子家；天文二十年（1551），尼子军兵临备前国，与守护代浦上政宗结盟，这招致浦上政宗之弟浦上宗景的反对，尼子军随即出兵备前天神山城（冈山县和气郡）以为牵制。

天文二十一年（1552），得到将军足利义辉的许可，尼子家获得山阴山阳八国（因幡、伯耆、隐岐、出云、美作、备前、备中、备后）守护职位，并成为幕府“相伴众”，家格升高。借助“备后守护”一职，尼子晴久拉拢备后北部国人江田家，继续把触角伸入备后。

看到备后国形势危急，毛利元就鼓动备前国浦上宗景起兵1.5万进抵美作胜山城。天文二十二年（1553）三月，尼子晴久亲率2.8万军队进攻美作、备前，先是将来袭的浦上宗景击退，接着一路杀到备前天神山城。

毛利元就趁尼子家主力东顾时，四月六日联合安艺国人进攻备后江田家。尼子晴久闻讯立刻回兵，与来到备后国荻濑的大内家家臣陶晴贤交战，双方未分胜负。十月江田家投降大内家，十二月备后山内家投靠毛利家，尼子家失去了在备后国东部的影响力。

大内家并未乘胜追击，因为随着形势变化，陶晴贤与毛利元就逐渐成为大内家的对手，著名的严岛夜袭也在这一时期打响。趁着这个机会，尼子晴久整肃家族内部，将以二叔尼子国久为首的新宫党尽数诛杀。

有人认为，尼子家这次内部整肃是自毁长城，但从领主集权的要求来说，在偌大的尼子家内部留有一个“新宫党”本来就是一件怪事。事实上清除新宫党以后，尼子家终于能够对新宫谷以及旧盐治家领地进行直辖管理，家族的核心力量愈发强大。

弘治二年（1556）三月，随着毛利家开启清剿大内家的进程，毛利元就的次子吉川元春也进入石见国，并在五月降服山吹城（岛根县大田市），进而夺取大内家的石见银山。

见此情形，尼子晴久也在七月率领 2.5 万军队从山阴道进入石见国忍原（岛根县大田市川合町），安艺国人宍户隆家则在吉川元春率领下以 7000 人应战。由于人数较少，宍户隆家选择在渡口迎战，谁承想尼子家却翻山越岭，从渡口侧面夹击宍户军，最终击溃对手。九月三日，山吹城守将刺贺长信自尽，山吹城成为尼子家的领地。

永禄二年（1559）五月，毛利家反击石见国温汤城（岛根县川本町），尼子晴久本欲救援，却在温汤城东部的江川上游突遇暴雨，难以通过。尼子晴久只好沿着江川下游进攻毛利家的川上松山城（岛根县江津市）。

面对尼子大军，毛利家守将福屋隆兼顽强抵抗，数日之后，吉川元春率军增援，尼子军只好退守到温泉津（岛根县大田市内）。在援军无法抵达的情况下，永禄二年（1559）八月，小早川隆景再次对温汤城进行劝降，尼子家守将小笠原长雄投降毛利家。

九月，毛利家正式以 1.4 万人兵力进攻尼子家山吹城，不过随后九州大友义镇开始进攻毛利家的丰前国门司城（福冈县北九州市门司区），迫使毛利家退兵。山吹城守将本城常光见毛利家败退，迅速出兵追击，并在附近的降露坂击溃毛利家部队。

永禄三年（1560）十二月，尼子晴久去世，其长子尼子义久顺利接位，但由于新宫党灭亡之后尼子家亲族零落，家族不免走向衰落。

尼子经久与尼子晴久这对祖孙相较，爷爷名气大，但实际成就却很小，直到去世前夕也没能完成出云内部统一；而尼子晴久因为除去新宫党而名声不佳，却在任内开疆拓土，在领国内凝聚人心，甚至能与处于上升期的毛利家一决雌雄，不得不说其军政能力均属上乘。正因为尼子晴久奠定的基础，尼子家灭亡以后，毛利家没有杀掉尼子义久，甚至还给予他客卿之席。

如若享年 47 岁的尼子晴久能多活几年，围绕石见银山的争夺想必会更加激烈，鹿死谁手也未可知也。

3. 山中幸盛

“若能遂愿，请予我七难八苦！”

据说为了主家重归正位，尼子家家臣山中幸盛曾对着新月祈求苦难，这位传说中的绝世武将也成为尼子家复兴的代表人物。

根据《阴德太平记》记载，山中幸盛 8 岁就开始上阵杀敌，10 岁修习弓马军法，到 13 岁就曾砍下敌军头颅；《太阁记》记载，他在 16 岁时跟随主君尼子义久进攻伯耆国，并杀死敌将菊池音八；《后太平记》提到，他在白鹿城之战里在毛利军中杀了个七进七出，还杀死七名敌将。

此处据传为山中幸盛诞生地

山中幸盛像

但上述军记物语都成书于江户时代，可信度并不高。山中幸盛正式见于史册是在尼子家灭亡之后。永禄十一年（1568），山中幸盛与原尼子家臣立原久纲一起在京都举事，奉尼子家后人——尼子胜久为立君。

永禄十二年（1569）四月，山中幸盛率领尼子复兴军从京都出发，并在六月二十三日从但马国乘坐数百艘船在岛根半岛登陆。第一次尼子军复兴之战推进速度极快，五日之内集结 3000 人马，六月底攻克新山城（岛根县松江市），七月中旬包围只有 500 人守卫的月山富田城，不过未能迅速落城。九月，毛利援军从石见国进攻尼子复兴军，被山中幸盛击溃。

毛利军之所以显得不堪一击，是因为这段时间毛利军忙于九州大内复兴军之战，无暇东顾。但有此良机，尼子军仍然未能攻克月山富田城。元亀元年（1570）一月六日，毛利辉元率领 1.3 万人回兵出云，进攻尼子复兴军，山中幸盛则率领 6800 人在城池附近的布部山（岛根县安来市广濑町）布防。二月十四日，吉川元春率领别动队从布部山顶突袭，尼子军受到夹击而败，失去了复兴的最好时机。

九月，毛利元就重病，尼子军获得喘息之机，便以岛根半岛海域为中心继续活动。十月六日，毛利元就在死前派遣水军进攻出云海域，扰乱尼子复兴军后方，逼迫山中幸盛缩小战线。元亀二年（1571）八月二十日，尼子军在新山城败北，山中幸盛被俘。

第一次尼子军复兴之战是尼子军最有希望的一次复兴战，但由于联盟过于松散，加之毛利元就在死前最后一搏，尼子军未能建立起根据地。山中幸盛从牢狱里逃出以后，辗转四方，于元亀三年（1572）三月重新回到但马国潜伏下来。

天正元年（1573）年初，山中幸盛与美作三浦家重新联结，攻克因幡国桐山城（岛根县岩美郡岩美町），与毛利方国人武田高信对峙。八月一日，武田军出征尼子复兴军所在的甑山城（鸟取市国府町）却被击溃，山中幸盛旋即追击，以 1000 人包围武田军驻守的鸟取城。

鸟取城建在海拔 263 米的高地之上，山中幸盛并没有从山下强攻，而是将士兵分为两队，一部分在山下吸引注意力，另一部分进攻山麓城下町，并从后山迂回攻击。武田军大败而还，关门固守。山中幸盛发现一条狭长山路直通鸟取城后侧内部，他先派一队士兵在正面诱敌，紧接着另一队穿越小路进攻后门。武田军没想到后门失守，只得将全部军队集结在山顶附近的十神寨防御。武田军抵抗顽强，尼子复兴军并未占到便宜。山中幸盛也没再强攻，而是在九月下旬降服武田高信。

自攻克鸟取城以来，不出十天，尼子复兴军攻克 15 座城寨，军队规模也扩大到 3000 人，山中幸盛随即以市场城（鸟取县八头郡八头町）为主城，打响第二次尼子复兴战。

闻知尼子复兴军到来，毛利军派遣 4.7 万军队进攻因幡国，虽然毛利军因为织田信长军队袭来而很快撤军，但尼子复兴军的大本营市场城也在十月中旬陷落，逼得山中幸盛在天正四年（1576）五月从因幡国退出，率领着尼子复兴军跟随织田信长家臣明智光秀一同征战。这段时间里，尼子复兴军表现抢眼，成为明智光秀麾下的一支奇兵，备受织田家赞赏。

由于尼子家在中国地区影响力巨大，自然成为织田、毛利之战里一枚不可或缺的棋子。天正五年（1577）十月，山中幸盛与尼子复兴军被编入织田家新组建的中国军团，跟随羽柴秀吉（丰臣秀吉）进攻毛利家，开启第三次尼子复兴战；十二月，羽柴秀吉攻克播磨上月城（兵库县佐用郡），山中幸盛与尼子复兴军担负起守城任务。

但尼子复兴军的末日最终来临。天正六年（1578）二月，三木城别所长治投奔毛利家，由于三木城处于上月城东侧，而毛利军在上月城西侧，上月城等于陷入孤立。四月十八日，毛利军3万军队包围上月城，城中只有不到3000人守备，实力悬殊。羽柴秀吉虽然想驰援上月城，但由于织田信长要求以攻克三木城为先，羽柴军不得不在六月二十六日宣布撤退。七月五日，孤立无援的尼子复兴军最终投降。

投降之后，尼子家象征人物尼子胜久被迫切腹，山中幸盛、立原久纲等重臣被俘，并被带往备中松山城（冈山县高梁市）。就在路途之中，山中幸盛被毛利家家臣杀死，这位久经沙场的战将仅仅活了34岁就离开了人世。

在江户时代的军记物语里，山中幸盛作为为主尽忠的典型而受到崇拜，获得“鹿介”的爱称。山中幸盛虽然没能复兴尼子家，但他的努力为羽柴秀吉西征之路跨出了重要的一步。

陆 安艺毛利家

毛利元就撰写三子教训状之处——胜荣寺

1. 毛利元就

毛利元就是日本战国织田信长之外最负盛名的武将。

毛利家最著名的桥段莫过于“三矢之训”，即毛利元就在去世之前叫来三个儿子（毛利隆元、吉川元春、小早川隆景），告诉他们一根箭容易折断，三根箭不容易折断，继而说明团结就是力量。历史上虽无“三矢之训”的记载，但毛利元就确实在弘治三年（1557）十二月给三个儿子写下书信，要求儿子团结协作，尤其提到过继别家的吉川元春、小早川隆景两人也不可“疏远毛利二字”。

就在写出上述书信之后不久，永禄元年（1558），62岁的毛利元就给长子毛利隆元写了一封长信，回顾了自己的一生。信里第一段写道：“我5岁时母亲去世，10 岁时父亲去世，第二年，兄长（毛利兴元）就去了京都，我与孤儿没什么区别。如果没有父亲侧室杉夫人（杉大方）养育，我不可能顺利长大。”

明应九年（1500），安艺国人毛利弘元隐居，把家督之位与主城吉田郡山城（广岛县安艺高田市）让予长子毛利兴元。永正十三年（1516），20 多岁的毛利兴元去世，其幼子毛利幸松丸继承家业，20 岁的毛利元就以叔叔的身份担任辅佐人。

毛利元就甫一上任，永正十四年（1517）十月三日，安艺国人武田元繁便率领 5000 人围困有田城（广岛市北广岛町），并派 600 人来到吉田郡山城附近放火。形势危及毛利家，毛利元就被迫率领 1150 人前往有田城援助盟友。

在行军前往有田城途中，毛利军与熊谷元直的 500 名侦察兵发生遭遇战，以弓箭狙杀熊谷元直；十一月，毛利元就与武田元繁交战，经过一天的战斗，武田元繁本人落马身亡。两场战斗中，毛利元就都要求弓箭手集中火力于主将身上，两次击杀主将。很明显，毛利元就很早就掌握了战国时期小规模作战的要领。

击杀武田元繁以后，安艺国局势回稳。但随后大内家、尼子家双方继续以安艺国作为纵横捭阖的战场，毛利家又一次陷入争乱之地。就在这时，距毛利家领地咫尺之遥的尼子家前来收买毛利家，希望毛利元就充当尼子家的先锋。大永三年（1523）六月，毛利元就应允，并以尼子家先锋的身份攻克镜山城。

同年七月十五日，毛利幸松丸去世，毛利元就在群臣拥戴下进入吉田郡山城，接过毛利家督之位。但其异母弟相合元纲对此不满，策动家臣高桥兴光一同反对毛利元就，最终在大永四年（1524）四月八日被毛利元就斩杀。

在相合元纲事件背后，尼子家的身影若隐若现，甚至有说法认为就是尼子家在阻止有能力的毛利元就主导毛利家。为了避免再被尼子家侵犯，毛利元就开始考虑独立发展，但在大内、尼子两方争夺之时，如果不站尼子家的队，就必须要站大内家的队。大永五年（1525）三月，毛利元就派遣家臣前往大内家宣布归附，大内家随即将如今广岛湾附近的领地封给毛利家。当年投奔尼子家毛利家只获得50贯封地，如今大内家却赏给他1370贯封地，因此毛利家接下来与大内家结合得更为紧密。

大永七年（1527）年年底开始，大内、尼子两家围绕安艺国广岛湾地区的交战基本结束，两家并没有继续作战，这给了毛利元就一个喘息之机。

这段时间里，毛利元就对周围国人软硬兼施。享禄二年（1529），在大内家的允许下，毛利元就出兵剿灭石见高桥家，以报复对方曾经帮助相合元纲；享禄三年（1530）三月，毛利家与熊谷家达成联姻协议；天文三年（1534），备后国人五龙城（广岛县高田郡甲田町）城主宍户隆家迎娶毛利元就的大女儿为妻；天文六年（1537），毛利元就的长子毛利隆元被送到大内家主城做人质，以表达对大内家忠心。一番行动下来，安艺国周围的局势对毛利家更为有利。

天文九年（1540）九月，随着尼子家内乱结束，尼子军3万人来到吉田郡山城北边4千米的风越山，吉田郡山城之战开启。

毛利元就

虽然敌众我寡，毛利元就还是出城迎击。他把军队分成三部分，一部分由自己带领，在正面阻击尼子军，其余两部分在左右两翼设伏，待交战正酣一起出击，最终尼子军不敌而败。毛利军随后追击到尼子军大营，一直把大营外部的栅栏全部拆光才算了事。

战事陷入胶着后，十二月三日，大内家的支援部队赶到吉田郡山城附近，与尼子家爆发三次决战。天文十年（1541）一月十三日，毛利元就率领

3000 精锐突然出城，配合大内军向尼子军右翼发起攻击，尼子军被迫总撤退。

获得胜利以后，大内家认为机会已到，便准备侵入尼子家的出云国。天文十一年（1542）一月十一日，大内军 1.5 万人出发前往出云进攻尼子晴久，毛利军 5000 人也配合东进。但大内军的军事动员能力较差，在出云国陷入僵持。天文十二年（1543）五月，大内义隆宣布撤退。

由于大内、尼子两家互相吃不下对手，毛利元就趁机扩大地盘。天文十三年（1544），他将三子过继给断嗣的竹原小早川家，是为小早川隆景；天文十九年（1550），小早川同族沼田小早川家的小早川繁平被主君大内义隆流放，毛利元就便要求小早川隆景与繁平妹妹结婚，继承另一小早川家。由于小早川家把持着沼田（广岛县三原市）、竹原（广岛县竹原市）两地的水军，毛利家因此有了强大的水军基础。

在安艺国东北部，毛利元就也将次子毛利元春送入当地国人吉川家做养子，并在天文十六年（1547）二月改称吉川元春。

吉川元春、小早川隆景的过继只是开始。毛利元就共有九个儿子，除长子毛利隆元之外，其余八个儿子全部过继给了其他家族。较之采用相同战略的武田家而言，毛利家八个过继到外族的儿子都对宗家帮助甚大，毛利元就靠着血缘关系促进国人一统的谋略取得了很大成功。

将儿子送去做养子的战略是战国时的通例，但以毛利元就最为成功，究其原因，是因为毛利家出身安艺国的国人，无论送养子还是以女儿联姻都会让人感觉是为了自保；而起点较高的武田家（甲斐守护）送养子的行为就多少有点强制色彩，难以获得对方家臣团的支持。

天文十五年（1546），毛利元就让位给毛利隆元。考虑到安艺国的特殊环境，毛利元就让位之后，毛利家（隆元）、吉川家（元春）、小早川家（隆景）三家家督都是毛利元就的儿子，借此，毛利家整体摆脱了国人身份，正式成为领导安艺、备后各国的战国大名。

日本古代对主君有“殿様”“上様”两类称呼，前者指诉讼裁判权的持有者，后者指拥有赏罚权力的军事统帅。大多数情况下二者常常混用，但在毛利家，前者指毛利隆元，后者指毛利元就。这个称呼的区别正是表示，毛利隆元在军事上也要受到毛利元就的节制。

除了统治国人以外，毛利家内部也进行了整肃。天文十九年（1550）七月十三日，毛利元就下令清剿井上一族 30 多名成员。

井上、毛利两家关系非常复杂。按毛利元就本人的记载，井上家在毛利元就小时候曾经抢占其城池，迫使毛利元就过了一段寄人篱下的生活。毛利元就继任家督之后，井上家虽是其左膀右臂，一直支撑着毛利元就走过 35 年时间，却也在毛利家内部形成很强的家族势力，对主君产生了威胁。这次清剿井上家，体现出毛利家不再容许任何人与任何家族功高震主。

就在毛利元就清洗井上家之后的第七天，天文十九年（1550）七月二十日，毛利家 238 名家臣联名上书，明确希望毛利家能够实行“家中成败”。

毛利元就让位给毛利隆元后，移居至多治比猿挂城居住。此处即为多治比猿挂城所在

所谓“家中”，是指家族统治集团，一般由家督、同族、亲属、重臣组成，而“成败”是“惩罚”之意。两者组合在一起，就是“由毛利家的统治集团惩罚”。

史学家经常会将这份文书与天文元年（1532）七月十三日的一封文书对比。18 年前，家臣们要求将灌溉用水的决策权付诸公论；18 年后，家臣却要求“水路道路分配由上様（毛利元就）决定”。换句话说，整整 18 年时间，毛利家已经掌握统治大权。

也在七月二十日，另一份关于毛利家的军制文件也得以通过，文件规定家臣领地的产能用货币重新计算（贯高），每个家臣在出征时都要按照领地的产能贡献一定的钱粮、军队、装备。战国大名中，毛利家建立了最为完整的领国一元化制度，至此，战国大名毛利家正式诞生。

毛利元就清洗井上家不久，天文二十年（1551）八月，大内家重臣陶隆房发动政变，逼迫主君大内义隆自杀；第二年（1552）三月，大友家成员大友晴英作为养子继承大内家，改称大内义长。叛乱结束，周防大内家也彻底被陶隆房架空，陶隆房也去除大内义隆的赐字，改从新主君原名获得一字，称为陶晴贤。

为对抗陶晴贤，毛利元就攻击安艺国佐东郡银山城（广岛市安佐北区）、头崎城（广岛县东广岛市高屋町）。其中头崎城平贺家家督平贺隆保一直受大内义隆支持，毛利元就便将另一名平贺家成员平贺广相扶正。平贺广相发誓子子孙孙都要效忠毛利家，而他在日后也成为影响历史进程的人物。

由于毛利家势力扩大，陶晴贤开始产生戒心。为了试探，天文二十二年（1553）秋，陶晴贤对毛利家发布命令，要求其第二年春天进攻石见国的反大内势力。如若毛利元就前来，陶晴贤便可借机软禁乃至刺杀之；如果他不敢前来，便可以借机对毛利家开战——这是一道极为尴尬的选择题。

围绕是否出兵，毛利家反复争论，出兵日期也一拖再拖。为了挑拨毛利君臣之间的关系，陶晴贤特意给安艺国人平贺广相写信策反。天文二十三年（1554）二月，平贺广相为表忠心，特意派人将所有信件送给毛利元就。三月，

宫尾城遗址

陶晴贤派出使者继续劝降平贺广相，结果却被五花大绑送到吉田郡山城。

平贺广相的举动无异于对大内家发出了断交宣言。五月十一日，毛利元就宣布与陶晴贤“引分”（决裂）；十二日，毛利军3000人接连占领陶晴贤控制的西安艺四座城寨；五月十五日，毛利军越过边境，深入周防国境内。

陶晴贤非常愤怒，大骂毛利元就有着“恶逆之企”，堪称“猛恶无道”。并迅速派遣心腹宫川房长率领6000人进军樱尾城（广岛县廿日市）附近的折敷畑山。六月五日，毛利元就分兵三路，自己在正面迎敌，其他两队从侧面迂回，冲击敌军。宫川房长战死，大内军750人毙命。

得知宫川房长战死，陶晴贤在弘治元年（1555）初集结2万人准备与毛利元就决战。为夺制海权，大内军船队与毛利水军交战。三月，大内重臣江良房荣带着40只巡逻船在佐东郡、严岛附近袭击，到处烧杀抢掠，毛利元就应接不暇；但随后江良房荣突然建议与毛利军议和，引起陶晴贤的猜忌而被杀。

陶晴贤认为自己有着水军优势，故而选取如今的旅游胜地严岛（宫岛）作为战场。地点选定，双方都开始准备：毛利军在严岛东北部建立宫尾城，用以吸引陶军主力；陶晴贤于九月二十一日在严岛登陆，在宫尾城东侧建立营地，等待机会准备一举拿下城池。

虽然城池被围，但毛利元就不急于出兵严岛，因为毛利水军只有100艘战船，与大内军动辄能出动300艘不在一个水平线上，毛利军在等待另一方面的支援。因为为了这一天，毛利元就很早就与村上水军重臣来岛通康联姻，意在获取援军，但战役开始之前，毛利军的求援信却一直杳无回音，如今也只能按兵不动。

九月二十八日，村上水军300艘战舰在来岛通康的率领下到达严岛附近，毛利元就一下扭转劣势，迅速派军队渡海增援宫尾城。

九月三十日晚上6点，毛利军3500人熄灯乘船出航，其中毛利元就率领本队2000人秘密进入严岛东北部，小早川隆景率领别动队1500人在严岛神社附近登陆，伪装成大内军。全体人员登陆后把船全部抛弃，以破釜沉舟的架势迎接这场历史性决战。

十月一日早上5点，东方既白，毛利元就命令总攻，猝不及防的陶军被毛利军突击之后向海岸逃窜，但在严岛神社又遭到小早川隆景的攻击。到了海岸军队争先恐后争夺船只离开，很多士兵因为船只沉没而坠海身亡，侥幸

严岛之战示意图

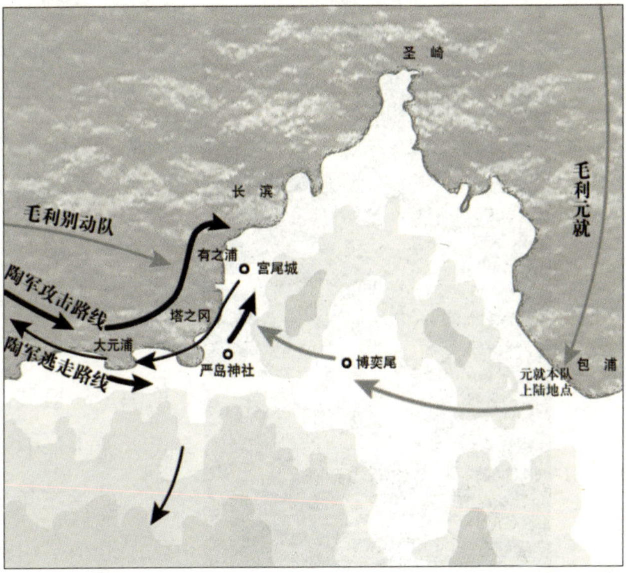

出海的船只又遭到村上水军的狙击。到十月三日早晨，战斗最终结束，包括陶晴贤在内的4700多名大内军士兵被杀，毛利军完胜。

弘治元年（1555）十月五日，严岛之战落下帷幕之后两天，毛利元就回到本州岛，十月八日带军队一举越过安艺、周防边境，马不停蹄开启（周）防、长（门）征服战，与玖珂郡（山口县玖珂郡）山代十三乡鏖战至第二年（1556）三月。

征服周防国的过程中，毛利元就广泛采用“动”“操”结合的战术。“动”是指军事行动，“操”则是政治工作，“动”“操”结合，就是军事力量与政治工作有机结合。经过长年的战争，毛利元就发现了战国时代的规律：纯粹军事力量无法全胜，必须要结合起政治博弈，才能稳固统治。

弘治二年（1556）三月十八日，毛利元就给前线将领赤川就秀一封信，提到如下战术：“进攻乡村时，要找到当地带路人，杀掉一两个村民，烧掉三五间房子，劝告当地百姓降服。如果不从，立刻派军队进攻，这样其他村子就会因害怕而降服。”

毛利元就于严岛之战

平定玖珂郡后，毛利军在沼城（山口县周南市）遇到了大麻烦。事实上，在为期两年半的防长征服战争里，这场战役持续了近一年。

让毛利军停下脚步的原因有很多，一来沼城周围三面环沼，易守难攻；二来大内军主力1万余人在沼城固守；三来毛利军正在安艺北部的石见国（岛根县西部）与尼子军交战，兵力无法集中。

弘治三年（1557）二月，毛利元就派遣小早川隆景、平贺广相等安艺国人进攻沼城。为渡过沼泽，毛利军用草绳做成席子铺在沼泽上，同时广泛采用新式武器火绳枪。三月三日，城池被攻克。

沼城陷落让大内家措手不及，家督大内义长立刻离开山口城，辗转逃到长门国且山城（山口县下关市内），准备出海投奔九州大友家。毛利元就一路高奏凯歌，接管了大内领地其他地区，先锋部队来到了且山城旁边的赤间关（山口县下关市）。

为防止大内义长逃跑，毛利元就一边围城，一边请求村上水军封锁水路。四月二日，毛利元就对且山城展开总攻，一天之内城池陷落，大内义长拔刀自尽，大内家彻底灭亡。四月二十三日，毛利元就凯旋吉田郡山城。

防长征服战结束，毛利家终于推翻压榨自己多年的大内家，旋即向东进攻另一大势力尼子家，双方矛盾首先围绕着位于石见国东部的银山以及银山附近的山吹城爆发。

毛利家没有选择与尼子家硬碰硬，而是从石见国西部开始谋略。为了围攻西石见国人益田藤兼，吉川元春先后拉拢益田家分支四大家族（福屋、永安、周布、三隅），最终逼得益田藤兼在弘治三年（1557）三月与毛利家结盟，这也象征着毛利家正式入住西石见。

永禄二年（1559）二月，毛利元就父子四人进军备中国多治比猿挂城（冈山县仓敷市）；五月，毛利军 1.2 万人进攻东石见尼子家国人小笠原家的温汤城（岛根县邑智郡川本町）。

面对毛利元就大军，尼子晴久率军西进寻求决战。然而由于温汤城东部的江川突然水位猛涨，尼子家无法通过援助小笠原家。八月，小早川隆景劝降温汤城小笠原家，毛利军再下一城。

战后，为了拉拢小笠原家，毛利家将另一名石见国人福屋隆兼的一部分领地划给小笠原家，引起福屋隆兼不满。永禄三年（1560）十一月，福屋隆兼起兵反叛，并邀请尼子军前来援助。

当年十二月，尼子晴久去世，尼子家继承人尼子义久与毛利家达成和议，和议中规定“尼子家不得干涉石见事务”，尼子军因而拒绝出兵援助福屋隆兼。永禄五年（1562）二月，福屋隆兼趁夜逃出城池，毛利元就随即将福屋隆兼的家臣与士兵1000余人全部杀害，以示自己对反叛决不容忍。

福屋隆兼逃往尼子家寻求庇护，谁承想尼子义久却基于和议而将其驱逐，这就使得山吹城的尼子家守将——本城常光大为不满，认为尼子家无法保护自己的安全。永禄五年（1562）六月，本城常光投靠毛利元就，石见银山为毛利家所有。

夺取银山后，毛利元就把附近集散地温泉津（岛根县大田市温泉津町）变成了自己的直辖领地。由于常有日本全国乃至明朝商船来往此地，毛利元就还派遣温泉津奉行对船只、商人征收往来通行税。

银山不仅为毛利家带来稳定收入，更让石见成为大航海时代的重要港口，大批火枪与西洋新事物通过贸易进入日本，强化了毛利家的实力。为不让子孙后代乱花银两，毛利元就提出，“温泉银山决不能用于别处，必须用于强化军事力量”。

山吹城短时间聚集了数以万计的采矿者，大量商人从各地赶过来从事生活必需品的生意，其中出云商人成为银山持续运转的重要补给者。于是，位于出云国的杵筑大社（出云大社）便成了商人的新落脚点。

之前尼子家一直占据着银山，从杵筑大社到银山之间形成商路，银山物资不致陷入匮乏。而此时银山落入毛利元就手中，尼子家很容易便能切断这条补给线，进而让整个银山陷入混乱。所以夺取银山后毛利元就必须进攻出云，以保障银山的产能。

石见银山平定后，出云尼子家国人如同山崩一样叛逃至毛利家，毛利家一口气进入了出云腹部，先后占领了大津、盐治、今市（岛根县出云市），接着让本城常光作为先锋逼近白潟（岛根县松江市），月山富田城被孤立。

但在此时，毛利家与九州大友家再起争端，大友军猛攻毛利家的苅田松山城（福冈县京都郡苅田町）。永禄六年（1563）五月，双方达成和议，毛利元就得以专心进攻出云国。

十一月十五日，尼子军突围出了月山富田城，准备从东边伯耆国（鸟取县西部）聚集粮草。但这个举动早在毛利元就意料之内，他已在伯耆国弓滨（鸟取县米子市弓滨半岛）设下埋伏，尼子军不幸中招。

为了彻底断绝尼子军粮道，毛利元就特地绕开出云国，在永禄七年（1564）八月先平定伯耆、因幡两国尼子军，尼子家救援力量就此全部断绝，只剩下了月山富田一座城池。但在永禄九年（1566）二月，70 岁高龄的毛利元就积劳成疾，军中恐慌，毛利家只得暂停行动。

五月二十四日，平贺广相发现尼子军守备薄弱，便率军突击月山富田本城，一直打到距离本丸不远的七曲口才被尼子军阻住。这位小人物的猛攻逼迫尼子家在十一月二十八日投降，他也又一次创造了历史。永禄十年（1567）二月，毛利元就结束尼子之战的善后工作之后返回吉田郡山城，继而提出隐居。

但战争并没有随着尼子家的灭亡而停止。

永禄十年（1567）十一月，来岛通康突发急病去世，伊予河野家不稳；与此同时，来岛家的对手土佐一条家部队进攻河野家城池鸟坂城（爱媛县西予市），形势逐渐倾向于一条家。毛利元就“为了报答来岛家在严岛之战的帮助”，越过濑户内海进攻四国。

永禄十一年（1568）四月，吉川元春、小早川隆景率领 2.5 万大军进入伊予国，很快清扫了一条军，并一鼓作气攻克了反对河野家的宇都宫家主城大津地藏岳城（爱媛县大洲市），将整个伊予国交还河野家。

七月，大友军撕毁协议进攻毛利家领地，毛利军 5 万部队前往北九州围攻筑前立花山城（福冈县新宫町）。一开始，72 岁高龄的毛利元就没有出征，到了永禄十二年（1569）二月，他的身体情况稍有好转，便又一次走上战场。面对孙子毛利辉元的劝说，毛利元就回复道：“我长年与安艺、备后、石见的领主们一起作战，而且战争不问老少，如果不出战便不合义理。我可不想留下遗憾。”闰五月三日，立花山城最终为毛利军夺取。

刚刚平定大友家，第一次尼子复兴军又在永禄十二年（1569）七月开始围攻月山富田城，虽然毛利军尽全力防御，但依然受到很大冲击。而且到了八月，毛利家派出镇压的原尼子家家臣米原纲宽突然临阵倒戈，投奔尼子复兴军，局势险恶。

看到出云尼子家复兴，九州大内家的复兴势力也蠢蠢欲动。十月一日，大内义隆的从兄弟大内辉弘从周防国秋穗浦（山口市秋穗町）上岸；十月二日，大内复兴军进攻山口城，疏于防守的大内家旧居所筑山馆被大内军夺回。

面对双方的攻击，毛利家迅速反应过来。十月二十一日，吉川元春万余大军作为先锋来到山口附近，准备与大内辉弘决一死战。但大内辉弘知道自己不敌毛利元就，旋即逃跑，吉川元春只能从决战变为追击战。十月二十五日，大内辉弘切腹自尽，大内家复兴之事告一段落。

元龟元年（1570）一月五日，已经74岁的毛利元就无法出战，18岁的毛利辉元便代替他率领2.6万大军进入出云国平定尼子复兴军，而吉川元春、小早川隆景等人也从九州返回，准备一举平定出云。

面对毛利大军，尼子军不堪一击。二月十四日，毛利辉元到达月山富田城东南部的布部山地区，很快击败了山中幸盛率领的尼子军主力6800人，尼子军只得向各地继续溃散。

毛利元就之墓

此后毛利元就的病情迅速恶化，毛利辉元、小早川隆景回到吉田郡山城。在探病过程中，尼子军重新对月山富田城构成威胁。此外，尼子军还引隐岐岛的水军到岛根半岛，意图把持制海权。

死前不久，毛利元就依然强撑着继续指挥战局，他派遣毛利水军在十月强攻尼子水军，尼子军最后的据点新山城（岛根县松江市）被孤立。元亀二年（1571）八月，尼子复兴军失败投降。

元亀二年（1571）六月，毛利元就走完了一生的旅程。

毛利元就是战国时代扩张速度最快的大名之一，从早期仅占有安艺国一个小小城邦，最终成为傲视十余国的重要大名，这在同时代大名之中绝无仅有。

毛利元就以出色的治理能力与敏锐的政治判断力达成了这一成就。

从个人角度而言，毛利元就一生都离不开疑心与谋略。虽然他曾经发布“三矢之训”，让儿子们团结一心，但他也不止一次教导长子毛利隆元不要相信任何人。某种意义上，可以说他深刻明白何谓“孤家寡人”。

正因为对毛利隆元寄望甚多，永禄六年（1563）八月毛利隆元去世以后，毛利元就才悲恸不已，终日以泪洗面。随后进攻出云国白鹿城（岛根县松江市法吉町）时，他放弃一贯的劝降战术，执意从石见银山临时调集数百名矿工，挖掘地道进入城池。这多少也说明，谋略家毛利元就也有不为人知的感性一面。

2. 毛利辉元

元亀元年（1570）在平定尼子复兴军的过程中，毛利辉元曾一度离开前线回来探访爷爷，毛利元就喜出望外。毛利辉元提到战争中遇到的兵粮不足、家臣服从、部将动员的兵力比规定少了许多等问题。毛利元就听罢热泪盈眶，认为毛利辉元已经成为一个出色战将，毛利家也有了很好的接班人。

而当毛利辉元请教如何解决问题时，毛利元就只是告诉他，要多多依靠两个叔叔。毕竟他已经留下“三矢之训”，让三兄弟一心同体——但不得不说，两川体制为毛利家奠定了兴旺的基础，但也为毛利家留下了隐患。

毛利辉元亲政以后，与同时期织田信长面临着同样的问题，那就是反对势力结成包围网，试图围剿他们。这段时间，毛利辉元面对尼子复兴军、大内复兴军、丰后大友家、备前浦上家、阿波三好家等多方面围攻疲于应付。

与织田家不同，毛利两川体制下，吉川元春负责北面山阴道、小早川隆景负责南面山阳道与四国方面。由于山阴道涉及家族较少，山阳道却有着纷繁复杂的局势，这就使得“两川”之间也存在一定矛盾。更重要的是，二人都是毛利辉元的叔叔，毛利辉元难以对他们发号施令，这就使得毛利家缺乏明确的战略重心，石见银山供养的军队在早期经常被用于一些可有可无的战役之中。

不过，靠着毛利元就的遗产，抵挡大友家组建的毛利包围网也不是难事。到元亀三年（1572）十月上旬，将军足利义昭进行调停，毛利家附近的包围网暂时解散，毛利辉元的主要精力放在了平定第二次尼子复兴军上。

这一时期，织田信长也已脱离了信长包围网，意图西进，自然不愿意履行与毛利家之间的协议。相反，织田信长更希望限制毛利家向东发展，因此反而给毛利家的对手浦上宗景发布了“备前、播磨、美作安堵朱印状”。

为了掀翻浦上家，毛利家联络了其家臣宇喜多直家。天正二年（1574）四月，宇喜多直家进攻浦上家同盟、美作松山城（冈山县高梁市内山下）三村家，毛利家迅速支援宇喜多直家。天正三年（1575）五月二十二日，备中松山城陷落，三村家灭亡。最终宇喜多直家攻灭主君浦上宗景，占据了整个备前、东美作、西播磨的浦上家领地，并与毛利家合作继续剿灭尼子复兴军。

看到织田信长加入反对毛利的阵营，毛利辉元在天正四年（1576）二月接收被织田信长赶走的十五代将军足利义昭，结成第二次信长包围网；七月，毛利家在第一次木津川口海战中大获全胜；天正五年（1577）毛利家兵临赞岐国；十一月虽然被羽柴秀吉夺取上月城（兵库县佐用町），但随着毛利家策反播磨国人别所长治，毛利军又在天正六年（1578）七月夺回上月城，彻底消灭了尼子复兴军。

从这一年开始，毛利家在战争中走向了劣势。十一月，第二次木津川口海战毛利家被织田信长部队击溃，无法再维持对本愿寺的支持；天正七年

（1579）九月宇喜多直家投奔羽柴秀吉，羽柴军将山阴道前线从播磨一下子推进到了备前；天正八年（1580）一月三木城投降，天正九年（1581）鸟取城投降；天正十年（1582）四月，羽柴秀吉包围备中高松城（冈山县冈山市），放水淹城。

这一局面的形成，与织田军实现兵农分离、创建职业军队有关，也同毛利家长期没有更新升级自身用兵体系有关，更重要一点，也在于吉川、小早川两家之间存在分区域作战理念，互相之间缺乏协作。双方直到备中高松城攻防战期间，还矛盾不断。

天正十年（1582）六月，由于得知织田信长在本能寺之变中去世，羽柴秀吉突然提出议和，毛利家不明所以，随即应允。签署协议之后不到一小时，毛利家得知织田信长已经在本能寺遇害，吉川元春暴跳如雷，要求迅速进攻羽柴军，却遭到小早川隆景拦阻，因为中地区属于山阳道，归小早川统辖，他并不愿意执掌山阴道的哥哥指点太多。

此外，从这一时期开始，吉川元春、小早川隆景对下属的掌控逐步强于毛利辉元，这就使得毛利家的主要决策人物不再是毛利辉元，而以最为出色的小早川隆景为主。

有了羽柴秀吉的支持，毛利家开始继续收服之前被织田信长策反的国人。九月，毛利家进攻羽衣石城（鸟取县东伯郡汤梨滨町）南条元续；天正十一年（1583）三月驱逐反抗自己的来岛村上通昌。代价是与秀吉达成协议，停止西进战略；天正十三年（1585）一月，毛利家正式割让备前、美作、东伯耆、备中高梁川以东领土给秀吉。

三月开始，秀吉着手进攻西国，小早川隆景代表毛利家从伊予登陆作为西路军，一直从北向南打到佛殿城（爱媛县四国中央市），逼迫四国大名长宗我部元亲撤退，为平定四国做出了巨大贡献。四国征伐结束以后，小早川隆景成为伊予国主，事实上开始脱离毛利家自立，两川体制最终成为分化毛利家的重要工具。

小早川隆景

为了表示对丰臣秀吉的忠心，毛利家成为丰臣家进攻九州的先锋与基石。天正十四年(1586)十月初，毛利辉元与两位叔叔一起抵达九州，主管山阴道的吉川元春为了替本家表示忠心，尽全力攻克小仓城（福冈县北九州市小仓北区）；十一月，吉川元春、小早川隆景继续进攻丰前国。十一月十五日，吉川元春在阵中去世，毛利家打响吊唁之战，在十二月上旬攻克岛津家香春岳城（福冈县香春町）。毛利家的一系列作战成为丰臣秀吉平定九州的开始。但四国军仙石秀久、长宗我部元亲部队在户次川之战大败于岛津家，丰臣秀吉只好在第二年亲自率军攻克九州各大城池。

天正十九年（1591）三月，毛利家获封 112 万石领地，但小早川隆景却独立出来成为筑前 37 万石大名，且在日后与毛利辉元并列成为丰臣家五大老之一；文禄元年（1592）年底，丰臣秀吉开始侵略朝鲜，毛利家提供了主要兵力来源，毛利辉元率军 3 万成为第七番队，紧排在叔叔小早川隆景之后，共同进攻朝鲜半岛南部的全罗道、庆尚道；庆长二年(1597)小早川隆景去世，继任者小早川秀秋原先是丰臣秀吉养子，因而毛利家与小早川家正式分离。

由于长年无子，毛利辉元从弟弟穗井田元清处过继一子，是为毛利秀元；文禄四年（1595）其嫡子毛利秀就出生，毛利辉元也要为其谋划封地，这成为毛利家与吉川家之间矛盾的开始。

丰臣秀吉死后的庆长四年（1599）一月，石田三成提出，由毛利秀元接过吉川广家的伯耆、出云、隐岐三国，吉川广家转封小早川隆景旧领。石田三成被德川家康逼离政坛后，六月，毛利秀元获得长门领，吉川广家领地不变，毛利辉元直接获得小早川隆景旧领，三方最终都接受了这个提案。但在两次分封提案中，毛利家与吉川家逐渐被当作两个家族来对待，同时双方之间围绕领地归属与人员问题互生龃龉，这也让庆长五年（1600）关原之战里毛利家的表现自相矛盾。

石田三成举兵后，毛利辉元作为实力仅次于德川家康的五大老之一旋即举兵；七月十七日，毛利辉元接收大坂城西之丸，但九月十五日关原之战当天，毛利辉元5万军队一直驻守大坂没有出城；而关原主战场虽然有毛利秀元、吉川广家、安国寺惠琼的3万军队驻守在东军后方，但其在整场战役都没有从后方偷袭包围，使得西军没有结成包围阵型，石田三成一方惨败。据说战役中，安国寺惠琼有意发起攻击，但吉川广家却并不认同，甚至以“本军正在就餐”为由拒绝出兵。可见毛利军虽是西军领袖，整体思路却已经分裂。

九月十七日，德川家康派遣使者前往大坂城，要求毛利家投降，提出以石见银山作为交换条件，保障毛利家的部分领国；九月二十四日毛利辉元退出大坂城。

对于毛利家的领地，德川家康有意让亲东军的吉川广家以长门领为基础继任毛利家督，进而没收毛利家绝大部分领土。吉川广家亲自与德川家康谈判，最终改为毛利秀就继承周防、长门两国29.8万石领地。十月，毛利辉元剃发，进入半隐居状态。毛利、吉川两家之间虽然不能在有势力时联通一起，却能共患难，这算是“毛利两川体制”的优点之一吧。

据说庆长十九年（1614）大坂冬之阵中，毛利辉元派遣从兄弟内藤元盛以“佐野道可”之名进入大坂城，并提供了一部分资金。但在实际对阵中，毛利军并没有正面进攻丰臣军。内藤元盛在庆长二十年（1615）夏之阵里自尽身亡，幕府曾一度前来盘查，不过毛利家矢口否认。

朝鲜战争里曾被俘虏的朝鲜将领姜沆在自己的《看羊录》里曾经提道，“朝鲜出兵之时，只有他（毛利辉元）会对割掉朝鲜人鼻子这种残忍行为表现出哀痛”。较之爷爷那般杀人不眨眼，毛利辉元似乎更有人性。

柒 九州双雄

1. 大友义镇

九州是由九个分国组成，而九国又分为三组。在室町幕府的早期观念里，肥前、筑前、丰前，即所谓“前三国”应由少贰家管辖，肥后、筑后、丰后，即所谓“后三国”由大友家管辖，“南三国”（日向、大隅、萨摩）由岛津家管辖。虽然到了战国时代“前三国”逐步为周防大内家控制，但由于大内家被天文年间崛起的毛利家逐步蚕食，大友义镇的首要对手变成了毛利家。

天文二十年（1551）陶隆房逼死主君大内义隆，大友家与大内家达成合作，将弟弟大友晴英（大内义长）送往大内家成为新家督；但弘治元年（1555）十月，毛利元就在严岛之战中大获全胜，随即又在弘治三年（1557）四月彻底消灭大内家，大友家不得不独自面对来势汹汹的毛利家部队。

大内家灭亡使得其旧领丰前、筑前两国成为无主之地。七月，大友军重臣户次鉴连出兵丰前，将反对大友家、内通毛利家的秋月、筑紫两家国人赶走。永禄元年（1558）六月，大友军抵达丰前企救郡（福冈县北九州市门司区、小仓北区、小仓南区），正好处于长门国赤间关（山口县下关市），毛利军立即渡海布阵包围门司城（福冈县北九州市门司区）。永禄二年（1559）六月，毛利军派遣大内家旧臣夺取门司城，秋月、筑紫两家国人也率军从海路攻克博多港，大友、毛利两家正式对峙。

面对这种情形，大友义镇于六月从十三代将军足利义辉处获得丰前、筑前守护之职，更在之后的十一月从大内家继承九州探题，获得平定北九州的大义名分。永禄四年（1561）八月，大友义镇下令1.5万人的部队进攻门司城，甚至雇用停泊于附近的葡萄牙船加入作战。八月二十一日，小早川隆景西进援助门司城，到九月二日，大友军包围门司城；九月十三日，小早川隆景发挥毛利家的最大优势，派遣属下的河内水军儿玉就英从门司城南部的沼江登陆，趁夜杀开血路，进入城池援助。十月十日，大友家试图策动门司城中内应打开城门，小早川隆景将计就计，假装在城中放狼烟，大开城门，亲自率军击溃大友军；十月二十六日，毛利家调集能岛村上水军进入沼江与大友军交战；大友军也再度发动总攻击，这一次虽然祭出火枪队，却依旧未能攻克城池；十一月五日，大友军解除包围退却。

靠着水军之力，毛利家继续追击大友军到今井城（福冈县行桥市），夺取数十艘大友家战船，最终切断大友家退路，攻克大友家松山城（福冈县京都郡苅田町）；永禄五年（1562）九月，大友军派遣重将户次鉴连围攻松山城，却在十月十三日遭到毛利军反突袭而大败；十一月，大友军大将高桥鉴种加入毛利阵营，引得毛利隆元在永禄六年（1563）一月回兵九州，意在对大友军发起总攻。

至此大友义镇自认难以再与毛利军为敌，便请求将军足利义辉调停。一月二十七日，足利义辉通过吉川元春斡旋，恰好同一阶段毛利家意在东进消灭尼子家，因此到五月双方正式停战，大友家承认门司城归属毛利家，毛利家也做出让步，将丰前、丰后两国交通要道香春岳城（福冈县香春町）让给大友家。

在与毛利家对垒的过程中，大友义镇始终被毛利军捏住门司城而难以东进。根本原因在于毛利家已经完成内部统一，大友义镇家却依然处于国人联盟状态，除去属下大将户次鉴连可以仰仗以外，其余兵士均为临时拼凑。门司城大败后，大友义镇出家，改称大友宗麟，户次鉴连也出家，改称户次道雪，两人在之后数十年以君臣身份亲密合作，使大友家多延续了十数年。大友义镇本人锐意引进天主教，高桥鉴种之所以叛向毛利家也与他信仰佛教、反对天主教信仰有关。信仰天主教后，大友家的确获得与西洋贸易之便，却也使得家中分崩离析，只剩户次道雪一人。

毛利家征服东侧的尼子家后，又发动大友家内部国人反叛。永禄十一年（1568）二月，博多港东北部的立花山城（福冈县新宫町）守将立花鉴载受到高桥鉴种挑拨，与其一起反叛主君，户次道雪迅速回兵西进，在四月二十四日包围立花山城，最终于七月二十三日破城并逼迫立花鉴载自尽。八月二日，户次道雪在立花山城下击退毛利家援军，继而东进，在八月十九日将战线推进至筑前、丰前交界处，而秋月、筑紫等国人也如墙头草一样重新倒回大友家。从某种意义上说，大友家几乎是靠户次道雪一人力挽狂澜。

永禄十二年（1569）五月十八日，大友、毛利两家在多多良滨（福冈县福冈市东区）交战。据说户次道雪在此战中为前装火绳枪开发了崭新的战术：用竹筒将火枪所需弹药、火药依次装入，使每次攻击节约 20 秒时间（一般装填需 40 秒），大大提升了战斗力，因此大破毛利家。多多良滨战役前后，闰五月三日，立花山城被毛利军攻陷。然而户次道雪并没有撤退，而是一直在前线与毛利军对峙，使得对手只能缓慢撤退。元龟二年（1571），由于历次战功，大友宗麟任命户次道雪为筑前守护代，并以立花山城为主城，改称立花道雪。

立花道雪

这一段时期，毛利元就去世，毛利家疲于应付四周的繁杂局势，无力进攻大友家，于是大友家的主要敌人就变成了“南三国”统治者岛津家。天正六年（1578），为了阻止岛津军扩大地盘，大友宗麟派军南下日向国（宫崎县）。行军过程中，大友军为了普及天主教而大量烧毁神社、佛寺，招致各地领主、领民的普遍反感，最终在耳川之战中

立花山城遗址

大败于岛津家。

这场战役凸显出大友家的衰弱，也让岛津、龙造寺、秋月等各方大名发现机会，开始侵蚀大友家的领土。天正八年（1580），大友家赖以为基础的丰后国也开始出现反叛，大友家面临巨大危机。天正十三年（1585），立花道雪病死，岛津义久进攻丰后的脚步无法阻止，大友宗麟不得不进京对丰臣秀吉称臣。

恰好丰臣秀吉对于势力迅速扩大的岛津家颇为不满，便出面调停，岛津家并不服从，丰臣秀吉于是于天正十四年（1586）十二月打响九州征伐战。大友宗麟在战局好转之前暴病而死。他死前，丰臣秀吉除了保证大友家获得丰后国之外，还表示要授予大友家日向国的统治权，但大友宗麟严词拒绝。

大友宗麟去世以后，其嫡子大友义统获得丰臣家赐字，改称大友吉统，成为丰臣政权的大名。文禄二年（1593）二月，在朝鲜战场上，得知日军在平壤城败于明军之后，大友吉统迅速逃跑，因此被丰臣家剥夺封地，其本人也剃发出家，遭到囚禁。关原之战前后，大友吉统参与到西军之中，但其嫡子大友义乘却被送入德川家成为德川秀忠的近侍。因此，虽然大友吉统最终败北，但大友家还是作为幕府臣子继续延续下去。

在日本战国的各种游戏中，大友家与大友宗麟因为信仰天主教、加入当时大航海时代的贸易网络而备受好评，其话题性甚至可以比肩同样热衷于西洋事物的织田信长。但就其实际能力而言，大友宗麟没有妥善处理好佛教、天主教两大信仰之间的关系，更没有在中小势力林立的九州扩大自己的势力，反而险些被岛津家消灭，若非最终求助于丰臣家，大友家整体可能都会毁灭于战国末期。

2. 岛津义久

岛津家是九州“南三国”的名义统治者，其家族在战国前期几乎毫无作为，却在战国接近尾声之时一跃而起，在岛津义久率领下成为引人注目的超新星。

因为父亲大体平定了南部的萨摩、大隅西部领地，岛津义久甫一继任就拥有一定势力。在接连平定东部大隅国的反对势力以后，天正四年（1576）八月，岛津家进攻日向国南部高原城（宫崎县西诸县郡高原町），其间几乎没有受到有效抵抗；天正五年（1577）十二月，岛津家策反野尻城（宫崎县小林市），打开北上大门，逼迫对手伊东家抛弃主城佐土原城（宫崎县宫崎市佐土原町），投奔北边的大友宗麟。

就当时而言，大友家实力虽然不可小觑却十分松散，岛津义久瞄准机会，在天正六年（1578）一月策反大友方国人、松尾城（宫崎县延冈市松山町）城主土持亲成，吸引大友宗麟在三月十五日发兵3万南下进攻日向国。

面对敌军的优势兵力，岛津义久首先选择退却，让大友家一路南下，让出日向国北部地盘。待到岛津军整备完毕，便迅速在十一月初北上进驻日向高城（宫崎县木城町）。十一月十一日夜间，岛津军前锋部队来到大友方本

耳川战场遗址

阵附近放火，引导岛津义久主力部队抵达附近。十一月十二日，大友军主动发起攻击，在初期占据优势，然而随着岛津义久部队发起总攻，大友军大败，由于后路河流——耳川河水暴涨，大量部队遭到歼灭。

到这一刻为止，岛津家终于夺得室町初期据有的南三国领地。不像大友家需要反复处理内部叛乱问题，岛津家靠着广泛派遣可信家臣接管反叛国人领地而形成强大的凝聚力，岛津义久的三位兄弟（义弘、岁久、家久）更是极富军事才能。靠着团结而形成向心力，岛津家在天正年间开始了战国大名最快的一次扩张过程。

看到大友家式微，岛津家并没有迅速攻灭，而是准备先啃西边处于上升期的龙造寺家。天正七年（1579）开始，岛津家先后进攻南肥后领主相良义阳、东肥后领主甲斐宗运。到天正九年（1581），相良义阳投降岛津家，并作为岛津军先锋进攻甲斐宗运。经历一番激战，相良义阳遭遇甲斐宗运反击而身死人手，相良家领地立刻被岛津家夺走。

天正十二年（1584）三月，岛津义久派遣岛津家久抵达龙造寺家后方重地——岛原半岛，甚至购买西洋大炮，并雇用一名黑人奴隶来发射。靠着坚船利炮，岛津家开始进攻岛原城（佐贺县岛原市）。看到岛原危急，龙造寺隆信派遣 20 艘战船满载兵粮援救，却被岛津军夺取。龙造寺家又派遣 50 艘战船准备突破岛津家封锁线，却始终未能突入岛原半岛。

三月二十四日，龙造寺隆信率领 2.5 万军队从陆路进逼岛原城，分别从山脉、街道、沿海三条道路进发，而岛津军只有 7000 人，加上同盟有马家部队也只有 8000 人。龙造寺家以火枪 1000 挺率先开始攻击，在战役初始阶段占据优势。然而随即有马军从海上开来装有两门大炮的战船，给龙造寺家造成巨大伤害，岛津军随即从苦战之中挣脱，龙造寺隆信本人阵亡。由于主将阵亡，龙造寺家迅速败退，岛津军也没有过多追击。最终龙造寺家死伤超过 5000 人，而岛津军只损失 250 人。

这场“冲田畷之战”结束后，岛津军继续将目光投向大友家，与此同时，反对大友家的筑前国人秋月、筑紫，筑后国人田尻等家先后要求岛津军北上消灭大友家。不过由于肥后内部还没有完全平定，十月，岛津家还是给大友家上书，要求互相退兵。

天正十三年（1585）七月，东肥后国人甲斐宗运去世，岛津军趁机对阿苏、甲斐两家发起总攻。面对东肥后的广阔地域，岛津军本想步步为营，慢慢推进，然而闰八月十三日，岛津家前锋部队受到挑衅而发起总攻，各部队顺势跟进，最终在闰八月十九日降服年仅 5 岁的阿苏家督阿苏惟光。可以说，由于先前消灭了最强大的龙造寺家，岛津家声望倍增，甚至自己已经无法控制进攻节奏，只能一路胜利下去。

只是从这年冬天开始，已经统一半个日本的丰臣秀吉对九州各大名发布停战令，这意味着岛津义久不但要面对大友家，还要面对志在统一日本的丰臣秀吉。

岛津义久修书一封送给丰臣秀吉，提到岛津家无意违反上方指令，然而大友家却违反两家协议，在肥后、日向国境扩大势力，因而希望丰臣秀吉理解这次“防战”。天正十四年（1586）五月，丰臣秀吉发来提案，将丰后、筑后、南丰前、东肥后划为大友家领地，将肥前交给毛利辉元，剩余土地全部交给岛津家。

岛津家意在统一九州，双方自然谈崩，而岛津家也为了争取时间而采取更加严酷的军政战略。

高桥绍运

由于丰臣秀吉介入，本来臣服于岛津义久的丰前国人筑紫广门拒绝向岛津家交出人质。六月，岛津义久改变进攻丰后的战略，转而动用 2 万人突击筑紫广门的筑前胜尾城（佐贺县鸟栖市），逼迫对手投降。这次强硬政策之后，筑后、肥前、丰后各国人纷纷送来人质与士兵，加入岛津军阵营。七月底，岛津军攻克岩屋城（福冈县太宰府市浦城），守将高桥绍运仅以 763 人坚守，最终城破自尽身亡。

十月，岛津家要求投奔自己的北部九州国人围住立花山城，自己率领萨摩、大隅等亲信部队分三路进攻大友家丰后国领地，兵力总计 4 万人。十二月六日，岛津军 1 万人围攻丰后西北部要地鹤贺城（大分县大分市上户次）。与此同时，丰臣家为了平定九州，也派遣四国军仙石、十河、长宗我部等家率领 6000 人抵达鹤贺城附近的户次川前线，人数超过岛津军；十二月十二日，丰臣、大友联军渡河进攻，岛津军主帅岛津家久要求前锋部队故意败退，吸引丰臣军先锋仙石秀久突进，紧接着岛津军从侧面突入长宗我部家阵营，战场陷入一片混乱。最终十河存保、长宗我部信亲战死，鹤贺城陷落。

岛津军虽然攻克丰后，但这也是他们最后一番胜利。天正十五年（1587）四月，丰臣秀吉本人抵达小仓，10 万军队正式开启九州征伐。借助强大军队，丰臣家迅速南进，岛津军则从丰后撤退到日向。四月十七日，岛津义久、义弘兄弟在日向国根白坂地区（宫崎县木城町）被丰臣军击溃；眼见敌众我寡，五月八日，岛津义久剃发出家，改称岛津龙伯，岛津家正式降伏于丰臣家。

或许因为作战勇猛，岛津龙伯虽然被剥夺了大部分领土，却得以维持萨摩一国领地，继续作为丰臣家大名存续下去。毕竟对于丰臣家而言，萨摩国距离过远，且丰臣家还需要作战勇猛的岛津家继续为自己卖命。事实上到了朝鲜战争中，岛津龙伯的弟弟岛津义弘还作为丰臣重臣参与到后期作战中。

丰臣秀吉死后，关原之战爆发，而岛津义久的弟弟岛津义弘加入西军阵营。因为这件事，岛津家在关原战后，处境一度十分险恶。但后来德川家康不希望萨摩挡住幕府的出海贸易船只，岛津家也希望议和。庆长七年（1602），岛津义久的嫡子岛津忠恒进京向德川家康谢罪，岛津家最终得到萨摩、大隅两国领地，成为江户幕府萨摩藩。

作为岛津家历史上最负盛名的统帅，岛津义久率领岛津家在十余年时间里东征西讨，迅速夺取大半个九州，其出色的政略能力与岛津家固有的家臣团让萨摩兵威名远扬。虽然岛津义久最终与丰臣秀吉撕破脸皮，仅仅成为萨摩一地之主，但如果他们真的保有整个九州南部，想必在江户时代也会成为幕府将军的眼中钉，倒不如偏安萨摩一隅，反而使得岛津家延续到幕末，甚至成为明治维新的重要策源地。

3. 岛津义弘

天正十五年（1587）五月二十二日，随着兄长岛津义久投降丰臣秀吉，岛津义弘也只得宣布投降，获得大隅一国领地。较之兄长，岛津义弘在后来的历史中更为惹眼。

文禄元年（1592）十二月，丰臣秀吉准备派遣军队侵略朝鲜，岛津家率领 1 万人组成四番队前往。途中由于家臣梅北国兼反叛耽误了行程，被揶揄为“日本第一慢”，这更加激发了岛津义弘的求战之心。

侵略朝鲜数年间，岛津义弘在文禄年间（1592—1596）主要承担占领任务，到了庆长二年（1597）七月，他率领自家水军与藤堂高虎一同夹击朝鲜水军，杀死朝鲜主将元均；八月参与南原城之战。从十月底开始，岛津义弘负责镇守朝鲜南部的泗川城（韩国庆尚南道泗川市），此时战况已不利于日本。

庆长三年（1598）八月丰臣秀吉去世，但日本国内秘不发丧，只要求各部队撤退回国。九月开始，明将董一元率领 3 万军队进攻日军 7000 人镇守的泗川城，被岛津义弘击退。

战后上报，岛津义弘称明军总数 20 万人，岛津军杀死 3.8 万人。由于日本本土并不知道实情，德川家康便称赞其为“前所未有之大胜利”，岛津义弘乃至整个岛津家也就在丰臣政权内部有了较高名声。

十一月露梁海战，岛津义弘已经率军从泗川城成功撤退，但行至半途得知友军小西行长部队遭到明、朝联军围困，便要求水军回兵援助。最终小西行长得以逃出，岛津义弘部队也击杀明军副将邓子龙与朝鲜水军主将李舜臣。

从朝鲜前线返回以后，岛津义弘与兄长岛津义久之间开始出现分歧，岛津义久厌恶丰臣家，而岛津义弘却保持中立态度。庆长五年（1600）六月，德川家康东进围攻上杉景胜，岛津义弘便按照岛津家的一贯方针率领 1000 人军队准备支持伏见城，然而伏见城守将鸟居元忠却不知道岛津军回来参阵，因而拒绝，岛津义弘一怒之下反戈加入西军。

但是岛津义弘深知 1000 人无法决定大局，而且岛津家内部一贯的反丰臣方针也让他内心矛盾。九月十五日关原决战期间，岛津家一直按兵不动，到了战局逐渐利于东军之时，岛津义弘突然撤退，并在撤退过程中击伤追击的井伊直政，使得后者日后感染而死。

后来德川、岛津之间开始合作，岛津义弘的这番举动被解释为“个人行为”，未得到家督岛津义久的许可，因此保住了岛津家的领地。

岛津义弘以别样的色彩成为很多人关注的对象，连《明史》中都以“石曼子”（“岛津”音译）之名将其记录在册。

捌 织田家清剿家族

斋藤道三

1. 斋藤道三

作为司马辽太郎小说与1973年大河剧《窃国物语》（国盗り物語）中的主人公，斋藤道三历来以权谋家形象示人，更以“美浓之蝮”扬名于世，也经常会在各类演义之中被当作织田信长的精神导师，乃至于很多人认为织田信长擅长火枪也是斋藤道三所致。

一般认为，斋藤道三在明应三年（1494）五月出生于山城国乙训郡，成年以后称为“松波庄五郎”，并靠着入赘卖油商屋而成为商人；后来辗转成为美浓国人长井长弘的家臣，冠名“西村正利”；到了享禄三年（1530）前后，他协助美浓守护土岐赖艺杀掉长井长弘，并接过长井家家业，冠名“长井规秀”；天文七年（1538）美浓守护代斋藤利良病逝，由于获得土岐赖艺青睐，他又一次上位接过守护代之位，冠名“斋藤利政”；最终天文十年（1541），这位“蝮蛇”下毒杀害土岐赖艺的弟弟，双方大战之后，土岐赖艺被流放出国。

从传奇角度看，普通一兵通过反复架空、驱逐上位者而逐步上升，自然也大有可写。近年史料研究发现，斋藤义龙（斋藤道三之子）的祖父“新左卫门尉”是京都妙觉寺的僧侣，后来改名“西村”来到美浓出仕长井长弘，因战功而获得“长井”苗字；到了斋藤义龙父亲“左近大夫”（斋藤道三）一代，才杀掉主君斋藤家而获得“斋藤”苗字。

可以看出，演义中的斋藤道三的形象很可能是综合了父子两代人的经历：首先是一名京都僧侣，进入美浓成为武士，然后是儿子杀掉主君成为斋藤家之主，利用两代人完成阶层飞跃，这比较符合战国时代的一般特点。

斋藤道三虽然在天文年间雄踞美浓，日子却过得并不顺利：天文十一年

（1542）夺取美浓国主之位后，斋藤道三首先受到土岐家同盟——越前朝仓孝景回兵攻击，土岐赖艺也一度来到美浓揖斐北方城（岐阜县揖斐郡），斋藤家处境一度很是窘迫。天文十六年（1547）斋藤家又遭到南部织田信秀进攻，在战略上受到夹击。因而天文十七年（1548），斋藤道三与织田信秀结姻，长女归蝶成为织田信长之妻。

靠着织田家的支持，斋藤家击退了朝仓家与土岐家残部，但是接下来，斋藤家又上演了一出父子相残的惨剧。

天文二十三年（1554），斋藤道三将家督之位让予庶长子斋藤义龙。退隐之后，斋藤道三逐渐宠爱正室所生孙四郎、喜平次两位孩童，甚至让人怀疑他要另选继承人。为了保住地位，弘治元年（1555）十一月，斋藤义龙秘密将孙四郎、喜平次两个弟弟带出来杀死，逼迫斋藤道三从稻叶山城（岐阜县岐阜市）出逃到大桑城（岐阜县山县市），双方以长良川为界形成南北对峙。

弘治二年（1556）四月十八日，斋藤道三布阵于长良川北侧，四月二十日中午，斋藤义龙军队开始在南岸活动，斋藤道三军队迅速下山冲来。虽然父亲占据先机，但由于美浓国内大部分国人都投奔斋藤义龙，父亲手中只有2700余名军队，斋藤义龙却坐拥1.75万士兵，双方兵力完全不成比例。

斋藤义龙

乱战之中，斋藤道三虽然在一开始占据上风，却随即被斋藤义龙优势兵力反攻杀死。据说死前，斋藤道三曾经撰写书信，要求将美浓一国交给织田信长，目前这封书信的两个版本分别藏于京都妙觉寺与大阪城天守阁。或许正是因为有了岳父的遗命，织田信长才在击败今川义元之后把目光北投到美浓，更会把稻叶山城改名为岐阜城，作为自己“天下布武”的起点。

2. 今川义元

桶狭间一战，今川义元给新崛起的织田信长做了背景板，也给世人留下“愚将”的印象。虽然他在桶狭间之战里失策甚多，但从其一生整体来看，他依然是一位非常出色的战国武将。

天文五年（1536）三月，今川家八代家督今川氏辉英年早逝，其两个出家的弟弟梅岳承芳、玄广惠探对继承人的位置虎视眈眈。不久之后，家中分裂为两派，以今川氏亲正室寿桂尼、重臣太原雪斋为首的骏河家臣团支持梅岳承芳，而玄广惠探由于母亲出身于远江国福岛家，获得了远江家臣团支持。六月十日，梅岳承芳的军队攻克玄广惠探所在的花仓城（静冈县藤枝市），接任今川家第九代家督之位，获得十二代将军足利义晴赐字，改称今川义元。

今川义元

就任家督之后，今川义元将战略目标定向西方，以伺机发动进京之战，这就需要他与北面一直对立的武田家修好。天文六年（1537）二月，今川义元迎娶武田信虎之女为正室，但与武田家一直有隔阂的相模北条家随即出兵占领骏河富士川东岸，虽然靠着武田信虎援军而解围，但长久保城（静冈县骏东郡长泉町）却落入北条家手中。直到天文十四年（1545）北条家受到上杉家进攻（河越夜袭），今川义元出兵支援上杉家，才逼迫北条家交还长久保城。因为这次交锋，北条、武田、今川互相认识到对方的实力，这也为天文二十三年（1554）七月甲骏相三国同盟打下基础。

后方稳固的同时，今川义元继续进攻西边的三河国（爱知县东部），但觊觎三河国的不止今川家，更西边的尾张国（爱知县西部）武将织田信秀也想扩大势力。天文十一年（1542）八月，今川军与织田军交战于小豆坂（爱知县冈崎市小豆坂），结果虽然以今川军失利而告终，但今川家在战略上并不占有劣势。天文十六年（1547），今川家逼迫冈崎城（爱知县冈崎市）松平家交出人质，年仅六岁的松平竹千代（德川家康）也被迫离开冈崎城。

不过护送者叛向织田方，松平竹千代反而被送去织田家做人质。天文十七年（1548）三月，今川义元派遣1万军队与织田信秀的4000军队再度交战于小豆坂，获得大胜，俘获织田信秀的长子织田信广。以织田信广为筹码，今川义元交换到松平竹千代，将三河松平家掌握在手。天文十八年（1549），三河松平家家督松平广忠被家臣谋杀，今川义元迅速派遣军队进入冈崎城，统领三河国。

从这段时期开始，今川义元开始模仿京都公卿，将牙齿全部涂成黑色，主城骏府城的建设也逐步偏向京都化。虽然其附庸风雅总是为人诟病，但在那个时代，地方领主大多认为有势力且能够模仿公卿之人属于“正统”，加之今川家本来就是幕府将军足利家远亲，因而其附庸风雅本质上也是一种政治态度，希望靠着“正统”来收拢人心。

有了“正统”加持，天文二十二年（1553），今川义元为父亲今川氏亲的《今川假名目录》追加21条，剥夺了领国内所有庄园、公领的守护不入权。所谓守护不入权是指对于领内具体庄园，守护不能进入领地勘测，也不能执法，这就在领国之内形成一个又一个的独立王国。进入战国时代，由于庄园制度

今川氏真像

已经残破不堪，战国大名开始直接接管原庄园领地，但仍然有不少旧庄园、旧公领保留原有领地。靠着这个文件，今川义元对骏河、远江、三河三国开展检地，重新测量土地产量，强化领国一元化。

后方稳定下来以后，今川义元继续着手西进。弘治元年（1555）三月，今川义元为松平竹千代元服，并更名松平元信，后改名松平元康。永禄元年（1558）二月，今川义元派遣松平元康夺取织田方寺部城（爱知县丰田市寺部町），甚至把前线推进到东尾张，继而获得“海道第一弓取”（意为“东海道第一武者”）之名。同年，他让位于嫡子今川氏真，由其主管今川家在骏河、远江两国的国政，三河国与尾张领地则由今川义元本人亲自负责。

永禄三年（1560）五月十二日，今川义元亲率大军从骏府出发，跨越三大领国进入尾张；五月十七日，今川军先锋松平元康部队进入沓挂城（爱知县丰明市沓挂町），随即在五月十八日，三河国人部队先行来到大高城（爱知县名古屋市大高町）运粮。这段时间里，今川军先锋就在途中的桶狭间山附近休憩，以作为运输中转站，这暴露了今川义元进军时分的补给线节点。

五月十九日早上，今川义元率领中军5000人慢悠悠开往大高城，并在中午抵达桶狭间休息，全军生火做饭。这时，松平元康的先锋部队攻克丸根、鹫津两个营寨的胜利消息传来，今川军喜不自胜，整个军营一片欢庆的气氛，今川义元甚至在阵营中开了茶会，警惕性不由地放松下来。

下午1点，天降大雨，今川军哨兵散开避雨，而织田信长则早已率领2000人马在树林潜伏。2点，天空放晴，织田信长振臂高呼，全军对今川义元发动总攻。

桶狭间古战场公园

根据后世说法，今川义元由于过度肥胖而无法骑马，只能乘轿出征。虽然今川义元肥胖与否无确切记载，但他确实是乘坐一顶象征公卿特权的辇舆出行，而且辇舆就放在休息处旁边。由于轿子颜色惹眼，织田军立刻就发现了今川义元的位置，2000 人全部朝着今川义元的 300 人近卫军进攻，由于织田家部队都由织田信长的“母衣众”（近卫军）组成，作战能力与行动力较之拼凑起来的今川军要高。今川义元猝不及防，被织田军追击。由于今川义元身着室町时代初期以竹木为主要材质的铠甲，难以抵御战国时代长枪之威，他最终倒在血泊之中。

战后，今川家士兵本想将无首之尸带回骏河，怎奈夏季潮湿，今川义元尸首迅速腐烂，不得不在三河国宝饭郡（爱知县丰川市）将其埋葬。随着今川义元之死，今川家辉煌不再，不但远江内部开始出现动乱，西侧松平（德川）、北部武田都开始觊觎这块东海道重地，今川家也在今川氏真一代迎来末日。

虽然必须承认今川义元人生末年的错误给整个家族带来了不可挽回的损

失，但也应看到，在纷乱的战国中期，能够坚守祖传地盘，与织田信秀、武田信玄、北条氏康等大名互有攻守，今川义元的实力不可小觑。

3. 浅井长政

虽然只占据北近江的弹丸之地，但浅井长政却利用纵横捭阖之术让织田信长一度陷入被动。

浅井家是近江守护京极家谱代家臣，世代以小谷城（滋贺县湖北町）为中心占据北近江三郡。五代家督浅井久政时期，南近江大名六角定赖、六角义贤父子不断北上侵攻，浅井家一度式微，年幼的浅井长政被送往六角家充当人质，这一时期他的名字是“浅井贤政”，被迫迎娶六角家重臣之女为妻。

有过人质经历的战国大名一向都成长不错，浅井长政也是如此。接任家督以后，浅井家迅速与六角家决裂。永禄三年（1560），六角军 2.5 万人围攻肥田城（滋贺县爱知郡爱庄町），浅井军 1.1 万人也南下，与六角军决战。仅交战一天，浅井军就击溃六角军，造成对手阵亡 920 人，浅井家大致损失 400 人。其军事指挥才能与组织才能在这一战中颇有体现。

浅井长政

这段时间，织田信长正在美浓、南近江扩张地盘，为了争取支持，永禄十年（1567）九月，织田信长将有“战国第一美女”之称的妹妹市姬嫁给浅井长政为正室妻子，甚至倒贴结婚费用，可见织田家对这门亲事多么看重。在浅井家的支持下，六角家被清除出南近江，织田信长更得以拥立十五代将军足利义昭进京。

不过织田、浅井两家结盟时期就存

在一个问题，那就是浅井家世代与越前朝仓家交好，然而织田信长却与朝仓家关系不睦。元亀元年（1570）一月，织田信长要求各地大名进京修复皇宫，朝仓义景却始终不愿进京，于是织田、德川联军3万人在四月二十日从京都出发讨伐越前朝仓家。

织田市（市姬）

四月二十五日，织田、德川联军北上向金崎城（福井县敦贺市金崎）进军，浅井长政突然反叛。一般传说认为，退隐家督浅井久政出面建议，促成浅井家强硬派家臣团进攻织田信长，然而这并不符合浅井长政的刚烈性格。从历史记载来看，当年一月，织田信长给各大名寄送信件，信件中对提到大名都使用敬语“殿”，唯独对浅井长政却直呼“浅井备前”，应该是这种轻视的措辞让浅井长政大为光火，才反戈一击。

另外传说提到，为了提醒兄长，市姬送给织田信长一个装有黄豆的袋子，意指织田信长有可能会被前后夹击。但从实际情况来看，织田信长本来正要从金崎城撤退，很可能是在织田军南下之后，浅井长政才宣布反抗织田家。

六月二十七日，浅井、朝仓联军1.8万在小谷城南部的姊川迎战织田、德川联军3.4万，西边是6000德川军与1万朝仓军交战，东边则是2.8万织田军与8000浅井军交战。浅井家猛将矶野员昌十分勇猛，接连突破了织田军13道封锁线中的11道，柴田胜家、佐久间信盛等织田军猛将都先后被他击败。不过因为朝仓军不敌德川军，浅井家还是被迫撤退。

败于姊川后，浅井长政开始与本愿寺合作，浅井领内10所寺院宣布跟

朝仓义景

随浅井军反击织田信长。九月二十一日，趁着织田军主力在石山本愿寺一带鏖战之机，浅井、朝仓联军 3 万人乘船越过琵琶湖来到京都山科（京都府京都市山科区），与本愿寺、根来杂贺众等势力结成“信长包围网”，逼迫织田信长求和。

浅井长政本想给予信长致命一击，谁承想织田信长却操纵天皇在十二月下诏，要求浅井长政为了朝廷、幕府的安全，结束与织田信长之战，浅井长政的政治捭阖在皇室介入后化于无形。

元龟二年（1571）九月，织田军烧毁比叡山延历寺，浅井家失去琵琶湖沿岸最重要的盟友。元龟三年（1572）七月，织田信长撕毁协议进攻北近江，遭到浅井家与朝仓义景 1.5 万援军阻击，无法前进，被迫于十二月撤退。天正元年（1573）七月，织田信长流放将军足利义昭。八月，织田军 3 万人向小谷城进军，并以 1000 人夜袭击溃朝仓义景 2 万军队，朝仓家随即因内乱而灭亡。

八月二十六日，织田信长委托不破光治（同盟时期的使者）、木下秀吉（阵前主将）劝降浅井长政，却遭到严词拒绝。九月一日，浅井长政自尽，享年 29 岁。

作为北近江三郡领主，浅井家领地位于近畿、北陆之间的重要位置，不仅是交通要道，也靠着巨大的琵琶湖而拥有丰富物产。浅井长政妥善利用优势地位组建军力，不仅掀翻实力远强于自己的六角家，也让事业快速发展的织田信长一度陷入窘境，若能进一步与织田家结合一处，浅井长政的才能恐会更有发挥之处。

浅井长政去世前将妻子市姬，三个女儿茶茶、初、江交给织田信长抚养，后来茶茶嫁给丰臣秀吉，成为名满天下的淀夫人，江则成为江户幕府二代将军德川秀忠的正室。

4. 荒木村重

荒木村重与织田信长同年出生，亲眼见证了这位“第六天魔王”的残酷手段。

荒木家世代为摄津国人池田家家臣，但在乱世也有一颗“下克上”之心。元亀元年（1570）六月，荒木村重拥兵自重，将主君池田胜正从池田城（大阪府池田市）流放出去。

由于这番“下克上”，荒木村重在摄津国遭到另外两个大家族——和田、茨木两家的反对。元亀二年（1571）八月，荒木军2500人在白井河原（大阪府茨木川流域）击溃和田、茨木联军500人队伍。据说在战役过程中，荒木村重派遣300名火枪手在前线奋战，先后击毙和田惟政、茨木重朝两位家督，对手被迫撤军。

当时池田家隶属于织田信长，按理来说荒木村重应该是织田家大敌。但由于作战勇猛，加之当时信长包围网处于鼎盛时期，荒木村重反而得到织田信长的招揽。天正元年（1573），荒木村

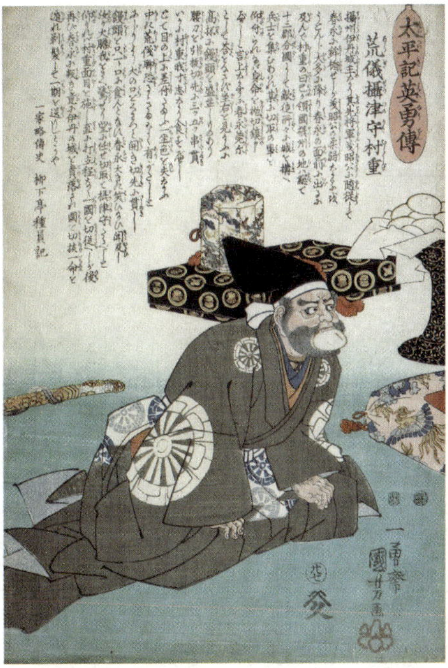

荒木村重

重正式效忠织田家，获得摄津一国统领权，随即织田信长将其旧主池田家编为荒木家家臣，荒木村重从名义与实际上双双完成“下克上”。

到此为止，荒木村重都顺风顺水，但进入第二次信长包围网时期，他却做出人生中最奇怪的一次选择，让他险些万劫不复。天正六年（1578）十月十七日，荒木村重突然在有冈城（兵库县伊丹市）宣布反叛，截断了织田军从近畿进入中国的重要关口。

较之其他城池，有冈城附近地势险要，而且荒木村重还在重要地区扎下营寨，互为犄角，使得有冈城防御几乎完美。其中最主要的两座营寨是高山右近驻守的高槻城（大阪府高槻市），以及荒木村重之子荒木村次驻守的尼崎城（兵库县尼崎城）。

对于荒木村重，织田信长最开始还是展开怀柔攻势，派遣3名使者前往有冈城劝说。据说荒木村重一度已经愿意投降，但由于家臣中川清秀提到“信长只要对部下怀疑一次，早晚都会把他消灭”，荒木村重便逃回有冈城；后来其好友黑田孝高前往劝说，荒木村重反而将其囚禁于土牢之中，使得这位不世出的军师单腿残疾。

关于荒木村重为什么反叛，目前尚无定论，毕竟织田信长一直重用荒木村重，从无贬谪与训斥，甚至还有进一步提拔的可能。不过从当时情况分析，织田家部将佐久间信盛、明智光秀、羽柴秀吉等人先后进攻石山本愿寺、丹波、播磨等地，三股军队正好将荒木村重的摄津国围在正中，这一方面使得荒木村重缺乏安全感，另一方面也让他感到自己未来无法再有拓展，这才铤而走险。

被包围一年后，荒木家家臣中川清秀、高山右近纷纷投降织田军，有冈城附近的防御城寨反而成为围困荒木村重的牢笼，城池陷入断粮绝境。就在这时，荒木村重又做了一个令人匪夷所思的举动：天正七年（1579）九月二日，荒木村重没有投降，也没有出城迎战，而是从城中逃走，来到尼崎城（兵库县尼崎市）。

看到荒木村重有降意，十一月十九日，织田信长要求他离开城池，然而荒木村重并未答应。于是十二月十三日，织田军在攻克有冈城以后将荒木家 122 名女眷全部杀死。十二月十六日，荒木村重族人与重臣 36 人被拉到京都六条河原斩首。家人惨遭残杀，荒木村重再度逃出城池前往山野隐居，直到天正十年（1582）六月织田信长在本能寺被杀，丰臣秀吉逐步掌握天下，他才从山里走出来。

荒木村重的诡异选择，时至今日仍然是战国迷讨论的重点。毕竟终战国一世，要么反叛要么顺从，要么战死要么投降，人的选择不外如此。但荒木村重却脱离尘世、逃避入林，这种和平时期才有的选择模式竟然能用于乱世，实在匪夷所思。2014 年的大河剧《军师官兵卫》里，荒木村重被塑造成一个内心极度矛盾想赢怕输的人物，为了逃避胜败之分而选择遁世出逃，这或许贴合他的历史性格。

荒木村重脱离危险之后，辗转来到堺港居住，之后又跟随著名茶人千利休来到大阪成为一名茶人。或许是出于对有冈城之战时抛妻弃子的内疚，他出家后自号“道粪”；后来丰臣秀吉原谅了这位旧时战将，特地将其号改为“道薰”。

5. 长宗我部元亲

长宗我部家为“土佐七国人”之一，以土佐中部的冈丰城（高知县南国市）为主城，战国刚开始时，谁也没想到这个有着奇怪苗字的家族险些夺取整个四国岛。

作为土佐国人，长宗我部元亲本来应该算土佐国司一条家的家臣，但由于四国西部过于偏远，一条家的势力也无法蔓延过来。而随着北部的毛利家在永禄年间出兵四国，土佐一条家势力骤然衰减，长宗我部家开始脱离土佐国司一条家自立。永禄十二年（1569），长宗我部元亲击溃东土佐国人安艺国虎；天正二年（1574）二月，长宗我部元亲流放家督一条兼定，并将女儿嫁给一条家嫡子一条内政，从实质上操纵了土佐国大权。

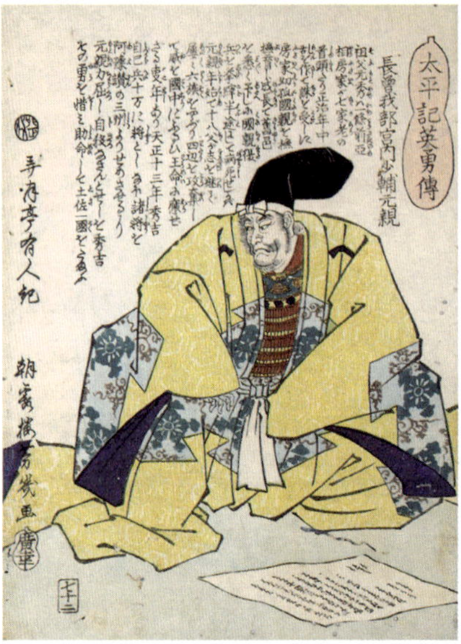

长宗我部元亲

天正三年（1575）七月，不甘失败的一条兼定在伊予南部起兵，以3500人进攻土佐，来到四万十川东侧的农民聚落驻扎。一条家本以为对手会筹备很久才前来进攻，谁承想长宗我部元亲仅仅三日之内就率领7500人抵达四万十川东岸，强行渡河击溃一条军。

长宗我部家动员能力之所以强大，与其“一领具足”兵员体系分不开。与战国时代一般国人、地侍阶层有所不同，长宗我部家要求农民在农作时期将武器装备一起（即“一领”之意）带在身上，受到召唤立刻上阵作战。这一点与同时代织田信长的“兵农分离”道路完全相反，但较之其他战国大名的组织形式还是更为有力。

统一土佐以后，长宗我部家为下属做了战略分工，长宗我部元亲本人在冈丰城统率中土佐三郡（长冈、土佐、吾川）部队，安艺城的香宗我部亲泰率领东土佐两郡（安艺、香美）部队谋取阿波南部领土，西土佐两郡（幡多、高冈）军队则由另一名家臣吉良亲贞掌管。此外长宗我部元亲还迎娶明智光秀家臣斋藤利三妹妹为妻，与处于强盛期的织田信长结盟；另外他仿照北边的毛利家，把次子送入邻国继承赞岐香川家的家业，这为他扩大地盘打下良好的基础。

随着阿波国主要控制者三好家不断衰退，香宗我部亲泰攻克海部城（德岛县海阳町），以之作为桥头堡挺进南阿波，而长宗我部元亲本人则进军西阿波，压制三好家。天正五年（1577）三月，阿波统治者三好长治遭到围攻，被迫自尽。

三好家虽然形式上消亡，但其部族却仍然以国人身份继续存在。天正六年（1578）一月，三好长治的弟弟十河存保进入阿波国，意在扭转颓势。二月，长宗我部元亲集结众将，一举攻克战略要地大西白地城（德岛县三好市）。天正七年（1579）夏天，香宗我部亲泰又从阿波国南部北上进击，双方在三好家主城胜瑞城（德岛县板野郡蓝住町胜瑞）附近会师。天正八年（1580）三月，长宗我部家总攻胜瑞城，但由于三好家招募大量浪人进入胜瑞城助战，短时间未能有所成就。

就在关键时刻，织田信长突然改变战略，不但不再与长宗我部元亲结盟，反而转而支持十河存保反攻，到天正十年（1582）五月更是派遣织田信孝、丹羽长秀作为主将准备进攻四国——直到六月二日，本能寺之变爆发，织田信长死于明智光秀刀下，长宗我部元亲才算逃过一难。由于长宗我部元亲与明智光秀关系密切，有一种说法认为织田信长攻击长宗我部家的举动激起明智光秀的反感，这才导致明智光秀的反叛。

织田信长死后的八月，长宗我部元亲攻克胜瑞城，一统阿波国。

赞岐国方面，长宗我部元亲次子香川亲和率领赞岐香川家1.1万军队围攻十河城（香川县高松市南部），虽然动用两门大筒摧毁十河城箭楼，但到冬天依然未能攻克，只能等到第二年再战。其间由于丰臣秀吉派军妨碍，长宗我部军直到天正十二年（1584）六月才重启围攻，这一次用了不到数日就拿下城池。

随后长宗我部家继续向西北攻击伊予国（爱媛县）河野家，而六月，丰臣家也已经派遣毛利军渡海支援，多次击退长宗我部家进攻。十二月，由于毛利军补给线过长，难以形成有效支援，长宗我部元亲还是降服伊予河野家。到天正十三年（1585）春天，西伊予也宣布归附，四国岛大体得以平定。

看到长宗我部元亲扩张速度过快，丰臣秀吉希望和平解决问题，要求长宗我部元亲归还伊予、赞岐两国，然而长宗我部家只愿意归还伊予一国。双方谈不拢，丰臣秀吉便在当年六月下令出征，派遣总计10万军队开始四国征伐。

由于兵力过多，丰臣秀吉并没有拘泥于一点突破，而是要求同盟毛利军从伊予方面、家臣黑田孝高从赞岐方面、羽柴秀次从阿波方面分别登陆。长宗我部元亲虽然一度想要与之对峙，然而无力对抗多方势力，七月二十五日，长宗我部元亲宣布投降。

投靠丰臣家以后，长宗我部元亲仅保留了最初的土佐一国，且作为先锋在天正十四年（1586）十二月渡海前往九州，进攻岛津家部队，却由于作战意愿不强，最终在户次川之战里大败，其嫡子长宗我部信亲也阵亡。

虽然四国岛内大多是一些过气大名，但能在短时间内颠覆土佐国内部多少年以来的稳定局势，进而发展军力夺取整个四国，不得不说长宗我部元亲以及他的“一领具足”政策非常具有竞争力。也正因如此，丰臣秀吉在降服长宗我部家以后，才要让他们站在进攻九州的第一线，以实现“宋江征方腊”的效果。

6. 本愿寺显如

作为本愿寺派第十一代宗主，显如将本愿寺累积百年的世俗威权全部发挥出来。

天文二十三年（1554）八月十二日，十代宗主证如去世，12岁的显如在母亲镇永尼辅佐下开始执政宗派；弘治三年（1557）四月十七日，显如迎娶公卿三条公赖之女如春尼，如春尼的姐姐是武田信玄正室三条夫人，武田家与本愿寺建立拟同盟关系。

靠着八代宗主莲如以来的积累，本愿寺宗派以石山本愿寺（大阪市）为中心，门徒遍布整个近畿，足以匹敌战国大名；永禄二年（1559），本愿寺成为正亲町天皇册封的“门迹”（佛教寺格之一）。靠着世俗势力与宗教实力互相补充，本愿寺力量愈发增强，织田信长成为他们的重要靶子。

永禄十一年（1568）织田信长进京以后，要求石山本愿寺缴纳5000贯钱，双方开始对立；元亀元年（1570）七月二十一日，本愿寺支持三好三人众在摄津国建立野田、福岛两座城寨，遭到织田军围攻。

九月五日，眼见织田军逐步包围，显如命令纪伊国（和歌山县）的门徒出马。六日，显如对近江门徒发布了讨伐织田信长的檄文，规定如果不参加讨伐，就要被逐出门派。本愿寺号召起了很大作用，各地僧徒纷纷揭竿而起，其中以南近江、伊势长岛城（三重县桑名市）的叛乱最为严重，织田军在短时间内根本无法集中。十月三十日，织田信长被迫借助尊朝亲王的权威与显如暂时议和。

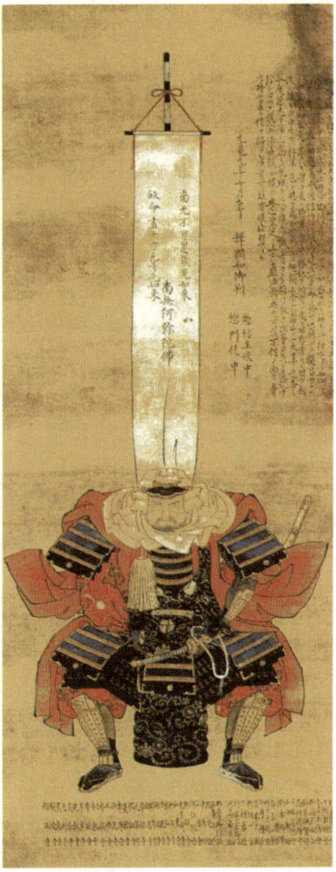

本愿寺显如

靠着本愿寺在近畿的情报体系，朝仓、浅井、比叡山延历寺、根来杂贺众、武田等诸多势力联合起来共同反对织田信长。然而对待本愿寺及相关佛教势力，织田信长却动用残酷手段，先后火烧比叡山（1571）、攻克伊势长岛城（1574）、平定越前本愿寺暴动（1575），本愿寺信徒逐步减少，势力也大幅回缩。

天正七年（1579）八月，柴田胜家开始进攻加贺国（石川县南部）的本愿寺领地，本愿寺的稳固据点只剩下了石山本愿寺，被迫向织田信长请求议和。十二月二十五日，在织田信长授意下，正亲町天皇向本愿寺派遣敕使，要求显如放弃石山本愿寺。在军事和政治的双重压力下，显如只好同意。

天正八年（1580）三月十七日，显如向织田信长提出，他承诺在七月前撤出石山本愿寺，不过要求织田军将加贺国两郡交还本愿寺。闰三月二日，织田信长答应了这一条款。四月九日，显如带着随从离开了石山本愿寺，从此以后，显如再也没有战国大名的身份，但却仍然作为净土真宗本愿寺派的法主存在于世。

显如虽然撤退了，但其子教如却不服从织田信长的安排，继续固守石山本愿寺。八月二日，在织田军的攻击之下，教如逃到了杂贺地区。织田信长则放火焚烧石山本愿寺，据《信长公记》记载，大火整整燃烧了三天，城中所有寺庙、佛塔、伽蓝全部化为灰烬。

退出世俗以后，显如与后来的天下人丰臣秀吉和解，并将居所转移到天满本愿寺（大阪市北区天满），石山本愿寺原址则新建为大坂城。

天正十七年（1589），京都聚乐第的墙壁涂上了讽刺丰臣家之言，而本愿寺涉嫌藏匿犯人；三月，丰臣家取缔寺内町，63 名涉嫌藏匿犯人的町人在京都六条河原遭到斩首，甚至显如的血亲愿得寺显悟也被迫自尽，本愿寺彻底失去往日声威。

到天正十九年（1591），丰臣秀吉在京都七条堀川为本愿寺重新规划寺领地；而文禄元年（1592）显如去世以后，曾与织田信长争斗的显如长子教如与三子准如分裂，在德川家康介入之后，教如独立为东本愿寺，原本愿寺则称为西本愿寺，这种分裂状态一直持续至今。

与本愿寺势力类似的宗教政权在世界上并不罕见，其中不乏宗教政权建立了政教合一国家的案例。在日本战国时代，本愿寺势力的出现说明宗教势力有想法也有能力组建政权，但本愿寺势力未能一统日本，甚至未能统一近畿，说明其实力仍然有限。

本愿寺势力勃兴来自战国时代自治村落的盛行，本愿寺的宗教理念只是为自治村落的团结提供了契机。但本愿寺几代法主并没有在国内进行大规模检地，也没有建立起统一完备的大名领国制。每次发动战争时，他们只是调集自治村落进行松散而无组织的攻击，这虽然给一些战国大名造成妨碍，但无法形成本质上的冲击。

7. 宇喜多直家

作为“西国三大智将”中最晚出生的一位，宇喜多直家并没有尼子经久、毛利元就两人那么好的运气，由于面对如日中天的毛利家，宇喜多直家仅仅在夹缝中获得一片较小领土。

宇喜多家是备前国守护浦上家家臣，在宇喜多直家祖父宇喜多能家一代大放异彩，先后与备前国守护赤松义村、守护代浦上村宗为敌，并无败绩。但在天文三年（1534），宇喜多能家遭到备前国人岛村盛实攻杀，幼年宇喜多直家只好流浪四方。直到天文十二年（1543），宇喜多直家终于以宇喜多家后人身份进入天神山城（冈山县和气郡和气町），出仕备前国主浦上宗景。

天文十八年（1549），为防出云尼子晴久东进，浦上宗景命令宇喜多直家率军与有可能内通尼子方的浮田国定交战。浮田国定是宇喜多能家的弟弟（浮田、濑户宇喜多在日语中发音相同），主城在宇喜多能家的旧主城砥石城（冈山县濑户内市邑久町），所以时人大多认为宇喜多能家之死与这位弟弟有关。得了主君之令，宇喜多直家公仇私仇一起报，在天文二十年（1551）攻灭砥石城。

除了消灭这位三爷爷外，宇喜多直家还在永禄二年（1559）消灭杀死祖父的另一位仇敌岛村盛实。由于岛村家领地是邑久、上道两郡（冈山县冈山市、濑户内市）的海岸线区域，宇喜多直家得以比占据北部山地的主君浦上家更快地积累财富，逐步从一名普通家臣蜕变成独立的战国大名。

大仇得报，宇喜多直家继续攻取备中国大名三村家亲，在永禄九年（1566）二月派遣两名火枪手将三村家亲暗杀；到了永禄十年（1567），三村家亲的

宇喜多直家

继任者三村元亲为了报复而进攻宇喜多家领地明善寺城（冈山县冈山市中区泽田），宇喜多家被迫一度让出城寨。随后三村元亲分兵两路，先锋部队 5000 人与宇喜多军正面对峙，别动队 5000 人直扑宇喜多家主城沼城（冈山县冈山市东区）。由于宇喜多直家只有 5000 军队，他必须运筹帷幄，以防被三村军前后夹击。

由于三村军多是备中国人联盟，组织比较松散，宇喜多直家便决定以强劲的军事力量震慑对手。首先他以最快速度反攻下明善寺城，随即回头击破三村军正面部队。三村军别动队知道正面部队失败后，立刻改变原先计划，停下召开军事会议，然而备中各国人之间矛盾重重，无法统一意见，只能各自为战。宇喜多军迅速以火枪队为先锋，攻破备中国人联盟组成的军队阵型，接着分割击溃；三村元亲率领本队千余人进入战场，依然遭到宇喜多军围攻，只得突围回兵。

明善寺城一战结束，宇喜多直家基本平定南备前沿海一带地区。到永禄十二年（1569），宇喜多直家与西播磨大名赤松政秀结盟，夹击主君浦上宗景。然而由于赤松政秀被东播磨国人小寺政职攻破，宇喜多直家孤军难以奋战，只好短暂降服于旧主君浦上宗景。

为了攻灭主君，天正二年（1574），宇喜多直家与西边已经成为庞然大物的毛利家结盟，这一次小寺政职也不得不加入联盟之中。有着庞大力量支撑，天正三年（1575）五月，宇喜多直家攻克三村元亲主城备中松山城（冈山县高梁市内山下），九月又将浦上宗景驱逐出天神山城，从此彻底独立出来。

攻灭旧主君让宇喜多直家饱受非议，却也让他将毛利、织田两家中间多家松散的势力凝合一处，成为两个庞大势力之间的风向标，很明显，这时候宇喜多家偏向谁，就标志着这场战争的优势在哪一方。

一开始宇喜多家还是从属于毛利方。在织田信长委派羽柴秀吉率军进攻中国地区之时，宇喜多直家还在初期帮助毛利家打赢了第二次上月城之战，成功消灭了尼子复兴军。但到天正七年（1579）十月，宇喜多直家却认识到时局差异，反而投奔织田家，甚至将独生子秀家交给羽柴秀吉抚养。

较之其他战国大名擅长正面作战，宇喜多直家却擅长暗杀与谋杀，以擒贼先擒王之势扰乱政治局势。而且他不仅谋杀敌人，甚至连自己信不过的亲家松田元辉、姐夫谷川久隆也毒死了。正是靠着这种阴狠，宇喜多直家在战国中后期别树一帜，也成为“西国三大智将”里最为阴险毒辣的一位。

然而不得不说，由于起步太晚，宇喜多直家崛起时期，周围已经是诸如毛利、织田这等豪强，想要再崛起也就不可能只靠常规手段。事实上即便宇喜多直家如此凶狠，在他本人这一代也仅仅夺取备前、美作与备中部分领地，而这些领地在中国地区都不算富庶，更不要说与占据大量商业资源的织田信长抗衡了。

随着加入羽柴秀吉队伍，宇喜多直家的领地也随即遭到毛利家蚕食，自己也在天正九年（1581）二月去世。

由于投奔羽柴（丰臣）秀吉时间较早，为秀吉崛起立下汗马功劳，其继承人宇喜多秀家得以在丰臣政权下成为57万石领地的重要大名，位列五大老之一。只不过由于关原之战里，宇喜多秀家成为西军先锋，战后也受到重罚：整个家族被发配到远离本土的八丈岛生存，直到明治维新时才回到本土。

松永久秀

8. 松永久秀

在日本人眼中，松永久秀欺骗主君、谋杀将军，是不折不扣的“天下至恶”，然而在传教士路易斯·弗洛伊斯的《日本史》里，却对松永久秀有着另一番评价：

“伟大而天赋异禀，博识高效，能干却狡猾。”

这大概是一个外国人对于日本封建领主的最高评价了。

天文三年（1534），年仅25岁的松永久秀成为主君三好长庆的佑笔（书记官）；到天文十年（1541），松永久秀的名字出现在三好长庆写给各大寺社的文书之中，足见其已经成为三好长庆的亲信。天文十一年（1542）开始，松永久秀正式作为三好军前锋部队活跃于世，协助三好家打赢了多场战役。

永禄二年（1559）八月八日，松永久秀将主城移至大和国信贵山城（奈良县生驹郡），专心经营大和国领地。随着永禄三年（1560）七月平定大和国北部，松永久秀重建信贵山城天守阁，以独立武将身份崛起于近畿乱世。

出身于三好长庆亲信，又屡立战功，松永久秀获得重用，成为三好家处理内政外交的重要人物。由于地位高企，很多人认为松永久秀开始把握大权，然而事实上直到三好长庆去世为止，这位陪臣并未有反叛之举。更何况他当时尚无余力平定大和国南部，自然难有机会反叛主君。不过主君三好长庆在永禄七年（1564）去世以后，松永久秀却与三好家渐行渐远。

松永久秀逐步坐大，不免与三好家遗臣团之间发生矛盾。永禄九年（1566）五月下旬，松永久秀虽然以6000人攻克三好家领地堺港，却随即被三好家击溃，松永久秀领地大半陷落。

由于不甘于被遗臣团操纵，永禄十年（1567）四月六日，三好家继承人三好义继反而来到松永家寻求庇护，三好军随即南下追击；四月十一日，松永军抵达多闻山城（奈良县奈良市法莲町）；四月十八日，三好军进入大和国，其中先锋部队在五月二日抵达奈良东大寺，距离多闻山城只有一步之遥；五月十七日，三好家的摄津国人池田军8000人抵达前线；五月十八日，池田军大举进攻多闻山城南部支城宿院城（奈良县奈良市宿院町），松永久秀部队顽强抵抗，损失惨重。随后双方进入对峙状态。

对峙期间，松永久秀邀请同盟势力畠山家进攻三好家后路，逼迫部分三好军开始回撤。数月后的十月十日凌晨，松永久秀部队突然下山进攻东大寺三好军，根据《多闻院日记》记载：当时“谷屋冰火飞到法华堂，又延烧到大佛殿回廊，到丑时大佛殿也遭到烧毁。猛火从天而降，好似落雷一般只在一瞬”。一番激战之后，东大寺三好军不但被烧死300人，这座奈良时代名刹本身与供养大佛也全部被烧毁，如今东大寺卢舍那佛像为后世元禄五年根据原像遗留物重建而成。

虽然东大寺一战败北，但三好军还是在永禄十一年（1568）六月攻克信贵山城，九月三日更是夺取多闻山城，使得松永久秀陷入窘境。这时，松永久秀将目光投向正在发动进京之战的织田信长。

九月十二日，织田信长攻克近江观音寺城，松永久秀迅速参谒织田信长，并献上两枚珍贵茶器——“天下一振吉光”“九十九发茄子”。织田信长没有怠慢，允许松永久秀继续接管大和一国。十月中旬，松永久秀借助织田家2万援军重新进攻三好军，将整个大和国收入囊中。

虽然名义上已收拢大和，但松永久秀的实际控制范围仍然是奈良、信贵山城等北部地区，大和国南部依然由长期以来的敌人筒井顺庆把持。接下来

奈良东大寺

松永久秀无论对织田信长或叛或降，本质上都是希望能把筒井顺庆赶走。只是筒井顺庆对于织田信长异常忠心，松永久秀的降叛反复就只能沦为悲剧了。

元亀三年（1572），武田家起兵进攻织田、德川联军，松永久秀自然掀起反旗。只不过不到一年时间，天正元年（1573）武田信玄去世导致武田家退兵，随后足利义昭遭到流放，十一月名义主君三好义继战死，松永久秀只好投降。这次降叛之后，松永久秀虽然依然维持大和国主之尊，实际统治权却逐渐被织田信长部将塙直政、筒井顺庆把持。

天正四年（1576）五月，塙直政战死，织田信长随即将大和名义、实际统治权都交给筒井顺庆，松永久秀对此极为不满。第二次信长包围网时期，松永久秀果不其然再度反叛。天正五年（1577）八月十七日，松永久秀从石山本愿寺前线撤退，起兵8000固守信贵山城反叛。织田信长本来派遣松井友闲前往询问理由，却未得与松永久秀见面。

九月底，织田军大举进攻大和国。十月五日，信长嫡子织田信忠对信贵山城发动总攻，然而由于城池坚固，连续两天都没有任何成果。就在十月七日这天，织田信长将松永久秀送来做人质的两个孙子斩首；十月十日，织田军总攻，松永久秀在著名茶具“平蜘蛛”中放满了火药，点燃自尽。

松永久秀之所以被斥为“天下至恶”，一个重要原因是永禄八年（1565）五月十九日，松永军发兵杀死十三代将军足利义辉，因而成为世人眼中的“弑君者”。但需要注意，虽然松永久秀事后确实默认此事，但在事前却未有史料证明他参与具体举动，甚至于当日刺杀主将也是他的嫡子松永久通，他本人都是后来听说消息。不过由于他是松永家家督，责任一定会算在他的头上——只是他本人是否真那么“恶”，恐怕也还要参考更多记载才能判断。

第三幕 织田、丰臣、德川时代

壹 尾张织田家

织田信长

1. 织田信长

“战国风云儿”织田信长是日本战国时代最具性格特色与人格魅力的明星人物。

在各类历史演绎中，少年信长都是一副野人相，不过无论是鼓动女孩子玩相扑，还是跑到海港与商人交谈，都体现出他打破旧制度的改革家性格。的确，在史料记载中，织田信长少年时期对弓箭、骑马、火枪的练习并不感兴趣，反而喜欢猎鹰。但这更像是少年的贪玩所致，与不羁二字相去甚远。

事实上从 16 岁开始，织田信长便每日修习武士必修课：每天早晚都会练习骑马，中午会与随从练习枪术，在河水不结冰的季节还会练习游泳。

总体而言，织田信长的关注焦点与当时一般武士没有太大区别。天文十八年（1549）二月，他与美浓国主斋藤道三的女儿结婚，虽然后世文学作品里把两人塑造为情意相投的典型，但事实上二人结合就是单纯的政治婚姻；十一月，他还特地来到热田领，给附近八个村发布制札，制订领地管理条例。可见他随时都在学习，并非一窍不通的“傻瓜”。

之所以被人称为“尾张大傻瓜”（尾张の大うつけ），并不是因为其少时的不羁形象，而是因为其在父亲织田信秀葬礼之时的一番表演。

· 平定尾张

天文二十年（1551）三月，织田信秀因传染病去世。在葬礼上，作为嫡子的织田信长不但没有按礼数着装，反而抓起香灰抛掷到父亲灵位前，引来家臣哗然。而其弟织田信行却恭敬成礼，两相对比，让很多家臣对织田信长大为反感，“尾张大傻瓜”之称随之出现。

织田信长虽顺利继承家督之位，但此后几年却过得颇为艰辛。天文二十一年（1552）八月十五日，清洲织田家派兵进攻织田信长的领地，虽然没有成功，但足以说明他在尾张国受到威胁。天文二十二年（1553）闰一月十三日，他的老师平手政秀切腹死谏，这让织田信长大受震动。

据说为了试探织田信长器量如何，美浓国主斋藤道三在这年四月约见织田信长，即所谓“正德寺会面”。面对这位“美浓之蝮”，织田信长盛装出席，并率领800名护卫携带弓箭、长枪、火绳枪等武器，风采十足，令斋藤道三感叹万分。

当时的尾张统治极为松散，名义上的尾张守护是管领斯波家，但事实上却由两个守护代分为上四郡、下四郡两部分统治，织田信长所属的弹正忠家属于下四郡家老。七月十二日，下四郡守护代织田信友杀死尾张守护斯波义统，其遗子斯波义银逃到织田信长领地。有了大义名分，织田信长联合守山城（爱知县名古屋市守山区）城主织田信光，共同攻略织田信友的主城清洲城。

织田信长出生地那古野城遗址

清洲城

弘治元年（1555）四月二十日，织田信友邀请织田信光进入清洲城议和，谁承想织田信光却借机引来织田信长军队突入清洲城，织田信友切腹自尽。占领清洲城后，织田信长、信光两人平分尾张下四郡，但织田信光十一月意外身亡，织田信长便成为尾张下四郡领主。

他能顺利统一下四郡，得益于与北面的斋藤家联姻。然而弘治二年（1556）斋藤道三被逼自杀，织田信长失去强援。其弟织田信行立刻起兵反叛，经过反复激战，织田信长在稻生（爱知县名古屋市西区）逆境中击败对手，并在弘治三年（1557）十一月设计杀死织田信行。

经历兄弟阋墙，织田信长继续走向统一尾张之路。永禄二年（1559）二月二日，织田信长进京参见十三代将军足利义辉，申请平定尾张之命。五月，织田信长降服尾张上四郡，尾张基本统一。

不过需要注意，所谓“统一”，只是说尾张不再存在反对织田信长的势力，他仍然无法动员整个尾张全境国人为己所用。从几十年后太阁检地的数据来看，今川义元所占据的骏河、远江、三河总计国力为 70 万石，而尾张国本身就有 59 万石，但在今川义元率领 2.5 万军队攻来时，织田信长却只有不到 5000 人。

· 风雨桶狭间

永禄三年（1560）五月十二日，今川军发兵 2.5 万（号称 4 万）进军尾张；五月十七日，今川军进入沓挂城（爱知县丰明市沓挂町），先锋松平元康（德川家康）前往不远处大高城（爱知县名古屋市大高町）运粮，准备给今川义元到来铺上红地毯。

得知今川义元将至，织田信长紧张不已，彻夜未眠。五月十九日清晨 4 点，松平元康攻克织田军的丸根、鹫津两座营寨，织田信长得到消息，旋即命令全军备战，著名的“人间五十年”一曲，也是在这一时刻奏起。

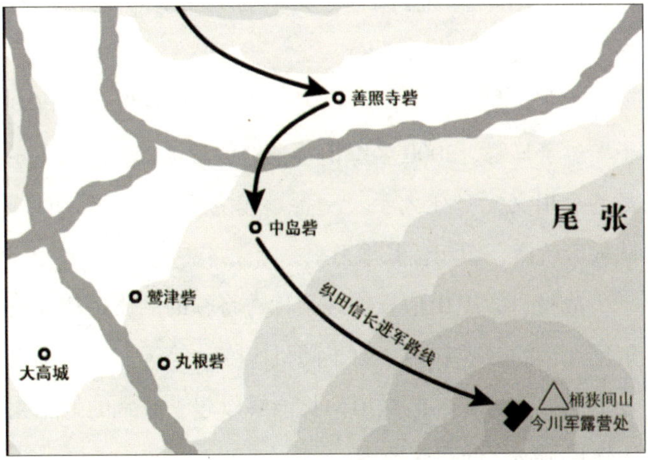

桶狭间之战示意图

桶狭间之战遗址

织田信长首先带领5名随从离开清洲城，抵达东南方4千米的热田神社。经过祭祀参拜，织田军开始集结。上午8点，织田军增加至1000人，接着全军继续向东进入善照寺寨。到了10点，织田军已有3000人，这基本上是织田信长目前全部可用之兵。

面对今川大军，织田信长人数较少，必须采用精准伏击战才能一击制胜。在善照寺寨，尾张国人梁田政纲前来汇报今川家进军路线与沿途休息站。由于前一天今川先锋部队曾在桶狭间山休憩，织田信长便以梁田政纲为向导，亲率2000人来到中岛寨，抄小路突袭桶狭间山。

中午时分，今川中军5000人左右来到桶狭间吃午饭；下午1点，天降大雨，其威力甚至能将两三人环抱的大树连根掀翻，很多织田军士兵感叹这是神明之力。这场大雨让今川军的哨兵全部散开避雨，织田军2000人悄悄来到今川义元本阵边缘。

下午2点，天空放晴，织田信长对今川军发动总攻。由于今川义元乘舆（轿子）过于显眼，2000名织田军全部朝着保护今川义元的300人近卫军进攻，最终今川义元身死人手。一番激战之后，今川军伤亡超过3000人，整支军队被迫后撤，织田信长取胜。

战役里，织田信长展现了优秀将领的品质，比如对情报工作的重视，对策反计策的巧妙利用，敢于随机应变，等等。织田军无论战略上还是兵员数量上都处于劣势，但织田信长能够以超乎寻常的战术素养挽回战略劣势，着实体现了强大的军事能力。

·浓尾征服战与岐阜城

永禄四年（1561）五月十三日，趁斋藤家主君更迭，织田信长出兵直取稻叶山城，并在开始取得了胜利，但由于没有后续支持被迫退兵。

之后两年时间里，织田信长反复进攻美浓国各个地区，但由于美浓国人的奋战，他并没能讨到便宜，甚至在永禄六年（1563）四月遭遇有“今孔明”之称的竹中重治伏击而大败。七月，织田信长在尾张国西北部边界修建了小牧山城（爱知县小牧市），并将主城移至此地，与不远处投奔了斋藤家的犬山城（爱知县犬山市）城主织田信清对峙。

永禄七年（1564）二月六日，对主君不满的竹中重治率军夺取稻叶山城，将主君驱赶出城池。虽然竹中重治随后让出城池隐居，但斋藤家内斗却因此更为激烈。趁着斋藤龙兴无暇南顾，织田信长攻克犬山城，尾张完全统一。

永禄十年（1567），织田信长将有“战国第一美女”之称的妹妹织田市嫁给北近江国人浅井长政；同时要求家臣泷川一益进攻北伊势，以确保伊势湾海运顺畅，并牵制南近江大名六角义贤，以防六角家与斋藤家联手对抗织田军。

在织田信长征服美浓的过程中，文学作品里津津乐道的一般都是木下秀吉（丰臣秀吉）如何修筑“墨俣一夜城”，最容易被忽略的便是所谓的“中浓攻略战”。

美浓地形好似两片鸟翼，其中左右双翼均为复杂山地，而连接双翼的“鸟腹”位置，即“中浓”则是一块平原。为了防止织田军北进截断东西两翼，所谓“中浓三城”加治田城（岐阜县加茂郡富加町内）城主佐藤忠能、堂洞城（岐阜县加茂郡富加町内）城主岸信周、关城（岐阜县关市）城主长井道利结成盟约共同御敌。

永禄八年（1565）八月，织田信长靠着家臣丹羽长秀努力策反佐藤忠能，并在八月二十八日攻克堂洞城；八月二十九日开始，美浓关城协同斋藤龙兴援军3000人反击，逼迫只剩800余人的织田军撤退；不过织田军少许备战之后，又在九月初反击，这一次将关城也拿下。织田信长终于在斋藤家领地正中央插入一根楔子。

永禄十年（1567）春天，织田信长正式确定了对稻叶山城发动总攻的计划，并命令泷川一益进攻伊势国（三重县中北部），目的在于确保伊势湾的海运通畅，同时牵制近江国（滋贺县）南部的六角家，防止六角军在自己进攻稻叶山城之时前来援助。

八月一日，被织田信长策反的西美浓三人集团——稻叶良通、安藤守就、氏家直元带领织田军进入美浓国，围困稻叶山城。织田军从稻叶山后山的瑞龙寺打开了缺口，占领城池。八月十五日，斋藤龙兴被迫逃出稻叶山城。

斋藤家灭亡之后，织田信长以周文王“凤鸣岐山”的典故，取岐山（岐）脚下城池（阜）之意，将稻叶山城更名为岐阜城。从此可以看出，织田信长已经将统一日本作为目标。

十一月，织田信长命人篆刻了“天下布武”四字大印，作为印判状的新印信。印信最初是椭圆形，元龟元年（1570）变成了马蹄形，天正五年（1577）又成了双龙形。“天下布武”的解释有两种，一是以武力夺取天下，二是以武家政权统治天下。不管哪一种都被人们认为是织田信长意在天下的铁证，但其实，“天下”一词在室町时代末期指的是幕府将军所统领的近畿地区，故而织田信长最开始想表达的意思，可能只是统领近畿地区。

岐阜城建设期间，织田信长开始推行“乐市乐座”，即自由市场政策。这种政策有效打破了地方豪族与旧商人行会对于市场的垄断，吸引大量商人涌入城池下方，为以后形成“城下町”打下坚实基础。

· 进京之战与京都风云

永禄十一年（1568）七月二十五日，织田信长在美浓国立政寺迎接足利义昭。八月七日，织田信长来到近江国佐和山城（滋贺县彦根市），并派出使者要求南近江六角义贤支持，遭到拒绝之后决定在九月七日发起强攻。

九月十二日，织田信长、浅井长政联军4万人（一说6万）攻克六角义贤领地箕作城（滋贺县八日市），逼迫他从主城观音寺城（滋贺县蒲生郡安土町）逃出。打通观音寺城领地之后，九月二十六日，织田、浅井联军与足利义昭一同进入京都。

进入京都前后，织田军接连攻克了近畿多地：九月中旬，摄津、河内两国归入织田家。十月初，织田信长将摄津国交给伊丹亲兴、池田胜正、和田惟政三人驻守；不久，大和郡山城（奈良县大和郡山市）的三好家旧部松永久秀宣布归顺织田家。

十月十八日，足利义昭就任室町幕府末代将军，织田信长则下达三项主要政策：第一，他宣布撤销了各国之间收取过路费的机构（关所撤废）；第二，要求近畿主要寺庙、神社、自治城池缴纳军费，如要求石山本愿寺缴纳 5000 贯钱，堺港（大阪府堺市）缴纳 2 万贯钱（堺港拒绝要求）；第三，织田信长在京都本国寺修筑防御工事，作为足利义昭的办公地点。

永禄十二年（1569）一月四日，在进京之战中被织田信长击败的三好家残党重新起兵，与前美浓国主斋藤龙兴等人呼应进军京都，围困本国寺足利义昭。这个消息传到岐阜城已是一月六日，织田信长立刻率数十人从岐阜城出发，一路上冒着大雪艰难行进，最终在两天后进入京都。

前往京都途中，织田信长不断督促沿途国人进京，于是在他进入京都后，近畿各地 5 万兵马也相继到达。虽然三好家残党早已被驱逐出京都，但织田信长强大的行动力与动员力无疑威慑堺港商人，当年二月，堺港决定献上军费。

此前一个月，织田信长向足利义昭写了《公事篇内奏御停止之事》的文件，并在一月十四日授意足利义昭将这份文件的内容转写为《殿中御掟》。其内容分为九条，一月十六日又添加了七条细则。

这份《殿中御掟》历来被认为织田信长意在限制幕府权力，增强自身话语权。但近年来史学界认为，织田信长所列数条要求在室町幕府历史上均有先例，考虑到整个室町时代都是在“将军集权”与“幕臣限权”这个轮回里打转，织田信长的要求并没有明显高出细川政元、三好长庆等人。

为了限制织田家，三月，足利义昭以副将军、管领、管领代等职位劝诱织田信长，均遭到拒绝。作为交换，织田信长要求幕府承认织田家合法统治尾张、美浓两国，并获得和泉守护一职以掌握堺港。

历来认为织田信长不愿意屈居足利义昭之下，这才拒绝职位，以获得自由。但从当时状况分析，织田家虽然成功“上洛”，但主要是靠了凝聚近畿各国国人力量，其自身绝对军力并不显著强于任何一家，与当年的细川政元，乃至三好长庆都难以相比。所以织田家不久居京都而且专心经营领国应看作是上佳之选。

既然不久居京都，织田信长也就只为将军乃至天皇修缮房屋，却并未给自己在京都修筑宅邸。每次前来京都，他都会借住在京都的妙觉寺或者本能寺，因而天正十年（1582）六月，织田信长被杀之地在本能寺，而其嫡子织田信忠则死在妙觉寺。

·第一次信长包围网与破茧而出

织田信长的崛起令近畿各势力恐惧，加上元龟元年（1570）一月，织田信长又为《殿中御掟》添加五项苛刻条款，足利义昭便开始编织“信长包围网”。

三月五日，织田信长率军进入京都，并以修缮皇宫为借口要求近畿各大名进京，然而越前国朝仓义景却没来。四月二十日，织田、德川联军3万人从京都出发进军越前国，并在四月二十五日攻克敦贺城（福井县敦贺市），接着向金崎城（福井县敦贺市金崎）进军。

就在这时，织田信长得知盟友浅井长政反叛。从织田信长当年寄给各大名的文书里可以发现，他对其他所有大名都使用“殿”这种敬称，唯独对浅井长政却直呼“浅井备前”，这无疑是将浅井家当作家臣的口气。出于愤懑，兼之意欲协助长年友邻朝仓义景，浅井长政突然反叛。

织田信长慌忙撤退之后又卷土重来，六月二十一日，织田军开赴浅井家主城小谷城，并占领南部交通要道横山（滋贺县长滨市堀部町）。六月

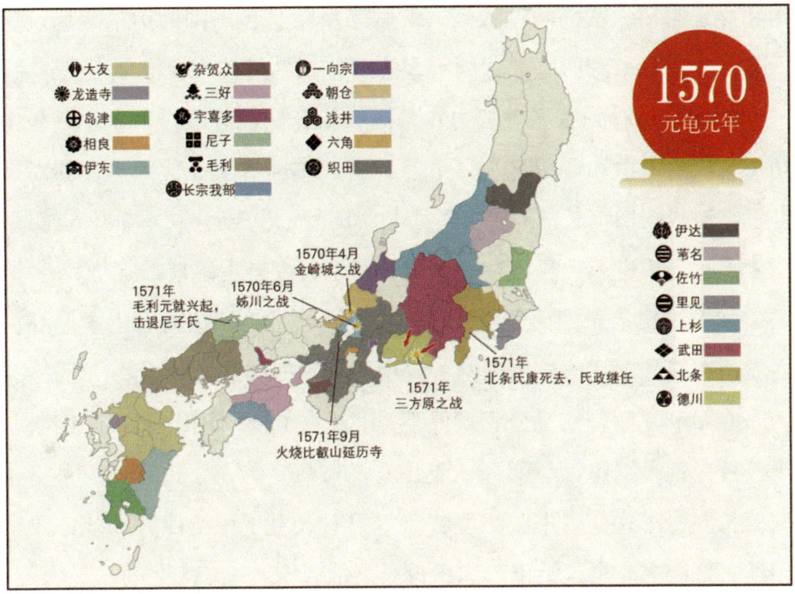

1570 年信长包围网示意图

二十七日，织田、德川联军 3.4 万与浅井、朝仓联军 1.8 万对峙于小谷城南部的姊川。

六月二十八日清晨 5 点，双方开战，战场分为东西两个部分，西边是 6000 德川军与 1 万朝仓军交战，东边则是 2.8 万织田军与 8000 浅井军交战。战役进入白热化后，朝仓军顶不住德川军的猛攻，纷纷退去。看到盟友退却，浅井军也只好且战且退，织田、德川联军以 800 余名将士阵亡取得了胜利，而朝仓、浅井联军则损失 1700 余人。

这场战役之后，织田家并未完全占据优势，七月八日织田军退兵，只留下木下秀吉驻守虎御前山大营。

七月二十一日，三好家残部三好三人众在本愿寺势力的支持下，在摄津国建立了野田、福岛两座大营，开辟了反信长包围网的第二战场。织田军在八月二十六日来到两座大营周围布阵，并在九月初大规模攻坚。

织田信长看到本愿寺势力在幕后操盘，便在进攻过程中逐渐包围石山御坊（大阪府大阪市中央区）。九月六日，本愿寺十一代宗主显如对近江国门徒发布讨伐织田信长的檄文。九月十六日，浅井、朝仓联军3万人越过琵琶湖，二十一日大军进入山科（京都市山科区），大有占领京都之势。

如今织田信长四面楚歌，北有朝仓、浅井，西南有石山本愿寺，东南长岛城还有叛乱，“信长包围网”在这一刻发挥出最大效用。

在足利义昭与京都公家调停下，十月三十日，织田家与石山本愿寺议和；十一月一日，织田家与朝仓、浅井家议和；十一月十二日，天皇下诏要求织田信长向将军递交誓书；最终在十二月，天皇下诏给浅井长政，要求他为了朝廷、幕府的安全，结束与织田信长之战。

度过多难之年，织田信长在元龟二年（1571）一月二日向木下秀吉发布命令，要求他封锁从北陆到近畿的所有道路，包括琵琶湖的水运，切断本愿寺与浅井家之间的直接联系。

织田信长一生中最强大、最持久的敌人便是寺院势力。为了瓦解本愿寺与其他各派寺社的权力基础，织田信长甚至曾接见天主教耶稣会传教士、葡萄牙人路易斯·弗洛伊斯，意在用天主教冲抵佛教。不过在这一时期，天主教影响在日本并未传开。

既然软刀子未奏效，织田信长便采取硬手段。九月十二日，织田信长命令部将率领3万人烧毁比叡山延历寺。自足利义教开始，比叡山第三次遭受战火洗礼，而且织田信长还将抓获的3000余名僧徒百姓全部杀死。

为表明自己反对本愿寺及寺院势力，织田信长特地在给武田信玄的回信中以“第六天魔王”自称，而武田信玄则自称“天台座主”。对本愿寺的不同态度也让两人走向对立。

织田信长本不愿意与武田信玄对抗。但在十月，织田信长给足利义昭递

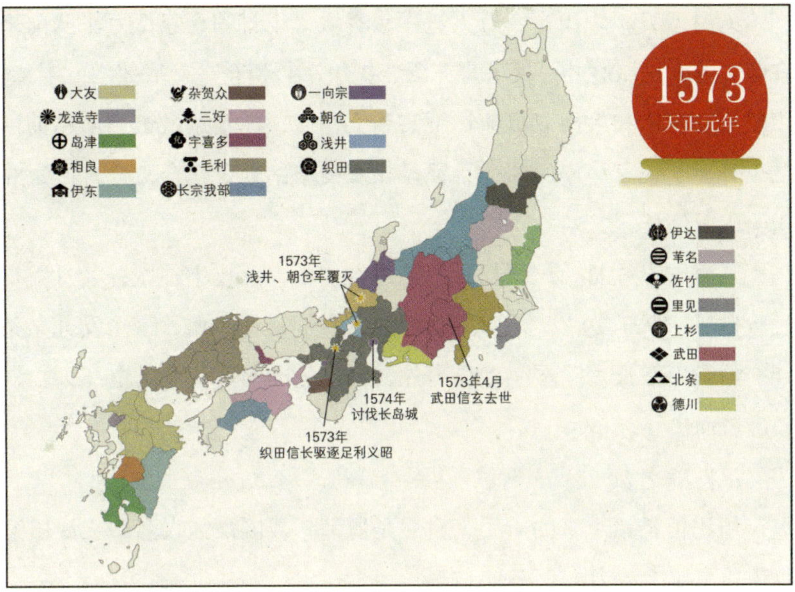

1573 年信长包围网示意图

交了长达 17 条的建议书，正式与足利义昭决裂，武田信玄便响应将军号召，亲率 2.5 万人进入远江国，并击败德川军（三方原之战），织田信长面临着个人军事史上最大危机。

天正元年（1573）三月，织田信长向足利义昭申请议和，但足利义昭一方面与三好义继、松永久秀等三好家残党结盟，一边期待着武田信玄进军京都，因而拒绝议和。三月二十五日，织田信长杀入京都并围困足利义昭所在的二条御所，逼迫将军在四月七日达成城下之盟。

随后四月十二日，武田信玄突发急病去世，信长包围网瞬间瓦解。七月十六日，织田信长驱逐足利义昭，并着手反击浅井长政、朝仓义景。八月，畏惧织田信长的北近江国人纷纷离开主君，小谷城彻底孤立。

八月八日，织田军3万人进军小谷城，十日朝仓家2万军队前来援助，在旁边的大岳城驻扎。接下来三天，织田军与朝仓军交战数次。十二日深夜，织田军在夜色和大雨双重掩护下突袭大岳城，朝仓军慌忙逃回越前国；八月二十日，朝仓家一族的朝仓景镜投靠织田家，勒令朝仓义景自尽，并将首级送给织田信长。

八月二十六日，织田信长返回虎御前山，总攻小谷城；九月一日，浅井长政自尽，享年29岁。去世前，浅井长政将妻子市姬，三个女儿茶茶、初、江交给织田信长。除本愿寺势力外，信长包围网其他成员全部灭亡，织田信长破茧而出。

·长筱之战

织田信长接下来的对手，自然是所谓“战国最强大名”之武田家，以及世俗化本愿寺势力。

天正二年（1574）二月，武田胜赖亲自率军1.5万进攻美浓国，先后攻占了18个织田军据点，其中最近之处距离岐阜城只有70千米，织田信长本人也感受到威胁；随即五月，武田胜赖进攻德川家领地高天神城，织田信长虽在六月出兵，然而武田胜赖却提前以优厚条件劝降高天神城守将。

为了准备与武田家决战，七月十三日，织田信长、信忠父子率步兵来到长岛城。十五日，九鬼嘉隆、泷川一益的水军从海路封锁长岛，总兵力达8万，本愿寺军只好固守长岛城周边四座营寨中。织田家开始采用围城断粮战术。

九月二十九日，本愿寺势力一面与织田军议和，一面从长岛城撤退。织田信长全无议和之意，派遣军队用大量木材将屋长岛、中江两座营寨团团围住，四面放火烧营。不仅是本愿寺僧兵，城中老弱妇孺也全部被大火烧死，总数超过2万人。

除去围困长岛城，织田家还与关东管领上杉谦信联盟，并送上众多稀世珍宝。其中画家狩野永德绘制的《洛中洛外图》屏风已经被如今的日本政府列为国宝。除了艺术价值之外，屏风画中还绘制了上杉谦信的进京队伍，织田信长以这种隐喻方式表达与上杉谦信共治天下之念，使得上杉谦信不再干预织田、武田之战。

天正三年（1575）四月五日，德川家臣大贺弥四郎因为私通武田家而遭到斩首。武田胜赖旋即警觉，五月一日，武田胜赖1.5万人围攻德川家只有500余武士把守的长筱城，守将奥平贞昌只得求援；五月十八日，织田、德川联军3.8万人合兵一处，在长筱城西部4千米设乐原布阵。

但接下来的三天，织田信长并没有凭借兵力上的优势展开强攻，而是沿着设乐原的连吾川西岸布下了近30个大型的防马栅栏。由于织田、德川联军以步兵为主，武田军以骑兵为主，这种战术正是针对敌人的特点进行防卫。

五月二十一日清晨，武田军1.2万人开始进攻织田、德川联军，联军并不急于迎敌，而是以防马栅栏限制武田骑兵的机动性。按照后世传说，织田信长将3000火枪队作为主力安置在栅栏后面，实行“铁炮三段击”（火枪三线战术）。

战役从上午6点进行到下午2点，武田家名将纷纷战死，损失士兵数量超过1万人，武田胜赖仅仅带领着6个随从逃出战场。五月二十五日，织田信长大胜回到岐阜。

“铁炮三段击”传说让织田信长成为战国时代的战术改革家，然而按照《信长公记》，原文只写了“武田骑兵到来之时，大半被火枪的齐射击倒，仅仅一瞬间，军队就消失了”。考虑到书籍作者太田牛一在书中极尽美化织田信长之能事，若真有“铁炮三段击”，难以想象这一高潮段落没有出现在《信长公记》之中。

况且，从物理角度考虑，枪管在发射一定数量的子弹后会发热，以致无法使用。虽然无法明确日式火绳枪的发射极限，但可以确定的是，日本战国时代的火枪或许可以造成一定杀伤力，但不可能让主力部队在战役中坚持长达8个小时，更不可能成为决定性的制胜因素。

应该说，织田、德川联军制胜的关键因素在于防马栅栏。联军的栅栏由土堆、栅栏、壕沟三部分组成，不仅可做防御工事，也抵抗住了武田骑兵。此外，栅栏距离连吾川大致有 100 米左右，这不仅延缓了武田军的进军速度，也延缓了其退兵速度，可以给敌人造成更大伤害。

而且不可忽视，联军本来就三倍于敌。就阵亡军队的绝对数量来说，织田、德川联军损失 6000 余人绝对不算少，但由于兵力基数庞大，如此大的损耗并未给联军造成实质性伤害。

·安土城建设与上杉谦信之死

随着武田家得以平定，天正三年（1575）十一月二十八日，织田信长将家督之位让给嫡长子织田信忠，命令他统治尾张、美浓两国。除封地外，织田信长还将辛苦积攒了多年的家宝全部交给了儿子，只带着一些茶道用具来到了佐久间信盛的房屋里暂住。

不过，让位的织田信长并没有退隐，而是如同毛利元就一样，继续保有家督的权力。天正四年（1576）一月中旬开始，丹羽长秀受命修建安土城（滋贺县近江八幡市安土町）。二月二十三日，在安土城初具规模之时，织田信长便移居这里亲自监工，安土城于天正七年（1579）五月竣工，全部投入使用。

之所以选择琵琶湖东南沿岸为“平安乐土”之城，主要是因为织田信长将假想敌从武田家调整为上杉谦信。因为从越后国到京都最通畅的道路，是沿着琵琶湖东岸向南岸进发，最后进入京都。而安土城所处的位置，恰好在琵琶湖的东南角，也就是说，正好处于上杉谦信进京的必经之路上。故而在此修建城池，不仅有助于监视上杉军进京，也有利于织田信长下一步战略的展开。

早在天正二年（1574）一月，本愿寺下属尾山御坊（石川县金泽市）杀死了织田信长委派的越前国守护代桂田长俊，并派遣下间赖清统领越前国。天正三年（1575）八月十六日，织田军攻击越前国，下间赖清等人仓皇逃跑，但很快被抓获并斩首。八月十九日，越前本愿寺势力全部得以平定，织田信长把 1.2 万余名俘虏全部杀死，使得遇难本愿寺军队及信徒合计超过 3 万人。

安土城

本愿寺被迫向织田军求和，十月二十一日，双方交换议和文书。

天正四年（1576），足利义昭以将军身份要求关东管领上杉谦信发动进京之战，使得这位遵循“第一义”的武将与本愿寺结盟，与武田胜赖停战，并在天正五年（1577）九月二十三日于手取川北岸的松任城（石川县白山市古城町）附近击溃织田家北陆军团柴田胜家。

不过在近年的研究中，很多史学家质疑手取川之战的规模，认为这并不是一场大战。因为整场战役只在上杉谦信本人的一封信中提到，而在《信长公记》以及其他史料中并没有发现。事实上织田、上杉军的主要战将并没有在此战中阵亡，所以手取川之战很可能只是一场小规模战斗。

就在天正六年（1578）春天，当上杉谦信决定发动进京之战时，却于三月十三日溘然长逝，享年49岁，进京之战随即作罢。随着武田信玄、上杉谦信接连倒下，织田信长走上正轨，并开始与石山本愿寺决战。

· 木津川，海战

天正四年（1576）四月十四日，织田信长与显如之间的冲突再起。但织田军并非直接进攻石山本愿寺（大阪府大阪市），而是从四周将城池团团围困，准备以围城断粮战术取胜。

五月三日，本愿寺军展开反攻，织田军大败。冲出重围的本愿寺显如派遣1.5万军队向织田军的天王寺营寨（大阪府大阪市天王寺区）进攻，织田家部将明智光秀反而遭到围困。

织田信长接到战败情报后，迅速在五月五日率领100名随从进入若江城（大阪府东大阪市若江南区），召集各路军队进攻本愿寺。五月七日，织田信长率领3000人从若江城出发进攻敌军，守城将领明智光秀带领7000军队出城，两军里应外合击败了数量庞大的本愿寺军。

刚刚围困石山本愿寺，其盟友上杉、毛利两家就展开援救行动。上杉谦信派遣家臣伪装成商人穿越织田领地，将金粉藏在手杖中送到石山本愿寺作为军费；毛利辉元更是以村上水军为主力，派遣800艘战船从濑户内海直接来到石山本愿寺附近的大坂湾运送兵粮。

七月十四日，毛利水军与织田水军200艘交战于大坂湾附近的木津川口，织田军因战舰数量不足而处于劣势，毛利军更是大规模使用各种投掷火器扩大优势，织田军惨败，无法封锁石山本愿寺。

为了击败对手，织田信长先是让水军统领九鬼嘉隆整肃军队，并建造新型战船，另外便是消灭支持本愿寺的根来、杂贺众。

根来、杂贺众分为根来寺、杂贺乡两部分，前者由纪伊国根来寺（和歌山县岩出市）僧兵组成，后者由杂贺（和歌山县和歌山市）五个自治村落组成，首领铃木孙一（杂贺孙市），两部分主要武器都是火枪，以雇佣兵团模式活跃在近畿。

织田信长对根来、杂贺集团并没有强攻，而是采取了分割瓦解的策略。天正五年（1577）二月二日，根来寺的大部分人马被织田信长策反，同时杂贺众的宫乡、南乡、中川乡三个自治村落也成为织田家的内应，战局逐渐改善。

二月二十二日，织田信长分兵陆海两路进军杂贺。三月一日，在织田信长指挥下，总攻击开始。三月十五日，铃木孙一等杂贺众首脑全部投降，本愿寺同盟势力再次受到打击。

天正六年（1578）六月二十六日，九鬼嘉隆带着7艘新造战船向大坂湾进发。战船长22米，宽12.6米，船身包有3毫米厚的铁皮（号称“铁甲船”），用以抵御毛利军擅长使用的火箭和投掷火器。

七月十六日，织田水军攻入大坂湾，顺利隔开了毛利军与本愿寺军之间的联系。十一月六日，毛利军再度派遣水军进攻织田水军，但面对铁甲船，毛利军的火箭无法起到作用，只好引兵撤退。经过这次战役，毛利水军优势荡然无存，石山本愿寺彻底孤立。

天正八年（1580）三月十七日，本愿寺第十一代宗主显如宣布退出石山本愿寺，专精佛法。

·讨逆战

天正五年（1577）八月十七日，本已降服织田家的松永久秀在信贵山城反叛。天正五年（1577）十月十日，织田军总攻，松永久秀自尽。

松永久秀去世后第七天，十月十七日，摄津国主荒木村重在有冈城举兵反叛。得知荒木村重反叛，织田信长第一反应不是攻击，而是劝降。据《阴德记》记载，荒木村重在多方劝说之下已经有所动摇，准备派遣使者到安土城认罪。但很多家臣认为，就算这么做了，织田信长也不会原谅反叛这件事情，于是荒木村重拒绝了归降建议。见荒木村重一意孤行，织田信长便不再手下留情，对有冈城展开了围城战。

十一月九日，织田军5万人在短短数日内攻破荒木村重封锁线一角。到

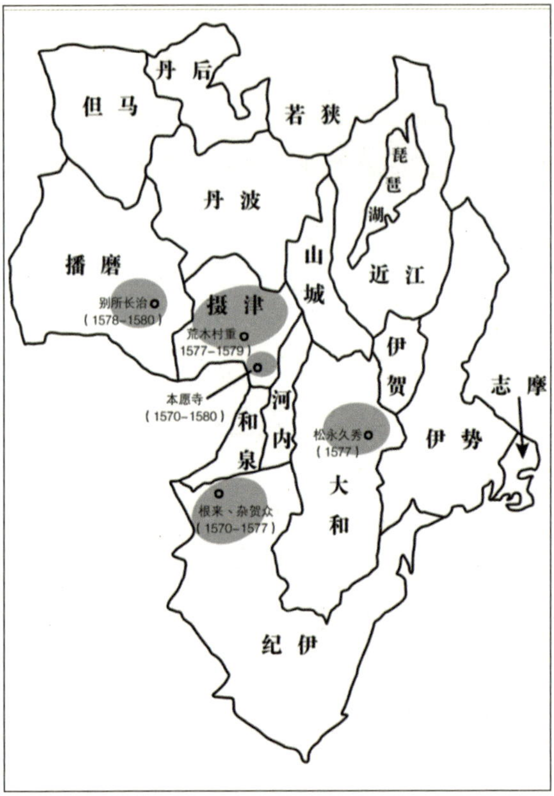

反信长势力图

月底，其他几座营寨的将领也归降信长，荒木村重苦心布下的封锁线最后将自己围在中央。

天正七年（1579）一月，织田信长在有冈城四周断绝粮道，准备以围城断粮的方式逼迫荒木村重投降。经过半年多的围困，有冈城已经弹尽粮绝，因此九月二日，荒木村重带着五六名随从趁着夜色从有冈城逃出，来到了尼崎城。十九日，失去主将的有冈城毫无战意，开城投降，荒木村重闻讯立刻逃往毛利家领地。十二月十三日，织田信长将荒木族人及支持反叛的豪族全部杀死，极尽残忍之事。

同一年九月，德川家康长子松平信康有串通武田家之嫌，被织田信长勒令切腹自尽。随着年龄与阅历增长，无论是面对反叛者还是有可能反叛之人，织田信长愈发冷酷，虽然在军事上越来越成功，却也在政治上与家臣走向对立面。

· 本能寺

天正十年（1582）二月一日，守卫武田、织田两家接壤地区的木曾义昌投靠织田信长，并将织田大军引入武田领地。

二月三日，织田信长确定了攻击武田家领地的大战略，其中德川家康进攻骏河国，北条氏政进攻关东的武田家领地，金森长近进攻飞弹国（岐阜县东北部），织田信忠直接从信浓国突入武田领。三月十一日，武田胜赖偕妻子自杀身亡。

三月十四日，织田信长对武田胜赖的首级进行了检验，此后颇为悠闲地在此进行了长达一个月的观光。四月三日，织田信长进入甲府城休息，二十一日才通过德川家领地返回安土城。

五月十五日，受到织田信长邀请，德川家康来到安土城赴宴，明智光秀担任接待任务。据说宴会上的鱼腥臭不堪，织田信长大怒，当面痛斥明智光秀。随即在五月二十六日，织田信长剥夺明智光秀的丹波龟山（京都府龟冈市荒冢町）、近江坂本（滋贺县大津市下坂本）两座城池，将其转封至出云、石见两国（岛根县的本州岛地区）。但当时的出云、石见两国仍属于毛利家，所以这个命令实际是要求明智光秀放弃所有领地。

此前的四月二十五日，朝廷使者劝修寺晴丰来到安土城，要求织田信长在太政大臣、关白、征夷大将军三个官职中选择一个，并表示“无论任何官职皆可以选择”；五月四日，织田信长的回信中表示会亲自觐见天皇并汇报此事。为履行承诺，织田信长在五月二十九日来到京都本能寺，长子织田信忠则居住在妙觉寺，两人在此休整后准备觐见天皇。

六月一日，织田信长进行茶会，将以近卫前久为首的公卿全部召集在一起，展示了包括茶具、绘画在内的38件宝物。明智光秀则在晚上6点从丹波龟山城出发，率领1.3万军队准备夜袭织田信长；六月二日凌晨，明智光秀对本能寺发起总攻。

据《耶稣会日本年报》记载，这时的织田信长刚刚洗漱完毕，正在擦手。明智军乱箭攻击本能寺，织田信长猝不及防被明智军的箭射中了背部。他将箭拔出，手持短刀作战，但很快他的手腕被明智军的火枪射中，短刀脱落。另据《信长公记》记载，织田信长一开始用弓箭射击敌人，连弓弦都被拉断了，然后又以长枪作战，最后被敌人砍伤了肘部。

经过反复的战斗，织田信长意识到自己的末日来临，便独自走入内室，切腹自尽，享年49岁。长子织田信忠不久后也遭到围攻，切腹自尽，年仅26岁。由于失去了这位优秀的正统继承人，织田家在日后出现了分裂，被羽柴秀吉抓住机会，登上了“天下人”宝座。

本能寺之变

· 结语

织田信长死于本能寺之后不久，其长子织田信忠也遭到攻击，切腹自尽

一直以来，织田信长都以改革家称号著称于世，在部分演义里，甚至认为织田信长有可能推翻皇室，自任天皇。

但从历史角度来看，织田信长固然驱逐了幕府将军，也有着强大权力，但依然保持着与公家合作的态度，甚至于朝廷使者劝修寺晴丰在日记里都写下过“任将军亦可”一句，目前“织田信长意图就任将军”一说在史学界获得认可较多。

其他方面来看，织田信长常常大开杀戒，但其屠杀并不是为改革，只是用来瓦解本愿寺僧徒及各路反叛者的意志；他虽然重视火枪，但火枪三线战术没有得到史家验证，很难说他在运用上有质的提高；他固然创造了家臣聚集于安土城的模式，却没有对土地制度进行根本改革。

织田信长的改革中其实多能看到先前战国大名改革的影子：“乐市乐座”这种自由经济思路来自于今川氏真；火枪使用承接毛利、上杉等家族旧例，均用来辅助战事；土地检查方式也坚持战国大名普遍使用的指出检地。另外，兵农分离政策虽然得以推广，但其实质是用商业获取的庞大财力雇佣军队，与丰臣秀吉时期依靠精细检地、刀狩令等政策而创造的兵农职能分离有着根本不同。织田信长可以看作是战国大名改革的集大成者，但在关键手段上总是差一步。

当然，如果织田信长没有死在本能寺，或许他能够实行更加深远的改革，只是历史不容假设。织田信长没有完成的深层次改革，还要留待丰臣秀吉完成。

2. 柴田胜家

身为织田家麾下第一猛将，柴田胜家却曾与织田信长为敌。

柴田胜家最初并不是织田信长的家臣，而是其弟织田信行的家臣。弘治二年（1556）八月织田兄弟的稻生之战里，柴田胜家作为弟弟一方的重臣大放异彩，虽然最终失败，其英勇奋战之姿却得到织田信长的认可，织田信长因武勇而赦免这位战将，柴田胜家知恩图报，于是成为织田信长重臣。

但与很多史料记载不同，归顺织田信长以后，柴田胜家在很长一段时间里并未受到重用，直到永禄十一年（1568）织田信长拥立足利义昭进京成为将军，柴田胜家才重新成为近畿部队四大主将之一。

虽然起步晚，但柴田胜家的勇猛性格却很快显现出来。元龟元年（1570），织田信长与浅井长政作战，为了保护琵琶湖南岸，特意派遣柴田胜家驻守在长光寺城（滋贺县野洲市）。但很快长光寺城遭到围困，断水断粮，柴田胜家便召集众将，将城中所剩不多的饮水放入三个瓶子里，告诉所有人目前只有三瓶水，如果想活命就要奋力而战。随即他砍破瓶子，以破釜沉舟之势冲出城池击败对手，这也让他获得“破瓶柴田”之称。

元龟二年（1571）五月，柴田胜家前去镇压长岛本愿寺势力，却遭到僧兵在小路伏击，柴田胜家的本阵旗帜（旗指物）都被夺走，另一武将氏家直元甚至遇袭而死。正因如此，天正二年（1574）七月再度征讨长岛本愿寺势力时，柴田胜家作为先锋主动提议火烧城池，随后整个长岛城陷入一片火海。

凭着丝毫不亚于织田信长的作战意志，他逐步获得“第六天魔王”的信任，成为织田家内部第一个军团“北陆军团”的首脑。天正三年（1575）九月，为了对抗越前、加贺两国的本愿寺势力，曾在长岛本愿寺平定中大放异彩的柴田胜家获得越前8郡49万石领地，并以北之庄城（福井县福井市）作为主城，继续作为织田家主力战将活跃起来。

当然，柴田胜家并非百战百胜，面对北陆大名上杉谦信，他就在天正五

年（1577）九月手取川之战中被击溃。但“军神”上杉谦信去世以后，柴田胜家的能力继续发挥着。天正八年（1580）十一月，越前、加贺两国最终陷于柴田胜家之手；天正十年（1582）六月三日，柴田胜家夺取越中鱼津城（富山县鱼津市），占领越中国大半领土。

天正十年（1582）六月六日，柴田胜家突然知悉织田信长已在本能寺去世，但与此同时，其对手上杉家也得知消息，煽动越中、能登国人反叛，拖得柴田胜家在六月十八日才回到近江，然而这时羽柴秀吉早已灭掉明智光秀，抢走头功。

作为织田家的家老，柴田胜家在接下来的清洲会议里占得先机，意图拥立织田信长三子织田信孝为新君，但羽柴秀吉却拥有织田信长嫡孙三法师。未占上风的柴田胜家只得同意领有北陆地区与北近江三郡。

会后，柴田胜家一方面担心羽柴秀吉篡夺织田家业，一方面也为了保护自身权威，与织田信长的妹妹、浅井长政的遗孀市姬结婚，联手织田信孝、泷川一益等人对抗羽柴秀吉。天正十一年（1583）一月，趁着北陆大雪封山，羽柴秀吉接连降服泷川一益与织田信孝，柴田胜家陷入孤立。

天正十一年（1583）三月十二日，柴田胜家出兵北近江，并给足利义昭发信要求策动毛利家在背后突袭，却遭到婉拒；四月十六日，一度降服羽柴秀吉的织田信孝重新举兵，羽柴军前往平定，柴田家部将佐久间盛政轻兵冒进，被迅速回击的羽柴军击溃，柴田军在贱岳之战中惨败；四月二十四日，柴田胜家在北之庄城与妻子及 80 名随从一同自杀身亡，羽柴秀吉接管其全部领地。

据葡萄牙传教士路易斯·弗洛伊斯记载，在自杀之前，柴田胜家并未憎恨反叛离去的各位家臣，反而要求身边众人离开自己另谋生路，并叹息自己今生再也不能报答家臣之情。

3. 明智光秀

明智光秀出身美浓守护土岐家支流，由于远离主流太久而仅仅成为明智乡（岐阜县可儿市）一个普通国人。青年时期，明智光秀一度出仕斋藤家，后北上越前投奔朝仓义景。永禄八年（1565），十三代将军足利义辉遇刺，其弟足利义昭辗转抵达越前寻求援助，明智光秀也从这一时期开始成为足利义昭陪臣细川藤孝属下。

由于织田信长崛起，明智光秀作为使者多次与织田家联络，促成永禄十一年（1568）九月足利义昭进京。从永禄十二年（1569）本国寺之战开始，明智光秀就随木下秀吉、丹羽长秀一起加入织田军，成为织田家臣。但他之所以如此做，并不是因为他认同织田信长的改革思路，只是他觉得织田信长有实力把纷乱战国重新带回到一个统一的幕府的统治之下。

在这种信念支持下，明智光秀在元亀二年（1571）九月义无反顾地执行了火烧比叡山之命；而面对无能主君足利义昭，明智光秀也参与到流放将军的行动中，正式加入织田家麾下，成为近江坂本城（滋贺县大津市下坂本）城主。

从这一年开始，明智光秀成为平定丹波国的主将。

丹波虽然地方不大，国人势力却颇为繁杂。为防问题出现，织田信长在十月一日给丹波国人发布命令，招拢八上城（兵库县筱山市）城主波多野秀治加入麾下，一同围攻黑井城（兵库县丹波市春日町多田）城主赤井直正。战况本来良好，但天正四年（1576）一月十八日，波多野秀治突然分三路倒戈反攻，明智军只得退却。

整肃部队以后，天正五年（1577）十月，明智光秀重新发起第二次丹波平定战。这一次明智光秀不再直扑黑井城，而是一点点蚕食各路势力。首先攻克京都附近的亀山城（京都府亀冈市），接着在天正六年（1578）三月包围波多野家的八上城、冰上城（京都府丹波市冰上町）；围城一年后，天正七年（1579）三月九日，先前活跃的赤井直正去世，给丹波国人造成巨大打击，五月五日到六月一日，冰上城、八上城波多野家先后决定投奔明智军。

明智光秀

根据传言，为了诱使八上城投降，明智光秀特地将母亲送入波多野家，以换取波多野秀治、秀尚兄弟投降并来到织田家，然而波多野兄弟却随即被织田信长残杀，而明智光秀的母亲也被对手杀死，这成为明智光秀日后反叛的重要原因。但这一点在史料中全无记载，何况明智光秀已经围城一年，波多野秀治投降之后被织田信长直接杀死也并不违背织田信长的行事原则，这一点不足以成为君臣两人的矛盾点。

平定周边支城以后，明智军开始在八月九日进攻黑井城。根据《信长公记》记载，明智光秀并未强攻，而是在城外故作混乱，让城兵以为明智军如同第一次一样不堪一击，引出对手之后再大加攻击，当日城池告破，丹波平定战宣告结束。

由于平定丹波有功，明智光秀终于在53岁这年获得丹波一国，成为织田家重臣里后起的国持大名（获得一国封地的大名）。明智光秀的亲家细川藤孝也随后成为丹后国大名，配属给明智光秀。自此，明智光秀的势力从南近江一直延伸到丹波、丹后，控制领地总计240万石，为织田家内部最多。当然，因为地处近畿，明智光秀事实上也成为独立于织田信长的最大势力，这为他日后造反埋下伏笔。

天正十年（1582）二月十四日，《耶稣会日本年报》记载了一件奇特的天文现象。晚上10点，安土城东方天空突然亮起来，慢慢变成红色，接着二十二日晚上彗星降临。彗星在当年很容易被视为凶兆，而在当年的六月二日，历史似乎为了配合迷信，本能寺之变爆发。

五月十五日，受到织田信长的邀请，德川家康与穴山梅雪一同来到安土城赴宴，明智光秀担任了接待的任务。据说宴会上的鱼腥臭不堪，于是织田信长大怒，当面训斥明智光秀，还有传说甚至认为动手打了明智光秀。按照传统说法，这正是明智光秀刺杀织田信长的导火索。但作为一位成熟的政治家，就算事情为真，明智光秀也不会因此起杀机，真正的导火索，是下面一条。

五月二十六日，为了支持正在与毛利家作战的羽柴秀吉，织田信长命令明智光秀率军参加中国军团。与此同时，织田信长剥夺了明智光秀的丹波龟山（京都府龟冈市荒冢町）、近江坂本（滋贺县大津市下坂本）两座城池，将其转封至出云、石见两国（岛根县的本州岛地区）。但当时的出云、石见两国仍属于毛利家，所以这个命令实际上是要求明智光秀放弃所有领地。

织田信长的本意，或许是为了让明智光秀专心作战，但对于55岁的明智光秀而言，人生已进暮年，正欲安度之时又要从头再来，还要配合家格低于自己的羽柴秀吉，自然怒从心起。

又在此时，织田信长决定派遣织田信孝、丹羽长秀等人进攻四国大名长宗我部元亲。由于长宗我部元亲与明智光秀属下斋藤利三是亲戚，明智光秀曾反复劝阻主君反叛织田信长无果。

不仅如此，早在天正八年（1580）八月十二日，织田信长以碌碌无为等19条罪名流放了老臣佐久间信盛父子，接着十七日，他又将25年前曾经密谋反抗织田信长、拥立其弟织田信行的林秀贞、安藤范俊父子流放。这两件事虽然各有罪名，但织田家臣却无一例外地认为织田信长在清洗无功无能的家臣。因而在被织田信长剥夺领地那一刹那，明智光秀无异于接到最后通牒，这位为了支持织田信长而不惜攻灭曾经主君足利义昭的武将，到这时深深感觉自己遭到背叛。

当时明智光秀还有240万石领地，为了保护自身利益，他选择突袭未率大军的织田信长。六月一日晚上6点，明智军从丹波龟山城出发，率领1.3万军队准备夜袭织田信长。

行至半途，部将发现行军路线并不是通往中国地区，而是通往京都，便向明智光秀询问。其回答并非是一直以来传说的“敌在本能寺”，而是“出发去中国之前，要将军备展示给主君”。为了防止属下有人去本能寺通风报信，明智光秀直到渡过桂川、进入京都之后才告知众将，现在我们的敌人是织田信长。六月二日，明智军对本能寺发动总攻。

关于明智光秀为什么反叛织田信长，历来众说纷纭，怨恨说、理念不同说、德川家康黑幕说、羽柴秀吉黑幕说、耶稣会黑幕说等等都各有理由。近来发现，明智光秀在给纪伊杂贺众的信中提到织田信长死后，会有一位地位更高的人进入京都。织田信长已经是大名，那么更高地位只有可能是将军或者各路公卿，但公卿本来就在京都，故而史学家藤田达生认为本能寺之变的幕后指使很可能是足利义昭，这位将军很担心织田信长会抢走他的将军宝座。

然而这只是间接证据，毕竟从后来的表现看，足利义昭再无问鼎中原之意，不排除明智光秀是假托足利义昭命令的可能性。

明智光秀本以为各路武将会很晚才有所反应，但六月十一日，羽柴秀吉军队已抵达京都西部 80 千米的尼崎城，并拉拢京都路途上的高山右近、中川清秀等织田旧将。六月十二日，明智光秀率领 1.3 万军队来到山崎（京都府乙训郡大山崎町），羽柴军则在对面海拔 270 米高的天王山布阵。

六月十三日下午 4 点开始，首先是中川清秀、高山右近两部分与明智军斋藤利三、伊势贞兴部队交战，双方鏖战于山麓地区；紧接着池田恒兴从侧面杀来，袭击明智军津田信春部队，使得明智军右翼遭到压制；随后丹羽长秀、织田信孝一齐突进，明智军彻底崩溃。据说在晚上，明智光秀被武装农民截获刺死。

好不容易奋斗了一辈子，却在晚年被告知要重新开始、从头再来，明智光秀实在是被逼造反。但若是他逆来顺受，或许他的一生也会继续平淡下去，反而是本能寺一反让这位战将成为后世关注的重点。

贰 羽柴/丰臣家

1. 羽柴秀吉（丰臣秀吉）

相比冷酷的织田信长，丰臣秀吉则更为讨喜，日本大河剧里也多由擅长喜剧的演员饰演其人。不过在真正历史中，丰臣秀吉或许活泼开朗有朝气，但绝非仅仅站在织田信长的延长线上，而是更创造了属于自己的辉煌。

· 出身与墨俣一夜城

关于丰臣秀吉的出身，一般都认为是普通农民，但考虑到他的父亲木下弥右卫门拥有“木下”苗字，秀吉出身也不会过于低微，最次也是在乱世里打拼出来的中上层农民，而且获封苗字，为所谓的“地侍”。

但从战国乱世的生活条件而言，地侍的生活条件并不比农民好到哪里去，加之木下弥右卫门早早去世，秀吉的青少年生活很是清苦。按照一般说法，母亲改嫁之后，继父竹阿弥百般虐待这位未来的太阁殿下，逼得他 15 岁离家出走前往远江国讨生活。

到达远江国后，木下藤吉郎进入今川家直臣饭尾家任职，侍奉头陀寺城（静冈县滨松市南区）守将松下之纲。据说松下之纲对他非常赏识，还自己出钱帮助木下藤吉郎渡过难关。或许正因如此，日后丰臣秀吉统一天下的过程中，松下之纲也在天正十六年（1588）获得远江久野城（滨松市内）1.6 万石领地。

丰臣秀吉

虽然获得赏识，但松下之纲是饭尾家家臣，饭尾家是今川家家臣，木下藤吉郎等于是今川家的三级家臣，难以获得重用。于是木下藤吉郎回到尾张，在天文二十三年（1554）开始成为织田信长的“小者”，就此走上飞黄腾达之路。

织田信长与木下藤吉郎之间最有趣的话题，莫过于“温热草鞋”之事，即木下藤吉郎会在冬天用体温暖好草鞋，以免主君冻伤。获得织田信长赏识前后，木下藤吉郎在永禄四年（1561）八月与织田家国人浅野长胜的养女结婚，其妻也就是后世所谓的“宁宁”。永禄七年（1564）的美浓攻击战中，木下藤吉郎参与诱降松仓城（岐阜县各务原市）坪内利定的工作中，并在永禄八年（1565）十一月织田家给坪内利定的领地保证书里留下“木下藤吉郎秀吉”一称，足以显示他当时已经是织田家的重要臣子。

在美浓攻击战里，木下秀吉最著名之举是所谓的“墨俣一夜城”。

永禄九年（1566）八月二十八日，织田军再次进攻稻叶山城，不过在10天以后再次尝到了失败的苦果。这一战让织田信长认识到必须在小牧山城与稻叶山城之间修建一个中转站，于是墨俣（墨股）地区（岐阜县大垣市墨俣区）成为他的目标。

墨俣是美浓国南部的沿河地区，近400年前的治承五年（1181）四月二十五日，平重衡和源行家曾大规模在此交战（墨俣川之战）。400年来此地虽然只因此战载入史册，但墨俣的战略位置却非常重要，直接控制着美浓与尾张之间的渡河要道。

斋藤军自然不会让织田军如此轻易地建造城池，织田信长先后派出了佐久间信盛、柴田胜家两位重臣前往筑城，但都没有成功。之后木下秀吉（丰臣秀吉）主动请缨前往，仅花费一晚时间就将墨俣城建造完毕，史称“墨俣一夜城”。

据研究来看，墨俣是个低湿地，建筑城池较为困难，这也是佐久间信盛、柴田胜家失败的一大原因。木下秀吉之所以成功，在于他不仅依靠织田军军力，更依靠了尾张、美浓交界处独立性较强的国人为他提供支持。其中最主要的国人就是沿长良川做生意的蜂须贺正胜、前野长康等人。

不过就算在分工协作之下，城池也并非在一夜建成，而是在数日之内建筑完毕，目前墨俣当地介绍也认为是“三日筑城”。

· 出征但马与主政长滨

虽然织田家在短短数年内攻灭斋藤家，并拥立足利义昭发动进京之战，但木下秀吉却并未飞快晋升，只是在进京之战以后负责京都防务，直到永禄十二年（1569）才获得出场机会。

这年五月毛利元就出征九州，随后六月尼子复兴军进攻出云国，毛利元就便要求织田信长进攻尼子军在但马国的同盟山名佑丰。八月一日，木下秀吉率领2万军队从京都出发，并在十日之内接连攻克山名家18座营寨，逼迫山名佑丰逃亡堺港，尼子复兴军失败也与此有一定关系。

随后元龟元年（1570），秀吉跟随织田、德川联军进攻朝仓义景，于四月二十六日进抵金崎城（福井县敦贺市金崎町）附近，突然得知后方的浅井长政背盟反戈，织田军只能在浅井军封锁后路之前撤退。

一般认为，撤退战里木下秀吉与德川家康共同担任殿后大将，不过按照织田家上下级关系，殿后大将应该由地位相对更高的柴田胜家、明智光秀完成，另外目前没有史料能够证明德川家康参与了金崎撤退战。不过四月三十日回到京都以后，织田信长在论功行赏时赏赐木下秀吉黄金数十枚，可见他在撤退战里确实起到了很大的作用。

姊川之战结束之后，七月八日，织田信长从前线退兵，并将织田军阵营——虎御前山大营交给木下秀吉管理。木下秀吉受命在横山地区翻修了横山城（滋贺县长滨市堀部町），以此作为压制浅井军南下的重要据点；元龟二年（1571）一月，木下秀吉封锁从北陆前来的所有道路，包括琵琶湖的水运，切断朝仓、浅井家南下可能；据说从二月十七日开始，木下秀吉四处散布谣言，宣称近江国佐和山城（滋贺县彦根市）守将矶野员昌私通织田家。处于高压之下的浅井长政听信流言，断绝对佐和山城的粮草援助，矶野员昌最后在丹羽长秀游说之下投靠了织田家，近江局势开始逆转。

到了天正元年（1573）八月，随着织田信长剪灭反对势力，足利义昭也被逮捕，畏惧织田信长的浅井军国人们纷纷离开主君，浅井家主城小谷城（滋贺县长滨市湖北町）遭到围困。

八月八日开始，木下秀吉围困小谷城，不过织田信长主力部队首先北上消灭朝仓家，断绝后援之后才回兵南下。八月二十七日，木下秀吉率领3000人军队切断浅井长政所在本丸与父亲浅井久政所在小丸之间的联系，紧接着攻克小丸，逼死浅井久政。

父亲去世，浅井长政最终放弃抵抗，先把织田信长的妹妹阿市与三个女儿送到木下秀吉军中，随即在九月一日与弟弟浅井政元、重臣赤尾清纲一起自尽。鉴于秀吉军功卓著，浅井家旧领北近江三郡便成为木下秀吉的首片领地。秀吉在小谷城南部修建了长滨城（滋贺县长滨市）。

成为城主之后，木下秀吉便更改苗字为羽柴秀吉。按照一般说法，秀吉是从丹羽长秀、柴田胜家两位织田重臣苗字中各取一字而成，然而丹羽、柴田两人都是织田家谱代家臣，羽柴秀吉从“小者”跃升而来，按当时价值观很难与这两人相提并论。但日本固有姓氏里不存在“羽柴”苗字，为何他如此选择还缺乏定论。

主政长滨期间，羽柴秀吉减免数年税负，收拢百姓，同时广泛使用原浅井家臣及近江国人，日后丰臣家的藤堂高虎、小川佑忠、片桐且元乃至石田三成都出身于近江。

这一时期北陆地区上杉谦信反复进攻能登国七尾城（石川县七尾市），羽柴秀吉多次奉命前往前线援助。其中天正五年（1577）八月八日，羽柴秀吉率军到前线准备抵挡上杉谦信进攻，不过由于与柴田胜家意见不合，羽柴秀吉率军南撤，导致柴田军在手取川之战里被上杉谦信击溃，羽柴秀吉还受了织田信长一顿责骂。

经历一系列考验，羽柴秀吉终于开始独当一方。

· 中国军团长时代

天正五年（1577）十月，羽柴秀吉正式向中国地区挺进。

为了扩大影响，他首先在播磨国广收盟友，并以盟友小寺孝高（黑田孝高）

的姬路城（兵库县姬路市）作为主城，逼迫播磨国人交出人质。紧接着十二月三日，羽柴秀吉攻克了上月城（兵库县佐用郡佐用町），并将其交给尼子复兴军的尼子胜久、山中幸盛等武将。

上月城虽然小，却占据着播磨、美作、备前三国间的交通要道，也为毛利家同盟宇喜多直家的重要据点，占据此城，羽柴秀吉便可以继续西进。于是天正六年（1578）三月，毛利、宇喜多联军围攻上月城，同时策反播磨国人别所长治，要求他在羽柴军后方的三木城（兵库县三木市）据城坚守，给羽柴秀吉出兵造成麻烦。

对前后两方面敌人，羽柴秀吉分兵作战，一方面以围城断粮的方法攻击三木城；另一方面迅速召唤摄津盟友荒木村重，来到高仓山与毛利军对峙。六月十六日，织田信长召唤羽柴秀吉回到京都，提出战略方针从与毛利家决战改为先稳固播磨国，并要求羽柴秀吉放弃上月城，先行围攻三木城。这条命令使得上月城失守，尼子复兴军灭亡。

上月城原址所在地

上月城虽然失守，但也使得羽柴秀吉不需要继续分兵，得以专心进攻三木城。天正七年（1579）二月，羽柴秀吉攻克对手支城丹生山城（兵库县神户市北区山田町），就此将三木城彻底孤立。

鸟取城原址航拍图

但三木城依然凭借着其长期的粮食储备坚守不出，于是羽柴秀吉从政治方面入手。九月，备前国（冈山县东南部）大名宇喜多直家离开了毛利家，加入织田家，不仅确保了日后进攻备中国（冈山县西部）道路，也使得毛利军无法再增援三木城。天正八年（1580）一月十七日，经过近两年断粮之后，别所长治难以承担心理压力而自尽，三木城随即开城投降。

天正九年（1581）六月二十五日，羽柴秀吉向北进发，率领 2 万人围困了毛利国人吉川经家驻守的鸟取城（鸟取县鸟取市）。对待鸟取城，羽柴秀吉依然采取了围城断粮的策略，但他这一次做了非常周密的布置。首先以高于市价数倍的价格将因幡国附近的粮食全部集中，同时对支援毛利军的农民施以重刑，彻底封死鸟取城粮道。

经过四个月的围困，城中完全断粮，很多人爬出城池寻找食物。这些人由于久未进食，骨瘦如柴，好似饿鬼。但羽柴秀吉并无怜悯之情，而是派遣火枪队将出城者全部狙杀。看到城中百姓如此惨状，十月二十五日，吉川经家切腹自尽，并派人开城投降。“渴死三木、饿杀鸟取”也成为羽柴秀吉中国作战的两次代表作。

· 中国大回转

羽柴秀吉对战术的高超执行力让他在中国大获成功。天正十年（1582）五月七日，他率领2.5万军队围攻备中高松城（冈山县冈山市）。

备中高松城守将清水宗治吸取鸟取城的教训，特地储备大量军粮。于是羽柴秀吉根据地形特点，制定水攻战术。五月八日，他命令军队修建一条长2.8千米、高7米的环城大堤，并将附近水流引入高松城周围。五月十九日，整条大堤完工，由于梅雨到来，高松城很快被大水包围。

毛利军意识到事情的严重性，立刻来到高松城附近与羽柴军对峙。因此，羽柴秀吉向主君织田信长求援，明智光秀则作为援军准备开赴前线——这也正是本能寺之变的前戏。

六月三日，明智光秀派往毛利军的使者带着织田信长已死的消息前来报信，却误入羽柴军营。得到消息，羽柴秀吉一时不知所措，但军师黑田孝高卫却非常冷静，告诉他现在正是夺取天下的最好时机。羽柴秀吉清醒过来，一面宣称织田信长、信忠父子已从本能寺逃出生天，一面与毛利军会谈。

这天晚上，他将毛利方的使者安国寺惠琼招来并提出两个条件：（1）清水宗治切腹自尽；（2）备中、美作、伯耆三国必须移交织田家。毛利军

水淹高松城画作

清水宗治

眼见城池陷落，只好答应羽柴秀吉的要求。六月四日中午，清水宗治切腹自尽，下午 3 点，双方交换了誓书，和约达成。

很多人都认为议和之后，羽柴秀吉会立刻开始“中国大回转”，但事实上，他在六月四日与六月五日上午均没有移动，如果羽柴军撤退之时遭到毛利家追击，那么后果不可想象。事实上，毛利军在和约达成后不到 1 小时就得到织田信长的死讯，吉川元春颇为气恼，想要撕毁和约，立刻反攻羽柴军。但其弟小早川隆景却予以制止，认为刚刚议和就反悔不符合武士道精神，于是决定率军撤退。看到毛利军缓缓撤去，羽柴秀吉才在六月五日下午 2 点左右宣布全军撤退。

但从前两天的行军速度可以发现，羽柴秀吉在撤退途中一直观望毛利军的态度，可说是一位注重细节的严谨战将。

七日，羽柴军从沼城出发，连夜赶了 55 千米回到姬路城。在姬路城羽柴秀吉休息了一天，他把城中储藏的所有金银分给了士兵，拿到赏赐的将士们欢欣鼓舞、士气高涨。九日早晨，羽柴军留下 5000 人左右守城，率领其余 2 万人再次向东行军，在十一日抵达尼崎城。

六月十一日，刚刚来到尼崎城的羽柴秀吉，立刻通知身处大坂的织田信孝、丹羽长秀以及有冈城（兵库县伊丹市）池田恒兴父子参战。十二日，羽柴军与赶来的池田恒兴、中川清秀、高山右近等诸多织田家臣会合，几方召开军事会议，商议如何进攻明智光秀。

会议上，织田信孝被奉为主帅，但由于羽柴军 2 万人势力庞大，故而羽柴秀吉实际上成为战役统帅。羽柴秀吉要求高山右近、中川清秀先行到山崎、

姬路城

天王山布阵，吸引明智军前来。明智光秀果然率1万余军队来到天王山东北部，两军先头部队在晚间开始交火。

六月十三日下午4点，两军开始交战，不过战役没进行多久，明智军就被彻底击败，军队四散奔逃，明智光秀本人则在逃亡途中被京都小栗栖村的农民用竹枪刺死。接下来两天，羽柴秀吉分别攻克丹波龟山城、近江坂本城，明智一族全部灭亡。

在中国大回转以及山崎会战中，羽柴军强大的行动力表现得淋漓尽致。其实从备中高松城到尼崎城只需要走147千米，按照人类平均步行速度来算，7天时间绰绰有余。但2万人的军队一起行军，却需要考虑更多的事情，如后勤补给、掉队人数以及是否有敌军等等情况。能够排除万难，6天时间就到达目的地，在交通不便的古代进行如此急行军，确实很难做到。

对于羽柴军的能力，毛利家的安国寺惠琼早有提及。他认为，相比于速度较快（手速し）的羽柴军，毛利军的行动力显得非常“迟钝”（手钝く）。军队行动力迅速的原因，除得益于羽柴秀吉毫不吝惜赏赐的个人作风外，与织田信长一直实行的兵农分离政策，即军队职业化有着很大关系。

·清洲会议

天正十年（1582）六月二十七日，柴田胜家、丹羽长秀、羽柴秀吉、池田恒兴四位织田家重臣齐聚尾张国清洲城，商议织田家继承人以及领地分配等问题。由于织田信孝是讨伐明智光秀军队的大将，因此民间传言他会继承织田家督的职位，但羽柴秀吉却不希望如此。

虽然羽柴秀吉由于讨伐明智光秀占据了先机，但在织田家中，柴田胜家的地位仍然远高于他。如果织田信孝按部就班继承了家督之位，羽柴秀吉的地位不会有任何提高。因此，他事先找到了织田信忠的嫡长子——年仅三岁的织田三法师，用各种玩具哄他开心，进而以父死子继的名义推举他为织田家督。

由于织田信忠已经继承了织田家督的位置，而父死子继又高于兄终弟及，羽柴秀吉占据了上风。而丹羽长秀、池田恒兴两人与羽柴秀吉关系甚笃，自然附和羽柴秀吉的建议。据《耶稣会日本年报》记载，羽柴秀吉私下自言自语道，“无论天下几人称王，鹿死谁手还要靠各自的实力来定”，可见他已有逐鹿天下之心。

会议商定：织田信雄管辖尾张；织田信孝得到美浓；柴田胜家除原有越前国之外，加封原属羽柴秀吉的近江国三郡（包括长滨城）；羽柴秀吉除原有的播磨国之外，加封山城、丹波两国，京都、堺港等重要地区入其囊中。另外会议规定，织田家所有悬而未决的大事都要由重臣商议决定。

池田恒兴

十月十五日，趁柴田胜家回到领地之际，羽柴秀吉擅自在京都大德寺为织田信长举行了盛大的葬礼。按照古代礼法规定，葬礼应该由嫡长子担任

“丧主”，即葬礼主持人。如果嫡长子不能到场，应该由嫡长孙代替。考虑到织田家的实际情况，安排织田信长次子织田信雄担任比较合适，但羽柴秀吉却安排自己的养子、织田信长的四子羽柴秀胜担任丧主。这种安排暗示众人自己将会成为织田信长的后继人。

对羽柴秀吉擅自安排继承人与葬礼事宜，柴田胜家非常愤怒，随即与织田信孝、泷川一益等重臣联合起来，同时迎娶了浅井长政遗孀（织田信长的妹妹）阿市，强化了自身与织田家的联系。

十月十八日，羽柴秀吉写信给织田信孝，告诉他自己现在与柴田胜家之间的关系已经不可修复，战役在所难免。十二月七日，羽柴秀吉率军包围了长滨城，并成功策反了柴田胜家养子柴田胜丰；月底，岐阜城（岐阜县岐阜市）被包围，织田信孝宣布投降。

以羽柴秀吉为核心的天下统一之战即将打响。

·贱岳，织田家易手

天正十一年（1583）二月二十八日，柴田胜家派人扫除积雪，整军出发，准备与羽柴军对决。三月十二日，前田利家、佐久间盛政3万军队在柳濑（滋贺县长滨市余吴町）布阵。羽柴秀吉则引兵5万北上，先来到了长滨城，并在十七日驻兵于木之本（滋贺县长滨市木之本町）。木之本地处柳濑南部12千米，而双方交战最激烈的贱岳山，则是木之本西部3千米的一片高地。

三月二十七日，羽柴秀吉率部分军队回到长滨城驻守，同时命令弟弟羽柴秀长在两军阵营之间的平原地带修筑了一条长长的防御工事，意图将战役变为持久战。四月二日，柴田军试图突破这条工事，但并没有成功。四月十六日，织田信孝、泷川一益举兵呼应柴田胜家，准备对羽柴军实施前后夹击。

柴田胜家兴奋不已，四月二十日中午，佐久间盛政的7000先锋队绕过防御工事，迂回攻击了木之本北部4千米的大岩山，大岩山守将中川清秀战死。接着，佐久间盛政又乘胜追击岩崎山的羽柴守军，守将高山右近力战不支，撤退到木之本营地。

此时已身处大垣城的羽柴秀吉立刻决定回军决战。大垣城距离木之本营地有52千米的崎岖山路，加之时至晚间，天色已暗，短时间回兵绝非易事。但羽柴秀吉却另有高招，他派遣信使前往沿途的各个村庄，给予村民们大量的金钱，要求每户在羽柴军过路时准备一个火把以及一升米饭资助羽柴军。

在沿途村民的支持下，羽柴军从下午4点离开大垣城后，仅仅耗费了5个小时就回到了木之本营地。这次回援再次显示了羽柴军恐怖的行动力，因为10千米/小时的速度是步兵行军的极限。可以想象到，羽柴军所有将士几乎都是以参加马拉松一样的毅力在飞驰，如果没有充分的训练和统一指挥，完成这一壮举谈何容易。

这时的佐久间盛政已经临近贱岳山，但当他看到羽柴军主力回返，意识到大事不妙，立刻沿着余吴湖徐徐向北撤退。四月二十一日凌晨，两军正式交战。不过此时战役的胜负依然未分，如果佐久间盛政与后方接应的前田利家2000人合兵一处，那么已经疲劳不堪的羽柴军不一定能够占到便宜。

但出人意料，前田利家不但没有接应佐久间盛政，反而突然从战场上撤退，不久后投靠羽柴秀吉。经过一番激战，佐久间盛政全军败退，柴田胜家下达了总撤退命令。

贱岳之战中，羽柴家涌现出加藤清正、福岛正则、加藤嘉明、胁坂安治、平野长泰、糟谷武则、片桐且元七位著名战将，统称“贱岳七杆枪”，成为日后丰臣家武将派的核心人物。

四月二十二日，战胜的羽柴秀吉来到了前田利家府中城（福井县武生市），为了表示忠心，前田利家特地作为先锋进攻柴田胜家，四月二十三日北之庄城被彻底包围，最终柴田胜家与阿市双双自尽，羽柴秀吉终于得以独霸织田家。

·小牧长久手败战

羽柴秀吉认为姬路城（兵库县姬路市）偏西，便着手在原石山本愿寺基础上重建新城，也就是大坂城（大阪市中央区）。随着大坂城的建设，羽柴秀吉与德川家康之间的矛盾也逐步开启。

天正十二年（1584）一月，羽柴秀吉要求近畿大名来到大坂城朝见，织田信雄予以拒绝；三月六日，织田信雄将三位亲近羽柴秀吉的重臣斩杀，邀请德川家康联盟对峙羽柴军；三月中旬，羽柴、德川两军分别在犬山城（爱知县犬山市北部）、小牧山城（爱知县小牧市）驻军，形成对峙。羽柴军总兵力达到10万，织田、德川联军却只有1.6万人，实力高下立判。

经过数天的对峙，羽柴军的补给消耗非常快，因此先锋部队池田恒兴向羽柴秀吉建议，应该出奇兵偷袭德川家康后方三河国，以起到围魏救赵的效果。四月六日，由羽柴秀吉外甥羽柴信吉作为大将、池田恒兴作为先锋率2万军队开往三河国。

大阪城

但羽柴军行动不够隐秘，德川家康迅速回兵小幡城（爱知县名古屋市守山区）。九日凌晨，羽柴军9000人遭到德川军9000人从后方突袭，不久后，羽柴军先锋池田恒兴父子阵亡，残兵败将只好逃回犬山城。由于兵粮消耗极大，偷袭又未能成功，羽柴秀吉只好选择在五月一日撤军。

八月中旬开始，羽柴秀吉向德川家康提出议和，但由于和议条件中要求德川家送人质给羽柴家，九月七日，德川家康拒绝议和请求。十月中旬，羽柴军进攻伊势国长岛城（三重县桑名市），逼迫织田信雄在十一月十一日与羽柴秀吉议和。失去出师之名，德川家康在十二月十二日将次子于义丸（结城秀康）送给羽柴秀吉做养子。

在德川家康被迫停战之后，羽柴秀吉瞄准了其他反对势力。天正十三年（1585）三月，羽柴军降服根来、杂贺集团；七月，四国大名长宗我部元亲投降羽柴秀吉；同月，越中国反抗羽柴秀吉的佐佐成政投降。

三场战役中，羽柴秀吉对佐佐成政、长宗我部元亲两个反抗的大名并没有赶尽杀绝，这与其由征服转向劝降的思想有很大的关系。作为羽柴秀吉一生中唯一一场完败战役，小牧长久手之战让他认识到：如果每个大名都要以武力降服，那么有生之年很难统一日本。

正是在这一认识基础上，羽柴秀吉开始下一步举措，即从追求一统天下，转而在朝廷中追求官位。

· 进取关白

天正十三年（1585）三月十日，羽柴秀吉就任正二位内大臣。

内大臣是公卿官职，武士时代律令制官位里唯一受到关注的，只有幕府统领征夷大将军，然而羽柴秀吉却一反常理，选择关白之职。

关于羽柴秀吉为什么选择关白而不是将军之职，历来认为他曾经找到幕府十五代将军足利义昭，企图借助对方让位或自己当对方养子来获得“源”氏身份，遭到拒绝才转向关白之职。但事实上源氏后人众多，足利家也不是只有足利义昭一系后代，如果真想就任将军，足利义昭并不是阻碍。

况且较之将军只需要一个“源”氏身份，羽柴秀吉关注的关白职位事实上更难获得，因为这个职位只能由藤原北家的五个分支，即近卫、一条、二条、九条、鹰司“五摄家”继承。

从历史传统上讲，担任将军就要开幕府，开幕府就是以军政府形态代替原有的贵族政府。但羽柴秀吉并不希望与公家彻底闹翻，反而想借助公家威信树立自身权威，这就促使他选择公卿之首关白之职。天正十三年（1585）七月十一日，在贵族菊亭晴季的运作下，羽柴秀吉就任关白，在一段时间内称为“藤原秀吉”；第二年（1586）十二月十六日，天皇赐予其“丰臣”之姓，丰臣秀吉也获得太政大臣的职位，在律令制体系中达到顶峰。

丰臣秀吉就任关白的决定使得武家关白制，即由武士世袭公卿首领关白的制度得以创立。关白的位置不仅让丰臣家获得了大义名分，更融合了公卿、武士两大阶层，赋予了丰臣秀吉双重的权力。但由于将军之位并未被丰臣家占据，也为后来德川家康以武家统领身份就任将军提供了可能。

随着秀吉成为关白，天正十四年（1586）五月十四日，德川家康首先迎娶秀吉的妹妹朝日姬，随后秀吉又将母亲大政所以探女名义在十月十六日送往德川家做人质，换得德川家康在十月二十六日进入大坂城，宣布臣服秀吉。随后德川家臣井伊直政特地护送大政所返回大坂。

德川家康的归顺让丰臣秀吉消除心头大患，而就在当年六月，北陆上杉景胜也将人质送到丰臣家，宣布臣服。就此，丰臣秀吉在统一日本的道路上迈出了重要的一步，现在的日本，只剩下九州、关东、东北三个地区没有臣服。

·天下一统

秀吉对九州岛津家的崛起颇为警惕，很早就下达“总无事令”，要求岛津义久与大友、龙造寺等大名议和。但在天正十四年（1586）一月十一日，岛津义久却在给细川藤孝的信件中表示，丰臣秀吉以一介百姓僭越关白之位，岛津军绝不认可。

四月五日，九州大名大友宗麟渡海来到大坂城求援，丰臣家迅速准备派军进攻九州。十二月十二日，岛津军1万人凭借彪悍作风迅速击败大友宗麟、仙石秀久2万联军，丰臣秀吉大怒，当即下令剥夺岛津义久的领地。

天正十五年（1587）三月一日，丰臣秀吉率领主力部队从大坂城出发，前往九州。行军中，丰臣秀吉分别组建了东、北两路军，东路由羽柴秀长率领毛利系部队、四国军进攻日向国，北路军则由丰臣秀吉统领，直接向肥后国发起进攻，两路军总兵力达 25 万之众。

闻知丰臣秀吉大军来袭，九州各位国人纷纷望风归降。四月十七日，东路军在日向国根白坂（宫崎县儿汤郡木城町）大败岛津军，随即岛津家宣布投降。九州征服战在丰臣秀吉出动后不到三个月全部结束。

西国之后便是关东、东北。天正十七年（1589）十二月，丰臣秀吉对关东、东北地区发布了“总无事令”，不许各大名之间私自交战。

天正十八年（1590）一月，北条家下令加固小田原城的城防，摆出对抗架势。在德川家康劝说下，八月二十二日，北条氏政的弟弟北条氏规进京拜见丰臣秀吉，事态好转。随后丰臣秀吉针对北条家、真田家争夺的上野沼田领裁决，要求北条家占据三分之二。北条家于六月五日送来感谢信，表示北条氏政会在十二月上旬进京称臣。

但十一月三日，沼田城守将猪俣邦宪突然夺取另外三分之一沼田领，即名胡桃城（群马县利根郡水上町）。对这个违约举动，北条家没有处罚猪俣邦宪，这再度激怒丰臣秀吉。

十一月二十一日，丰臣秀吉在给真田昌幸的书信中表明要讨伐北条家。二十四日，丰臣秀吉发布了讨伐北条家的檄文，正式向北条家宣战。天正十九年（1591）一月，丰臣秀吉命令军马 22 万分三路进攻北条领；四月三日，丰臣军主力部队 22 万人包围了小田原城，而城中守军只有 5.6 万人。

面对战役有可能走向长期化，丰臣秀吉确立了两个战术：（1）在小田原城西南部 3 千米的石垣山地区建立城池；（2）围城不攻，并召集东北地区大名前来参加。丰臣秀吉不仅要夺取小田原城，更要凭借这场战役要求东北地区的大名前来降服。

从四月六日开始，丰臣军就动工修建石垣山城，然而由于树木遮挡，北条家并没有关注到城池的修建。六月二十六日，城池终于完工，丰臣秀吉命令士兵在一夜之间将周围的树木全部砍去，第二天当北条氏政、氏直父子看到石垣山城时，以为是一夜建造而成，彻底失去了战斗信心。

七月五日，北条氏直离开小田原城，表明愿意以自己切腹的代价换取城内将士与百姓的性命。丰臣秀吉随即没收北条家的封地，并要求德川家康放弃原有的5个领国，来到江户城（东京都）接管这里的6个领国，共240万石领地，德川家康也借此成为丰臣家属下第一大名。

天正十八年（1590）七月十七日，丰臣秀吉来到宇都宫城（栃木县宇都宫市），保障了参战的佐竹义宣、南部利直的领地；八月九日，他又北上来到黑川城（福岛县会津若松市），剥夺了未参战的大崎、葛西、黑川、白河等大名的封地，将蒲生氏乡转封至东北地区。就此，日本全部统一在丰臣家之下。

丰臣秀吉不愿纯粹以武力的方式统一全国，希望在双赢的理念下保持均

小田原城包围网

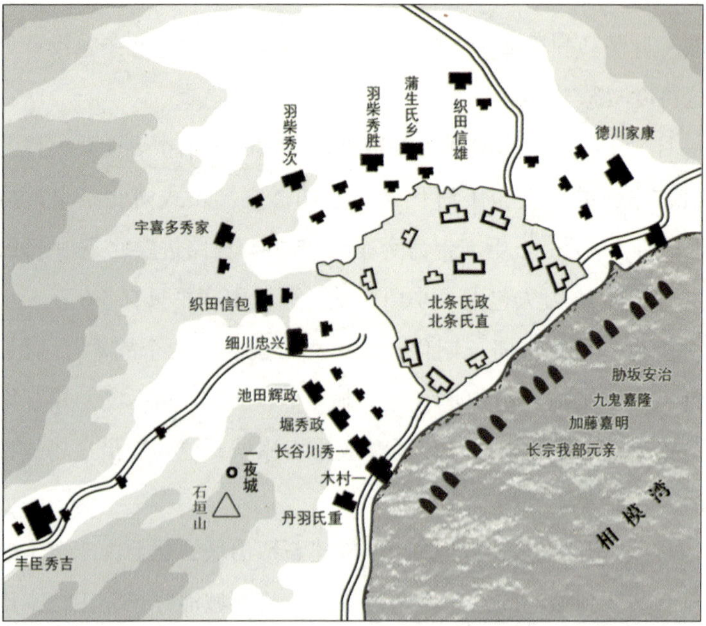

丰臣秀吉死后，在丰国神社予以祭祀。丰臣家灭亡后，神社部分被毁。图为重建后的丰国神社

衡。借助这种理念，他在织田信长死后不到10年的时间就一统全国。但这种做法却使得丰臣政权更像是大名的拼盘，丰臣家本身并未能掌握绝对权力，一旦政权内部出现纷争，垮塌也只是时间问题。

· 晚年

统一全国以后，丰臣秀吉逐步走向衰老，由于天正十七年（1589）出生的儿子鹤松在两岁时候夭折，他便在天正十九年（1591）让位给外甥丰臣秀次，自己退位成为太阁。

为了完成扩张夙愿，文禄元年（1592）四月，丰臣秀吉悍然发动侵略朝鲜的战争，短短两个月时间，朝鲜几乎全境陷落，后来明朝军队入朝参战，日军被迫后退，双方陷入僵持。

文禄二年（1593）八月，淀夫人再次为丰臣秀吉诞下一子，即后来的丰臣秀赖。丰臣秀赖的出生让本已预定好的接班人丰臣秀次的位置受到巨大威胁，最终丰臣秀次因莫须有的谋反罪名在文禄四年（1595）七月十五日自尽，一家老小39人更在京都三条河原全部被杀。

随着朝鲜战事一筹莫展，丰臣秀吉本人的健康也每况愈下，庆长三年（1598）七月十三日，丰臣秀吉确定死后的五大老、五奉行制度；十五日，对属下主要大名发布11项条款；八月五日，五大老、五奉行对写了起请文，发誓效忠于丰臣秀赖，丰臣秀吉对五大老发布了托孤遗言。八月十八日，丰臣秀吉去世。

由于丰臣秀吉以织田信长后继者的身份出现，故而一般认为他只不过是织田信长理想的实践者。但较之织田信长，丰臣秀吉不仅迅速统一了日本，更实现了家臣直接检地，从而能够更细致地掌控全国大名，这为幕府时代幕藩体制的形成打下了坚实的基础。

2. 丰臣秀次（三好信吉）

丰臣秀次是秀吉的姐姐的儿子，元龟三年（1572），羽柴秀吉在劝降近江国人宫部继润时，便将四岁的丰臣秀次带往对方阵营，他便有了第一个名字“宫部吉继”；天正三年（1575）阿波国大名三好康长面对织田信长进攻，特地献上名茶壶“三日月”换得家臣身份，继而迎立羽柴秀吉的这位外甥，他又有了第二个名字“三好信吉”。

天正十二年（1584），漂泊十数年以后，他终于重归羽柴家，成为“羽柴信吉”。四月六日小牧会战期间，羽柴信吉作为大将与池田恒兴率领2万军队开往三河国，意图偷袭德川家康后方。然而由于行动为德川军所知，羽柴信吉军队最终遭到长久手惨败。

不过严格来说，羽柴信吉只能算名义大将，战役计划与具体实行都由池田恒兴完成,所以失败责任也不应算在这位16岁的年轻人头上。第二年(1585)三月与六月进攻杂贺众与四国长宗我部家的过程中，羽柴信吉都作为副将乃至大将出征，表现中规中矩。当年七月，他更名秀次，并在第二年（1586）与舅父一起更姓“丰臣”，这个名讳也跟随他走到人生终点。

随后无论是九州征伐、小田原征伐，丰臣秀次都跟随丰臣秀吉身旁，虽无多少功绩，却也没有太大差池。天正十九年（1591）丰臣秀吉先后失去弟弟秀长、嫡子鹤松，丰臣秀次便以外甥身份成为钦定继承人。十二月二十日，“太阁”丰臣秀吉发布训诫状，要求秀次：（1）时刻保持武备之心；（2）赏罚公平；（3）对朝廷要尽忠职守；（4）对日常事情要谨慎处理。

十二月二十八日，接受上述要求之后，丰臣秀次接任关白之职。由于丰臣秀吉准备开启朝鲜战事，搬到不远处伏见城主掌对外军务，丰臣秀次便留在京都聚乐第处理国内政务。为了锻炼秀次，丰臣秀吉无论任官、筑城乃至母亲大政所的葬礼都一股脑儿交给丰臣秀次处理。

好景不长，文禄二年（1593）八月，后来的丰臣秀赖出生，丰臣秀吉开始筹划让嫡子即位。十月一日，他邀请丰臣秀次来到热海泡温泉，并提出将丰臣秀次的女儿许配给丰臣秀赖。这一提议虽然颇有乱伦之嫌，但依然可以保证秀吉嫡子成为第三代关白。丰臣秀次却未置可否，明显有不悦之情。

文禄三年（1594），丰臣秀吉特地扩建伏见城，并在城下为所有大名建造房屋，从侧面牵制了京都的丰臣秀次。三月二十日，他毁掉了丰臣秀次在伏见城的居所，甚至干涉其直属领地的运营，双方开始政治角力。

文禄四年（1595）七月三日，石田三成、增田长盛两人受命进行大量调查以后来到京都，指责丰臣秀次有谋反嫌疑，强迫其写下效忠丰臣秀吉的誓书。七月八日，前田玄以等五人来到京都，将丰臣秀次带到伏见城。

丰臣秀次

丰臣秀次倍感冤枉，恳求能够见舅舅一面。但可悲的是，丰臣秀吉并没见他，也不让他登城，只是通过使节命令丰臣秀次出家为僧，并剥夺其关白职位，将其流放到不远处的高野山寺院。

按照《川角太阁记》中的说法，丰臣秀次“谋反”之事并非由丰臣秀吉策动，而是石田三成诬陷所致。但应该说，石田三成虽然是执行者，也帮助丰臣秀吉收集了大量的黑材料，但究其原因还在于丰臣秀吉本人想要传位给亲生儿子。

七月十五日，丰臣秀吉派遣福岛正

则等三名武将前往高野山，命令丰臣秀次切腹自尽。二十九日，丰臣秀次的妻子儿女39人在京都三条河原被全部处死。此后，涉及此案家臣，如前野长康、服部一忠等人全部被杀，浅野幸长因为为秀次求情而流放能登，甚至公卿菊亭晴季也遭到流放。不出数月，京都聚乐第与丰臣秀次所筑近江八幡山城也遭到毁坏。

丰臣秀次死前已经聚拢一定人心，并形成相对高效的官僚体系，如此清洗外甥，丰臣政权让下属难有安全感。事实上挺过丰臣秀次事件的秀次家臣，如田中吉政、山内一丰等人全部在关原之战里投奔德川家康所在的东军。至于同情丰臣秀次的加藤清正、福岛正则等丰臣家武功派大名，也在秀次事件以后把账算在石田三成等文治派头上，丰臣政权内部的平衡再难恢复。

3. 丰臣秀赖

丰臣秀赖可算生不逢时，在他长大成人以前，决定天下归属的关原之战早已结束，丰臣家也从占据全国220万石领地的天下人，变成只有大坂城65万石的小领主。

这期间，德川家康不仅在庆长八年（1603）就任将军，还在庆长十年（1605）传位于二代将军德川秀忠。虽然丰臣秀赖依旧具有天下人继嗣之权，也迎娶了德川家康的孙女千姬，但实权早已为德川家康把持。

庆长十年（1605）五月十日，德川秀忠继任将军之时，德川家康要求丰臣秀赖进京朝见，却被秀赖生母淀夫人（浅井长政长女）断然拒绝。德川家康只能派遣六子松平忠辉前往大坂城访问丰臣秀赖，以缓解政治尴尬。

丰臣秀赖迟迟不肯进京，让德川家很不满意。庆长十三年（1608）一月，丰臣秀赖突然患上当时的无医之症天花，四月痊愈。在其生病期间，加藤清正等诸多丰臣系大名纷纷前往探望，引起德川家康警觉。

庆长十六年（1611），后阳成天皇准备让位给后水尾天皇，德川家康顺

丰臣秀赖

势以丰臣秀吉的遗孀高台院（北政所）为中介人，要求丰臣秀赖进京会面。这年丰臣秀赖已经18岁，虽然母亲淀夫人依然反对，但他却以“面见千姬之祖”为由前往京都。

二月二十八日，丰臣秀赖与德川家康在二条城“御成间”（会见室）见面。因为担心丰臣秀赖的安危，丰臣秀吉的爱将加藤清正一直紧握刀鞘坐立一旁。会谈之前，德川家康虽未要求秀赖行君臣之礼，但丰臣秀赖却恭敬施以叩拜，摆出一副谦恭的态度，这让德川家康颇为惊讶。经过一番交谈，他对丰臣秀赖的器量与才智都非常认可，会面以和睦态度宣告结束。

既然谈吐不凡，那么难保丰臣系家臣不会在德川家康死后掀起波澜。从庆长十六年（1611）浅野长政、堀尾吉晴、加藤清正去世开始，池田辉政（1613）、浅野幸长（1613）、前田利长（1614）等丰臣系大名也相继走完人生之路，德川家康终于觅得进攻之机。

庆长十九年（1614）七月二十六日，德川家康指责丰臣家在方广寺大钟铭文上诅咒德川家，要求丰臣家予以说明。八月十七日，片桐且元前往德川家康所在的骏府城，却带回极为苛刻的三选一条件：丰臣秀赖来到江户城参勤；淀夫人前往江户城做人质；丰臣秀赖放弃大坂城接受转封。

淀夫人大怒并斥片桐且元不忠，丰臣秀赖有意从中调停，但片桐且元于九月二十八日逃往高野山，丰臣秀赖只能下令驱逐片桐且元家臣，正式与德川幕府决裂。

为了筹备战役，丰臣秀赖广散府中黄金以招募贤才，10万名各地散兵游勇纷纷前来助战。但城外浪人与城中家臣之间围绕战略战术争论不休，最终丰臣秀赖为稳妥起见决心固守大坂城。

十一月十八日至二十九日，幕府军从各个方向攻克大坂城外的支城，并在十二月四日开始进攻大坂城东南角的真田丸，遭到阻击；十二月八日，德川家康派遣使者进入大坂城，向丰臣家提出了四条和议条件，除淀夫人到江户做人质以及丰臣秀赖离开大坂城外，还要将大坂城的防御工事全部拆毁、人员遣散。丰臣秀赖认为自身占据优势，并未同意。

十二月九日开始，幕府军打响心理战，在夜里高声呐喊以扰乱城内军心，由于淀夫人曾在少年时期经历过小谷城（近江国长滨市湖北町）、北之庄城（福井县福井市）两次城陷，德川家康针对这一弱点在夜晚不停地呐喊，用以扰乱淀夫人的作战决心。

除此之外，德川军还动用大炮轰击，造成丰臣军伤亡。不过淀夫人依旧很有斗志，亲自穿着武具来到前线激励士兵。十二月十六日，一发炮弹击穿天守阁，砸死淀夫人侧近七八名侍女；十二月十九日，和议成立，丰臣家同意将惣堀全部拆毁，同时愿意将城中浪人遣散，以此为条件，要求丰臣秀赖不必离开大坂城，淀夫人也不必出质。

双方停战之后，庆长二十年（1615）一月二日，丰臣秀赖派遣使节来到二条城对德川家康致以新年问候，可见丰臣家彻底承认自身的家臣地位。不过随着幕府军拆除大坂城外围全部防御工事，大坂城本身也失去作战能力，丰臣家丧失讨价还价的资本。

三月十五日，丰臣秀赖的使者青木一重以及淀夫人的使者常高院、二位局、大藏卿局三位女性共同来到了骏府城，再度得到一个二选一条件：要么从大坂城转封至其他地方，要么驱散大坂城中所有浪人。四月五日，丰臣秀赖决心退出大坂城，但并未提及遣散浪人之事。四月十日，德川家康在名古屋城会见青木一重，要求大坂城必须遣散浪人。

德川家康步步紧逼，丰臣秀赖步步败退。就在他决定遣散浪人之前，幕府军已经集结 15.5 万人来到二条城，准备对大坂城发起最后攻击。从五月五日幕府军发起攻击开始，到五月七日下午真田信繁战死，丰臣方全无招架之力。

面对灭亡之虞，秀赖家臣大野治长将德川家康的孙女千姬送到幕府军阵营中，请求留下丰臣秀赖一条性命。但五月八日，德川家康派遣火枪队射击丰臣秀赖所藏仓库，逼迫秀赖与母亲淀夫人双双自尽，广义上的战国时代宣告结束。

4. 前田利家

2002 年的大河剧《利家与松》恐怕是很多大河剧发烧友关注的首部作品。虽然这位战将很早就出现在历史之中，但他真的起到关键性作用，却是从织田信长去世开始。

前田和家是织田信长青年时代的红母衣众（红衣亲卫队）成员，永禄三年（1560）五月就参加了桶狭间之战并砍下了三颗人头。但由于早在永禄二年（1559）前田利家就砍死了织田信长宠爱的僧侣拾阿弥，因此直到永禄四年（1561）前田利家杀死斋藤家下属武将足立六兵卫，才累计战功，重新回到织田家麾下。

永禄十二年（1569），由于前田利家的兄长前田利久没有嗣子，织田信长便命令前田利家继承家业。随后前田利家参与了姊川之战与石山本愿寺攻击战（1570）、一乘谷城之战（1573）、第二次伊势长岛城之战（1574）、长筱之战（1575）。从天正二年（1574）开始，前田利家与佐佐成政、不破光治一道成为柴田胜家的“与力”，并在次年（1575）三人一并获得 10 万

前田利家的居城——金泽城

石领地（每人3.3万石），由于三人城池都在越前府中（福井县越前市）而称为“府中三人众”。

三人被编入北陆军团，但依旧参与了进攻近畿的摄津有冈城、播磨三木城等战役。天正九年（1581），前田利家获封能登国（石川县北部）23万石领地，事实上独立为国持大名。前田利家将旧主城七尾城拆毁，在不远处重建新城。

本能寺之变（1582）后，明智光秀很快被羽柴秀吉歼灭，随后的清洲会议上，由于织田家名义上并没有分裂，前田利家便继续以“与力”的形式辅佐柴田胜家，但他又与羽柴秀吉关系甚笃，这就使得他成为羽柴、柴田两家和议的中介人。

天正十一年（1583）三月贱岳之战，前田利家率领3万人与佐久间盛政在柳濑（滋贺县长滨市余吴町）布阵，对面的羽柴秀吉则在南部12千米处的木之本（滋贺县长滨市木之本町）布阵，双方交战的贱岳山，则是木之本西部3千米的一座高地。

四月二十日中午，佐久间盛政的7000先锋队绕过防御工事，迂回攻击了木之本北部4千米的大岩山，大岩山守将中川清秀战死。接着，佐久间盛政又乘胜追击岩崎山的羽柴守军，守将高山右近力战不支，撤退到木之本营地，羽柴秀吉随即回兵，在晚上9点回到木之本，快速袭击佐久间盛政。

这时的佐久间盛政已经临近贱岳山，但当他看到羽柴军主力回返，意识到大事不妙，立刻沿着余吴湖徐徐向北撤退。四月二十一日凌晨，两军正式交战。此时战役胜负未分，如果佐久间盛政与后方接应的前田利家2000人合兵一处，已经疲劳不堪的羽柴军不一定能够占到便宜。

然而前田利家并没有援助，而是突然从战场上撤退，导致佐久间盛政被全灭。四月二十二日，战胜的羽柴秀吉来到府中城，前田利家在堀秀政劝说下缴械投降，协助羽柴军在四月二十三日攻克柴田胜家的北之庄城。战后，羽柴秀吉将佐久间盛政旧领，即北加贺两郡加封给前田利家，前田利家顺势将主城转移到金泽城（石川县金泽市）。

小牧长久手之战（1584）期间，前田利家虽未前往主战场，却在后方受到越中佐佐成政的袭击，随后前田利家在末森城（石川县羽咋郡宝达志水町）击败了这位昔日同僚。羽柴秀吉败于长久手后，北陆也形成胶着状态，直到天正十三年（1585）秀吉亲自抵达越中才平定了佐佐成政。

富山之战结束后，前田利家嫡子前田利长获封西越中三郡，而前田利家成为整个北陆地区的主将，充当羽柴（丰臣）家联络上杉景胜乃至东北大名的重要前哨；九州征伐（1587）时期，前田利长前往九州，率领8000军队在近畿驻守；小田原征伐（1591）时，他一面要求伊达政宗南下参阵，一面与上杉景胜一起从北陆一路南下，攻克北条家上野、武藏领地；奥州仕置（1590—1591，丰臣秀吉对日本东北地区诸大名的奖惩）结束以后，前田利家继续留在奥羽前线，督促前田利家、南部信直等陆奥大名进京。

侵朝战争时，前田利家率军8000先行抵达近畿，随后前往九州，但还没等到渡海前往朝鲜，日本就开始与明朝议和，最终前田利家未能渡海进入朝鲜。

前田利家

文禄三年（1594）一月，前田利家与上杉景胜、毛利辉元共同获得从三位品阶。四月，前田利家先行得任权中纳言，成为在丰臣政权中仅次于德川家康的重臣。庆长三年（1598）四月，前田利家让位于嫡子前田利长，自己专心在近畿辅政。丰臣秀吉去世以后，前田利家进入大坂城辅佐丰臣秀赖。

在人生最后一段时间里，前田利家力压丰臣家内部文治派与武功派之争，在庆长四年（1599）二月二日组织四大老、五奉行与德川家康交换誓文，逼迫德川家康一度退守。闰三月，前田利家去世。前田利家一生中的闪光点不多，却靠着勤恳努力与站队正确而拥有了仅次于德川家康的实力，他死后，德川家康再无顾忌，丰臣家政权岌岌可危。

5. 黑田孝高

黑田家是播磨国后起国人，受东播磨国人小寺家的重视，以姬路城为主城活跃于世。随着织田家势力逐步西渐，黑田孝高力谏小寺家投靠织田信长，后又将姬路城让予羽柴秀吉作为中国地区的主城，黑田孝高自此与羽柴秀吉结缘。

天正六年（1578）九月，荒木村重在有冈城叛乱，黑田家主君小寺政职与之遥相呼应。为劝说旧日伙伴荒木村重回归，黑田孝高亲自进入有冈城，却被囚禁于土牢，直到天正七年（1579）十月才在家臣栗山利安援救下逃出生天，从此落下跛脚的毛病。自此以后，黑田孝高成为羽柴秀吉麾下重要的谋臣，先后在围攻鸟取城（1581）、水淹备中高松城（1582）时加以谋划，尤其擅长围城断粮战术。

本能寺之变（1582）后，黑田孝高闻讯立即建议秀吉回兵近畿，并与蜂须贺正胜一道与毛利家交涉，帮助羽柴秀吉击败明智光秀。据说得知织田信长死讯以后，黑田孝高不但没有悲痛，反而兴奋地告诉羽柴秀吉“此乃殿下武运即将开启之机”，这一场景成为后世各种演义之中的一个重要桥段。羽柴秀吉最终靠着接受黑田孝高的建议，从此走上统一天下之路。

江户时代学者赖山阳把竹中重治、宇佐美定满、山本勘助并列为战国三大军师，黑田孝高较此三者明显更胜一筹。他因智谋胆识过人遭到丰臣秀吉的猜忌，因而仅仅得到丰前国中津城（大分县中津市）18 万石领地。为了打消主君的顾虑，黑田孝高让位给长子黑田长政，自己前往陪伴丰臣秀吉。

文禄元年（1592）年底，朝鲜战争爆发，黑田孝高侵入朝鲜，在碧蹄馆（韩国京畿道高阳市德阳区碧蹄洞）之战抵挡住明朝将领李如松的进攻，并为进攻晋州城（韩国庆尚南道晋州市）设计了龟甲车。由于不满文臣出身的小西行长、石田三成等人的指手画脚，黑田孝高两度独自回国，皆遭到丰臣秀吉斥责，被迫回返。可见黑田孝高作为武功派重要人物已经与文臣嫌隙极大。这一时期，黑田孝高剃发，改称“如水轩圆清”。

丰臣秀吉去世以后，黑田如水迅速与德川家康结盟。他一方面把儿子黑田长政送到德川家康阵营里，一方面开始在濑户内海的周防长岛港（山口县柳井市上关町）、备后福山港（广岛县福山市东南）、摄津尼崎港（兵库县尼崎市）设立三个海上驿站，要求家臣将大坂城的消息在三天内送到自己手中。可以看出，他对日本的局势走向非常关心。这也为他日后在九州的壮举打下了基础。

庆长五年（1600）八月，关原之战双方正处于决战前的最后关头，小西行长、岛津义弘、立花宗茂、毛利吉成等九州主要大名全都参加了西军，唯一兵马未动的只有参加东军的加藤清正。

由于黑田长政已经率领 5000 人参与关原之战，黑田家兵力不足，黑田如水将一生积蓄全部取出，将中津城附近的农民收纳为士兵，总兵力达到 9000 人。很快，他与加藤清正等东军将领达成协议，共同平定九州岛。

九月九日，黑田如水率领 1 万军队出发，十三日在石垣原（大分县别府市）击败西军大友义统军队。为了迅速统一九州，黑田如水不但没有处罚大友义统，反而将大友军编入己方队伍，迅速在半个月之内平定了丰后国（大分县

黑田孝高

南部）其他地区。

得知黑田如水的进攻如此凶猛而迅捷，九州岛西军大名望风而降，本为西军大名的锅岛直茂突然倒戈，率军围困立花宗茂的柳川城（福冈县柳川市）。十月二十九日，黑田、加藤两军到达柳川城，第二天城池告破。

十一月初，九州东军的3万人来到水俣城（熊本县水俣市），准备对唯一没有投降的西军大名岛津义弘发动战争。只要降服了岛津家，黑田如水就能彻底踏平九州岛。然而十一月十二日，德川家康却突然发布命令，要求黑田如水、加藤清正等人停止对岛津家的征伐。

对于德川家康来说，虽然黑田如水、加藤清正等人都是盟军，但如果让他们夺取了九州，那么九州岛的实力平衡就会被打破。九州偏远，形成霸权对尚未建立的德川政权没有好处。

虽然没能达成一统九州的目标，但黑田如水在两个月内的神速行军体现了这位绝世军师的素质。由于黑田如水、长政父子的努力，黑田家成为在九州、关原两场战役中唯一一个都立下战功的家族，并因此获得筑前国52万石封地，黑田长政也成为福冈藩初代藩主。

据说黑田长政向父亲汇报自己的关原战功时，特意提到德川家康握住自己的手称赞不已。当父亲的却询问是哪只手，黑田长政答曰“右手”，黑田如水责问道：“那当时你的左手在干什么？”言下之意是：“你为什么不杀了德川家康，以便我统一天下？”

这段逸事史有实据。庆长五年（1600）十月，黑田如水在给吉川广家的信里提道：如果关原之战再持续一个月，那么我很可能攻入中国地区，华丽地大战一场，然而德川家康早早取胜，我便也没有用武之地。

在人生晚年，黑田如水真曾有征服天下之愿，但历史并没有给他更多的机会。

6. 石田三成

石田三成出身于北近江浅井领，是丰臣秀吉在长滨城主时代收服的近江国人众之一，是所有国人里最为耀眼的一颗明星。

石田三成早年的佳话莫过于“三献茶”：秀吉打猎归来，石田三成先是递上一大碗温茶用以解渴，接着递上中碗暖茶用以铺垫，最后奉上一小杯热茶用以品味。由于这一逸事过于出名，如今JR长滨站前有依此事而立的塑像。

石田三成的内政能力无人能及。天正十一年（1583）九月大坂城动工修建，石田三成开始设计以大坂城为中心的近畿物流体系：在丰臣军需要补给之时，大坂的粮食、军备就会输送至姬路城、堺港、佐和山城等主要城池，或通过海路直接送至濑户内海沿岸，最后通过各地大名向不同战场运输而去。

之所以能够建立顺畅的物流体系，与石田三成力主推动后来所谓的“太阁检地”有关。太阁检地废弃“指出检地”，即不允许各地国人自行检地报数，而是由石田三成直接派遣官吏“立入检地”。

战国时代之所以形成复杂的土地关系，根本原因在于战国大名没有足够的军事能力，只能联合各地国人，作为交换，各地国人就可以保留土地数据，以便保存自身实力。梳理历史不难发现，包括织田信长在内的战国大名，几乎都只能被动接受领地内复杂的土地关系，因此其大名领国制的建设只能将家臣表面一元化，无法实际掌控。太阁检地之后，秀吉就能够精确把握属下家臣的实力，建立更加成熟的一元化机制。

通过数年的“太阁检地”，石田三成基本瓦解了领内国人、土豪、寺院等势力对于土地的把持，将土地的实际耕种者（作人）作为土地所有者对待。在石田三成的努力下，“一地一作人”制度得以建立，逐步消除了领主与农

石田三成

民之间的中间人，减少了统治成本，增加了丰臣家自身的军力。

九州作战结束后的七年间，石田三成对九州反复检地。检地结果颇为惊人：以萨摩国为例，此前岛津家一直报送年产量为21万石，但实际却为58万石，高出原数据近2倍。

但精于内政的石田三成确实不太会打仗。小田原征伐（1591）期间，在丰臣家各方面军队攻克几乎所有北条家城池之后，石田三成依旧未能攻克自己负责的忍城（埼玉县行田市）。他本欲模仿丰臣秀吉水淹备中高松城那样筑堤水淹，却未能如愿。虽然目前一般认为是丰臣秀吉本人指示石田三成进行水淹，然而未能按照战场实际情况调整策略，也暴露出石田三成对具体战术缺乏理解。

侵朝战争爆发以后，石田三成与增田长盛、大谷吉继来到汉城担任朝鲜出兵总奉行，并参加碧蹄馆之战（1592）。在朝鲜战役里，石田三成等文治派成员逐渐与福岛正则、黑田长政等武功派成员之间发生矛盾。而文禄四年（1595）七月丰臣秀次去世后，武功派不敢对丰臣秀吉动怒，便将怒火转移到了文治派，尤其是最为活跃的石田三成身上。等到丰臣秀吉去世以后，双方矛盾日趋激化。

德川家康与伊达政宗秘密订下子女婚约后，石田三成联合德川家康以外的四大老、五奉行一起出言责难。庆长四年（1599）二月，德川家康被迫发布誓文，选择妥协。

闰三月三日晚上，加藤清正、福岛正则、黑田长政、细川忠兴、藤堂高虎、加藤嘉明、浅野幸长七名武将在大坂城内追杀石田三成。四日，石田三成从大坂城逃到伏见城避难，七名将领则追杀至此。伏见城的德川家康出面召集七位将领，要求其放弃追杀。

由于出面保护了石田三成，作为交换条件，德川家康要求石田三成离开大坂城，回到封地近江佐和山城（滋贺县彦根市）闭门思过。这就使得丰臣家实权逐步转移到德川家康手中。庆长五年（1600）六月，德川家康率领武功派成员东进进攻上杉家。

七月中旬，石田三成逃出佐和山城来到大坂城，与大谷吉继、长束正家等文治派人员一起组建军马。为了掌握东军人心，石田三成扣押了所有东军将领在大坂城的亲属，并向各位丰臣大名写信，要求他们离开德川家康，西军壮大至 9.4 万人。

石田三成决定将西军分为四路: 第一路 1.5 万进击丹后国（京都府北部）；第二路 3 万进攻伊势国（三重县东部）；第三路 7000 人向北进发，争取尽快与上杉家取得联系；第四路 2 万则由他自己亲自率领，平定美浓国（岐阜县西南部）。统帅毛利辉元率领余部留守大坂。

石田三成是一位优秀的政治家，却缺乏战略知识。现在他的着力点，应该是直接向关东进发，拿下东军各大名的领地，这样才能从实质上瓦解东军。分兵不仅使他丧失了先手，更让东军获得了喘息的机会。

八月十日，石田三成率领主力来到大垣城。十四日，东军的先锋福岛正则、池田辉政就到达了 25 千米外的清洲城（爱知县春日井郡）。八月二十一日，岐阜城（岐阜县岐阜市）陷落。九月一日，近江国大津城（滋贺县大津市）的西军大名京极高次突然宣布投靠东军，因此石田三成不得不分兵 1.5 万包围大津城，这场包围战直至关原之战当天才结束，是西军失败的前奏。

九月十四日，西军 8.4 万军队趁夜来到北国街道、伊势街道、中山道三条道路的交界处，也就是通向佐和山城的必经之地关原。

到达关原战场后，石田三成率领 6000 人驻守在西北部的笹尾山，同盟小早川秀秋率领 1.5 万人驻守西南部松尾山，东南部的南宫山则由毛利秀元、

关原之战石田三成布阵地松尾山现貌

吉川广家、安国寺惠琼的 1.7 万人驻守。西军其他主要部队在笹尾山至松尾山布阵，从北到南分别是岛津义弘（2500 人）、小西行长（4000 人）、大谷吉继（1000 人），而宇喜多秀家率领的 1.7 万人则作为先锋进驻关原主战场。十五日凌晨，东军 7.5 万人也来到关原战场布阵，战事一触即发。

石田三成虽然不通军事，但这番布阵还是非常讲究。首先在正面设置了防御网，又在东南部安排毛利秀元断绝东军后路，口袋阵颇为明显。然而经过九月十五日一日激战，由于小早川秀秋最终倒戈一击，到下午 3 点左右，这场世纪大战以石田一方彻底失败结束。石田三成被迫带着几个随从隐藏到了佐和山城附近的农村，最终被逮捕而斩首。

据说行刑之前，他要求监斩官田中吉政给他一杯水解渴，恰好周围没有水源，只有柿子树，田中吉政便询问他可否以柿子代替。他却说柿子生痰，对身体不好，周围人皆哑然失笑。

石田三成并不是个军事好手，却是帮助丰臣家逐步稳定下来的内政能手。他广泛推行的太阁检地、创立的物流体系到江户时代依旧沿用，足见其能力之强。

叁 三河德川家

1. 德川家康

·初生与独立

天文十六年（1547）八月，年仅四岁的松平竹千代离开本家三河国冈崎城（爱知县冈崎市），准备去往今川家做人质。

不过路途之中，尾张国人户田康光却改变方向，将松平竹千代送到织田信秀麾下。由于今川家与织田家一直交战，竹千代在尾张热田（爱知县名古屋市热田）滞留了两年后，才作为筹码在天文十七年（1548）交换了织田信秀的长子织田信广，因而来到今川家骏府城（静冈县静冈市）。这两年中，松平竹千代的父亲松平广忠遭到杀害，冈崎城为今川家城代朝比奈泰能控制。

弘治元年（1555）三月，12岁的竹千代在骏府城元服，改称“松平元信”，年底又改名为“松平元康”。永禄元年（1558）二月，松平元康以今川军先锋名义进攻内通织田家的寺部城（爱知县丰田市寺部町）城主铃木重辰，获得今川义元赏赐腰刀与300贯文领地。

永禄三年（1560）五月，松平元康部队作为今川家先锋进攻织田信长，并给大高城（爱知县名古屋市大高町）今川家部将鹈殿长照送去兵粮。五月十八日，松平元康突破丸根、鹫津城寨并成功运粮；十九日凌晨，他攻克丸根寨，友军朝比奈泰能攻克鹫津寨，双双立下战功。然而也就在这一天，今川义元在不远处的桶狭间战死，松平元康不得不撤退。

今川义元去世后，今川家对三河国的控制力降低。永禄四年（1561）二月，松平元康回到冈崎城，直接向将军足利义辉进献骏马，等于是表明独立。四月，松平军攻克牛久保城（爱知县丰川市牛久保町），与今川家撕破脸面。

永禄五年（1562）一月十五日，松平元康特地来到清洲城与织田信长会盟，双方达成了包括同盟、勘定边界等多项协议，这是日本战国时代各类同盟中延续时间最长的一个。由于双方会晤地点是清洲，后世一般称其为“清洲同盟”。永禄六年（1563）三月二日，信长约定将女儿嫁给松平家的嫡子松平信康，同盟得以强化。

七月六日，松平元康舍弃从今川义元处获得的“元”字，改称“松平家康”。改名后的松平家康为了推进大名领国制建设，开始对国内寺院势力征税。

九月，三河国人菅沼定显对上宫寺（爱知县冈崎市上宫寺）强行征收军粮，上宫寺、本证寺、胜鬘寺三家寺院带领本愿寺势力反抗，随后东三河国人吉良义昭、荒川义广等反松平势力，甚至松平家属下的本多正信、夏目吉信也纷纷加入，很快造成了席卷东三河的大乱。

由于松平家康信仰的是佛教净土真宗高田派，本愿寺势力则属于净土真宗本愿寺派，故而战役也有一定的宗教战意义。

经过半年战争，松平军在永禄七年（1564）二月二十八日攻克上宫寺。吉良义昭、荒川义广等国人出逃至今川家，而本多正信、夏目吉信重新归顺松平家。为防寺院势力再起，松平家康命令将本愿寺寺院拆毁。六月二十日，松平军攻克吉田城（爱知县丰桥市今桥町）。

永禄九年（1566）十二月二十九日，经过天皇允许，松平家康改姓“德川”，获封“三河守”的官职。

为什么改姓“德川”？大多史料用了“复姓”的说法，意指恢复过去的姓氏。不过“松平”来源于三河国松平乡（爱知县丰田市松平町），事实上与“德川”并无关系。德川家康这次改姓时，本来是要申请源氏新田一族的“德川”，但时任关白的近卫前久却以三河守的职务需要称藤原家为由，并没有给予他源氏之“德川”，而是给予藤原家之“德川”。据史学家笠谷和比古研究，至天正十六年（1588）德川家康才开始自称源氏后人。

·面对武田家

永禄十一年（1568）十二月六日，甲斐武田信玄撕毁甲骏相三国同盟条约，进攻式微的骏河今川家，德川家康事先通过酒井忠次与武田家达成协定。十二月十三日，德川家攻克远江曳马城，后将主城从冈崎城转移而来，并重新命名曳马城为滨松城（静冈县滨松市）。

徳川家康自画像

不过武田家并不满足于夺取骏河，更在永禄十二年（1569）一月八日开始派遣秋山信友进攻远江国。五月，德川军围攻今川氏真所在挂川城（静冈县挂川市），随即降服今川氏真并与反感武田家的北条氏康结盟，共同抵挡武田家南下。

元亀元年（1570）德川家康先后参加了金崎之战（四月）、姊川之战（六月），但德川军当前重敌已经从今川家转为如日中天的武田家。十月八日，德川家康向上杉谦信寄送了起请文，表示要与武田信玄决裂，同时愿意促成织田信长、上杉谦信之间的同盟关系。

元亀二年（1571）四月，武田信玄进攻三河国吉田城，德川家康仅仅派了2000士兵前往援助。织田信长认为德川家康的行动过于草率，建议他放弃滨松城，集中兵力驻守吉田城，以免武田军断绝三河、远江之间的联系。但德川家康却拒绝了这一建议，甚至表示：如果从滨松撤退，倒不如扔掉战刀不做武士了。死守远江国也让他日后大败于三方原。

德川家康之所以不离开滨松城，也是因为他与上杉、北条两家有了共同进攻武田家的协定，只要这个包围网还存在，德川家就不会有危险。然而十月北条氏康去世，第二次甲相同盟随即恢复，武田家免除东顾之忧，可以西进攻击德川家康。

元亀年间，德川、武田领地在远江、三河两国均有接壤。元亀三年（1572）十月，武田军开始西上作战，分派山县昌景、秋山信友进攻东三河、东美浓，自己领兵3万从信浓直接进入远江。闻知武田大军来袭，北远江国人天野景贯随即投降，武田军继续向二俣城（静冈县滨松市天龙区）进攻，山县昌景也意图从东三河回兵夹击，北远江形势危急。

为迅速应敌，年轻气盛的德川家康派遣本多忠胜、内藤信成率领 3000 人越过天龙川侦察。十月十三日，在中部远江的一言坂（静冈县磐田市一言）与武田 5000 人遭遇。按照德川家康的思路，武田军应该还在北远江稳固地盘，怎知行动力超强的武田军已经南下，本多忠胜部队虽然力战却仍然不敌，旋即回撤。武田军顺势在十月十八日包围南远江重镇二俣城。十二月十九日，二俣城因水源断绝而开城投降。

二俣城攻防战期间，德川家康匆忙向织田家求援，处于包围网中的织田信长挤出平手汎秀 3000 军队进入滨松城。

平手汎秀到达以后，向德川家康传达了织田信长的指示：无论武田信玄如何挑衅，千万不要出城迎敌，尽量固守城池拖延时间。

十二月二十二日，武田信玄绕过滨松城，直接向西北方向进发，故意将背后暴露给德川军。德川家康认为这是侮辱，立刻下令 1.1 万军队全部出发，追击正在北上的武田军，结果武田军却在三方原突然转身，冲向德川军。不到两个小时，武田军大获全胜，德川军损失上千名将士，德川家康本人在家臣的掩护下仓皇逃回滨松城，据传由于过度紧张，他甚至大便失禁。

三方原之战后德川家康将自己战后的窘态画下来，一直挂在墙上提醒自己。由于震惊于武田军强大的战斗力，德川家开始以武田为师。在江户幕府的官方宣传里，武田信玄也被作为“磨砺德川神君的武神”而受到崇拜。

三方原古战场遗址

但三方原战后，武田信玄突然在天正元年（1573）四月去世，德川家康人生中最大危机解除。为了确认武田信玄是否死亡，德川家康甚至派人前往骏河国武田领与三河长筱，对方并未抵抗，这才确认武田信玄确实去世。德川家康随即在八月二十日策反奥平贞昌，并在九月十日夺取长筱城。

但武田家并未放弃继续进攻。天正二年（1574）武田胜赖攻克远江高天神城（静冈县挂川市上土方），而德川家康也发现家臣大贺弥四郎内通武田，因而在天正三年（1575）四月五日将其以锯刑处死，武田胜赖军队随即在五月一日包围只有 500 人驻守的长筱城；五月二十一日，织田、德川 3.8 万军队在长筱设乐原迎击武田军，经过一整天战役，武田军惨败，大量名将战死沙场，武田胜赖部队遭到毁灭性打击。

天正三年（1575）八月，德川军迅速反击，夺取诹访原城（静冈县岛田市金谷），切断高天神城的大井川补给道路，使得武田家更难防守这座远江坚城。十二月二十四日，德川军收复二俣城。天正五年（1577），德川家康开始在高天神城附近修筑横须贺城（静冈县挂川市西大渊）以为支城；天正六年（1578）上杉家爆发“御馆之乱”，武田、北条两家再度决裂，德川家借机与北条氏政结盟，夹击武田家。

然而就在这时，德川家与织田家之间也发生了一件不祥之事。

·与织田信长的矛盾与跨越伊贺

就在第二次信长包围网进行得如火如荼之际，织田信长在天正五年（1577）年底与天正六年（1578）年初三次来到三河吉良（爱知县西尾市）猎鹰，意在重新确认与德川家间的同盟关系。

天正六年（1578）一月二十一日，猎鹰后的织田信长特地来到了冈崎城（爱知县冈崎市），与长女也是德川家康长子松平信康的妻子德姬会面。考虑到后来发生的事情，织田信长很可能在这次会面中要求女儿监视德川家的动向。

德姬非常上心，天正七年（1579）四月至七月左右寄信给父亲，信件分为 12 条，主要内容是松平信康与德川家康的正室筑山夫人私通武田胜赖，意图背叛织田信长。织田信长大吃一惊，立刻要求德川家康解释。

德川家康派遣重臣酒井忠次前往安土城辩解。七月十六日，织田信长将德姬的12条汇报一一列出，但肩负重任的酒井忠次却由于过度紧张，连10条都没有解释清楚。织田信长当即向德川家康下令，要求松平信康切腹自尽。

德川家康没有任何辩解。八月三日，他来到冈崎城，将松平信康迁移出城；九日，松平信康与五名随从来到堀江城（静冈县滨松市西区），接着来到了二俣城，被交由家臣大久保忠世管辖。八月二十九日，筑山夫人被家臣杀死，九月十五日，松平信康自尽，年仅21岁。

在传闻中，松平信康暴虐无能，筑山夫人私生活混乱，但从历史角度来看，松平信康在长筱之战中曾立有战功，也协助父亲治理三河，因此在很多人看来，织田信长执意杀死他是为了给自己的继承人织田信忠清除威胁。

筑山夫人是今川家臣关口义广之女，当年在今川义元的命令下嫁给仍是人质的德川家康，但二人之间的关系慢慢疏远，德川家康有可能借此机会将牢骚满腹的筑山夫人清除。至于德川家康为什么不申诉，应该是他不愿意与织田信长这个强大盟友为敌。

当今的历史研究又有新说法：当时德川家存在以酒井忠次为首的滨松派和以松平信康为首的冈崎派，酒井忠次担心松平信康继任后对自己不利，因而在申辩时不但没有保护信康，反而暗中陷害。

虽然痛失嫡子，但无论是织田、德川同盟关系还是德川家内部都未受重大影响。天正八年（1580）三月开始，德川家重重包围高天神城；与此同时，北条氏政也开始进军武田家领地，武田家形势岌岌可危。天正九年（1581）一月，高天神城意欲投降，却被织田信长拒绝。三月二十二日，德川军5000人一举突入城池，取得688枚首级。经此一役，德川家康基本控制远江全境。

天正十年（1582），织田家以摧枯拉朽之势迅速进攻武田领，德川家康也顺势进攻，靠着武田家同族穴山梅雪的协助而在三月一日攻克江尻城（静冈县静冈市清水区）。武田胜赖在多方夹击下自杀身亡，武田家也随之灭亡。

消灭武田家后，五月十五日，德川家康与穴山梅雪受到织田信长的邀请，一同来到安土城赴宴。据说宴会上的鱼腥臭不堪，接待者明智光秀受到织田信长训斥（一说为打骂），一般认为这成为织田信长在六月二日遇刺的导火索。

六月二日白天，德川家康便得知织田信长的死讯。一开始德川家康意欲前往京都知恩院（与松平家有交往）自尽，在本多忠胜、服部半藏劝说下打消了念头，决定在34名家臣的陪同下穿越伊贺忍者领地回国。

途中，穴山梅雪因为不信任德川家康而与其保持一定距离，结果遭到武装农民袭击而死。而德川家康，在六月三日一天之内就横穿伊奈半岛，赶到伊势国白子城（三重县铃鹿市白子町）。四日，他渡海回到了三河国。十四日，德川军开至尾张国鸣海城（爱知县名古屋市绿区），打起为织田信长报仇的旗号，但羽柴秀吉先于他取得胜利，德川军在二十一日回到滨松城。

织田信长一死，东国局势顿时混乱，甲斐（山梨县）、信浓（长野县）、上野（群马县）三国成为德川、北条两家争夺的重点。天正十一年（1583）六月，北条氏直率领4.5万人进入上野国，击败泷川一益以后一路西进突入信浓国，眼看着北条军将要囊括原武田家的领地，德川家康在七月九日进入了甲斐国。

九月，德川军策反真田昌幸，切断北条军的后路。十月二十九日，德川家康将女儿督姬许配给北条氏直，双方达成分割武田家领地的协议——德川家占据甲斐、信浓，北条家占据上野。第二年（1584）八月，督姬正式嫁给北条氏直，同盟成立。就此，德川家康一跃成为占据“骏远三甲信”的五国大名。

对于新占据的骏河、甲斐、信浓三国，德川家康意识到不能仅使用自己旧有的家臣，更要将原属于今川、武田两家的国人吸纳进来。据史学家柴辻俊六研究，从当年八月二十一日到十二月十一日，原武田家臣800余人分批向德川家康递交了起请文，宣示效忠德川家。

由于德川家康一直专心于领地经营，而羽柴秀吉则与柴田胜家交战，双方在很长时间内相安无事。天正十一年（1583）五月二十一日，德川家康派遣家臣石川数正向羽柴秀吉赠送了著名的茶器初花，庆祝贱岳之战的胜利；作为回礼，八月三日，羽柴秀吉向德川家康赠送了武士刀。

不过羽柴秀吉崛起于西侧，双方也不可能一直相安无事。天正十二年（1584）三月，织田信雄斩杀三家老，向德川家康求援以抵挡羽柴秀吉的进攻。三月七日，德川家康率领8000精兵从滨松城出发，十三日来到了清洲城，与织田信雄的1万军队合流，决战即将爆发。

·对阵秀吉与秀吉麾下

德川家康本想主动出击，怎知天正十二年（1584）三月十三日，羽柴军先锋首先袭击犬山城，逼迫德川军在十五日进入附近的小牧山城。为了进行长期战役，德川军迅速将小牧山城彻底翻修了一遍，并在周围挖掘深沟加固城防。

三月十七日，羽柴军森长可来到两城之间的羽黑（爱知县犬山市西部）布阵，但德川军的酒井忠次、奥平信昌等人趁夜将阵营击破；四月六日，羽柴秀吉派遣池田恒兴作为先锋率领2万军队前往三河国，准备偷袭德川军后部。

七日晚间，由于羽柴军行动不够隐秘，布局在各地的哨兵与忍者迅速将

小牧长久手古战场遗址

羽柴军的情况报告给德川家康。经过短暂的分析，德川家康派遣4000人先到南部的小幡城（爱知县名古屋市守山区）附近打前哨，自己率领主力在八日晚上进驻小幡城，仅留下猛将本多忠胜一部驻守小牧山城。九日清晨，德川军9000人从后方击溃池田恒兴部队。战役胜利，羽柴军被迫在五月一日撤军。

八月中旬，羽柴秀吉提出议和，要求德川家交出人质。由于羽柴家占据战略优势，又在十一月降服织田信雄，德川家康不得不在十二月十二日将次子于义丸（秀康）送给羽柴秀吉做养子。虽然一度相互妥协，但双方并未停止争斗。

天正十三年（1585）闰八月，德川家康返修骏府城（静冈县静冈市），准备以后将这里作为新的主城。其目的有两个：一来可以离同盟北条家更近，二来也可以加快新领地的建设。

但就在德川家刚刚步入正轨的时候，十一月十三日，冈崎城城主石川数正突然离开了德川家，转投丰臣（羽柴）秀吉。石川数正不辞而别不仅让德川家痛失一臂，更使得三河防务完全暴露给丰臣秀吉，德川家在政治博弈中落于下风。十六日，德川家康亲自来到冈崎城稳定军心，要求家臣不能动摇。

关于石川数正出逃的原因，目前研究认为仍然是因为德川家的派系争斗。贱岳之战后，石川数正受德川家康之命向丰臣秀吉表示祝贺，在政治上成为德川、丰臣两家的桥梁，却加深了他与酒井忠次等滨松派家臣的矛盾。矛盾的加深使其无法在德川家安身。

十一月二十日，丰臣秀吉派遣使者力劝德川家康进京归顺，但德川家康不但没有答应，反而在天正十四年（1586）三月九日来到伊豆三岛（静冈县三岛市）与北条氏政、氏直父子会面，再度确认双方的同盟关系。

这段时间里，丰臣秀吉虽然接连降服根来杂贺众、越中佐佐成政、四国岛等地区，但对德川家康依然采取拉拢态度。首先是在五月十四日将44岁的妹妹朝日姬许配给45岁的德川家康，又要求母亲大政所前往冈崎城“探望女儿”，事实上成为交给德川家康的人质。

德川家康感受到丰臣秀吉诚意，便在九月二十六日召开会议讨论是否应该进京的问题。会议上，家臣们认为应该与丰臣家对抗到底。但考虑到丰臣秀吉已就任关白，军力又迅速膨胀，加之石川数正出逃，德川家康力排众议，决定进京称臣。

十月二十六日，德川家康按照丰臣秀吉私下的要求，在丰臣家各大名面前向丰臣秀吉索要阵羽织，正式称臣于丰臣家。十一月一日，德川家康来到京都宅邸，双方的关系正式从对立转为和睦；十二月四日，德川家康将主城迁移到骏府城。

天正十五年（1587）八月，德川家康再度进京，受到推举而获得从二位、权大纳言之职，通称“骏河大纳言”。十二月三日丰臣秀吉发布《关东奥羽两国总无事令》，德川家康负责监督实行。

由于北条家一直不愿进京，德川家康在天正十六年（1588）五月二十一日撰写起请文，提到如下三点：（1）只要进京称臣，一定会保证北条家领地；（2）必须将全部（北条氏政）兄弟一起派入京都；（3）如果不进京称臣，德川家会要求督姬与北条氏直离婚。至少在这个时候，德川家康还保持中立态度，努力避免战争发生。

在德川家康的影响下，八月二十二日，北条氏政的弟弟北条氏规进京拜见丰臣秀吉。天正十七年（1589）二月，北条家臣板部冈融成进京，要求真田家交出上野沼田领。经过交涉，北条家获得沼田城三分之二的领地。但在十一月十三日，北条家又夺取另外三分之一的领地，惹得丰臣秀吉大怒，决定开始小田原征伐（1591）。

德川家这段时间又收到北条家的求助信，但他并未理睬。天正十九年（1591）一月十三日，德川家康三子长丸进京做人质，由丰臣秀吉亲自为其举行成年礼，并为其更名为德川秀忠；二十一日，西路军先锋德川家康开始召集众将开会讨论如何进兵，德川家完全倒向丰臣家。三月二十九日，德川家康与西路军攻克山中城（静冈县三岛市山中），并南下包围韮山城（静冈县伊豆之国市），随后丰臣军主力在四月包围小田原城。七月，北条家投降灭亡，丰臣军大获全胜。

北条家灭亡后，丰臣秀吉将德川家康转封至关东，虽然其领地规模从150万石大幅增长至240万石（算上结成秀康的10万石为250万石），然而德川家却失去了三河国，还要面对北条家残部的暴动，短时间内无法再对丰臣政权产生威胁。

天正十九年（1591）六月开始，德川家康又跟随丰臣秀次北上陆奥、出羽，协助镇压各地的叛乱。文禄元年（1592）日本开始出兵朝鲜，德川家康只是来到名护屋城参阵，并没有渡海前往朝鲜。文禄四年（1595）七月丰臣政权内部爆发“秀次事件”，德川家康开始接替丰臣秀次处理部分政务，地位上升明显。庆长元年（1596）任内大臣，通称也更为“内府”。庆长三年（1598）秀吉去世，德川家康成为辅佐丰臣秀赖的五大老、五奉行之一。

·关原大战前后

丰臣秀吉去世以后，同一时代的人物基本都退出历史舞台，只有德川家康和前田利家两个人仍然处于丰臣政权的核心。

庆长四年（1599）一月十日，丰臣秀赖进入大坂城，丰臣秀吉生前被指定为老师的前田利家也随之入城，而德川家康本人在伏见城（京都府京都市伏见区）代行政务，丰臣政权的统治中心出现了伏见、大坂两城争夺的态势。

由于德川家康打破了丰臣秀吉的遗命，私自与福岛正则、蜂须贺家政、伊达政宗结下儿女婚约，一月十九日受到四大老、五奉行的诘问。二月五日，德川家康在石田三成的逼迫下接受警告。闰三月三日，前田利家去世，丰臣政权的大坝开始崩塌。

前田利家去世当晚，加藤清正等七名武将在大坂城追杀石田三成；闰三月四日，他们继续追杀到伏见城。德川家康召集七将，要求不再追杀石田三成。虽然石田三成是自己的敌人，但一旦他真的被杀，那么丰臣家文治派、武功派两派仇恨就会延续下去，必须要保存对手，才能吸引更多的盟友。

借由帮助石田三成之功，德川家康要求石田三成回到封地近江国佐和山城（滋贺县彦根市）闭门思过。七月，德川家康不经五大老、五奉行讨论就对太泥国（泰国）国书进行答复，颇有僭越之嫌。九月七日，德川家康进入大坂城，居住在石田三成的旧宅邸中。接着，毛利辉元、上杉景胜、宇喜多秀家三人陆续回到领地，由丰臣秀吉苦心创建的五大老、五奉行制度被德川家康彻底架空。

九月九日重阳节当天，德川家康登上大坂城对丰臣秀赖致以问候，但就在这一天，城下传出了有人要谋杀德川家康的流言。后来经增田长盛报告，暗杀的谋划者是前田利家的长子前田利长以及五奉行之一的浅野长政。因此德川家康在十月二日命令涉案的浅野长政、浅野幸长、大野治长三人返回领国闭门思过，同时散布流言，声称德川家会进攻前田家的加贺国。

前田利长颇为惊慌，三度向德川家康申辩，同时将母亲芳春院（松姬）送至德川家作为人质。第二年（1600）五月十七日，德川家康将芳春院移往江户城（东京都），前田家宣布臣服。

稍早一点的五月三日，德川家康派往东北谴责上杉景胜的家臣伊奈昭纲回到大坂，带回著名的《直江状》，促使德川家康在六月十六日率领武功派众将共8万人开启“上杉征伐”。七月二日，8万大军正式进入江户城（东京都），准备北上攻击会津城。

七月十九日，石田三成起兵以及西军集结的消息传到了江户城，但德川家康并没有声张，而是在当天派遣三子德川秀忠率领前军出发，自己亲率主力在二十一日出发。二十四日，德川军来到下野国小山（栃木县小山市），准备对会津城作战，但石田三成围攻伏见城的消息传来，德川家康意识到大局有变，立刻召集属下所有大名召开会议。

会议上，德川家康向所有大名宣布了现今恶劣的状况，并表示既然各位的家人都在石田三成手中，如果现在退出绝不予以阻拦。事实上这是欲擒故纵之计，他深知如果强行留下众将，很多人都会身在曹营心在汉，倒不如放低身位。但德川家康并不担心真的会有人离开，因为早在会议前几天他就散布流言，声称此次的对手并非丰臣秀赖，而是奸臣石田三成，这种方法激化了文臣、武将两派的矛盾，因此很多丰臣家大名甚至是为了“清君侧”这样的理由作战。

从会议的结果来看，德川家康的政治手段非常高明，以福岛正则、池田辉政、黑田长政、细川忠兴为首的大名纷纷表示不会离开，后来成为土佐藩（高知县）初代藩主的山内一丰甚至将自己的领地——6万石的远江国挂川城（静冈县挂川市）献给了德川家康。但同时，也有一位大名默默地离开了德川军营，回到了老家——信浓国上田城，他就是曾经在一年内更换过四次主君的真田昌幸。

八月二日，德川家康留下次子羽柴秀康在会津城对峙，自己率领众将在五日返回江户城。五日当天，他派遣福岛正则、池田辉政作为先锋向西进发。他之所以不亲自前往，是因为东北的会津城之战依然没有结果，需要防止上杉家向江户城反扑。而且，从江户城到清洲城的路上全都是武功派大名驻守的城池，派遣福岛正则这样有影响的人物领兵，有助于劝服这些人加入东军。正如德川家康所想，守城的丰臣武功派大名一看到福岛正则、池田辉政的军旗，立刻开城加入东军，先锋的军队数量也越来越多。八月十四日来到清洲城时，全军已经增至4万人。

八月十九日，德川家康派遣使者村越直吉抵达清洲城，告知各位武将不必等候，可以自行开战。于是八月二十一日，福岛正则攻克岐阜城。九月一日，德川家康亲率3万军队从江户城出发，十三日到达岐阜城与各位将领会面。由于其嗣子德川秀忠率领3.8万人困在长野上田城（信浓国上田市），前线德川军只剩下了本多忠胜、井伊直政两员大将。

九月十四日上午4点，东军从岐阜城出发，在正午时分进驻美浓国赤坂城（岐阜县大垣市赤坂）。当天夜晚，由于人数处于劣势，德川家康决定率领东军主力直取佐和山城。但这个情报却落入石田三成手中，于是西军的 8.4 万军队趁夜离开大垣城，来到了北国街道、伊势街、中山道三条道路的交界处，也是通向佐和山城的必经之地——关原。

九月十五日凌晨，西军刚刚布阵后不久，东军便开到了关原战场。针对西军的布阵情况，东军的黑田长政（5000 人）、细川忠兴（5000 人）、藤堂高虎（2500 人）、福岛正则（6000 人）在正面布阵，而德川家康亲率 3 万人在关原东部的桃配山驻扎，以防御东南部毛利秀元的偷袭。

关原之战双方的主战场将领，如西军的石田三成、小西行长、大谷吉继、宇喜多秀家，东军的黑田长政、细川忠兴、福岛正则、藤堂高虎，基本都是丰臣家内部的统帅。因此整场战役也可以看作丰臣家的内部斗争。

悲壮的关原之战有一个传奇的开头。庆长五年（1600）九月十五日晨，关原晨雾还没有退散干净，德川家康的四子松平忠吉与井伊直政率领数十人来到了先锋福岛正则部队前方，用火枪向对方的宇喜多秀家部队发动攻击，井伊直政用这种行动宣告了关原之战的爆发。

关原之战屏风

受到攻击的宇喜多秀家立刻反击，福岛正则被迫应战，双方的激战正式开始。西军虽然有 8 万人之众，但由于小早川秀秋、毛利秀元、吉川广家的军队全都按兵不动，实际参加战役的不到 3 万人。但经过四个小时的激战，西军竟然凭借这不到 3 万人占据了优势，东军先锋节节败退。眼见占据有利形势，石田三成燃放了信号，要求其他军队立刻加入战争。

正午时分，据说德川家康见到战局不利于自己，立刻派遣一队火枪手对着松尾山上齐射。小早川秀秋听到枪声后，认为东军竟然还有余力来攻击自己，一定是占据上风，因此他放弃了观望，向西军的大谷吉继、小西行长部队发起攻击。

但从当时的战况地图看，从德川家康阵营所在的桃配山到小早川秀秋阵营所在的松尾山有 4 千米的直线距离，这个距离或许能够听到火枪的声音，但在混乱的情况下根本无法确认究竟是否在攻击自己，开枪催促一说恐怕是后人伪造。其实，早在关原之战开始前，德川家康就命令黑田长政对小早川秀秋进行策反，因此小早川军的反叛应该看作是德川一方策反成功，而不是火枪催促的结果。

小早川秀秋反叛后，受到进攻的大谷吉继力战而死，小西行长则率部逃离战场，东军就此逆转战局。到下午 3 点左右，这场世纪大战终于结束，岛津义弘率军突围，石田三成被迫带着几个随从隐藏到佐和山城附近的农村里。

经过关原之战的收编，东军一举从 7.5 万人扩充至 10.4 万人。九月十八日，佐和山城被攻克。九月二十日，德川家康进入大津城。庆长五年一系列战争中受关注最多的关原之战，就此落下帷幕。九月二十一日，石田三成被逮捕，随后在十月一日被处死。

·幕府创设

庆长五年（1600）九月十七日，德川家康就派遣使者前往大坂城要求毛利家投降，毛利辉元在七天后率军退出大坂城，宣布归附。

庆长六年（1601）八月十六日，上杉景胜来到大坂城谢罪。庆长七年（1602）

三月，德川家康以岛津义弘不代表岛津家为由，保住岛津家的领地。庆长八年（1603），宇喜多秀家来到大坂接受处罚，被流放到了骏河国久能山（静冈县静冈市骏河区），几年以后宇喜多秀家再度被流放到八丈岛，其后人一直生存到明治维新时代。

在几位西军大老纷纷请罪的过程中，庆长五年（1600）九月至十一月短短两个月之间，德川家康将西军 87 位大名的 414.62 万石领地全部没收，其中不仅有增田长盛、长束正家等五奉行成员，也有长宗我部盛亲、青木一矩这些领地在 20 万石以上的大名。随后毛利、吉川、上杉三家也被削减了 207.55 万石领地，而丰臣家直辖领地被废，丰臣秀赖只剩下大坂城周围 65 万石的封地，实力急剧弱化。

通过一系列没收与削减领地的措施，德川家获得 90 家总计 600 多万石的领地。借此机会，他将德川宗家的总领地（天领）从 260 万石扩张至 400 万石，形成了在日本无人可敌的势力。德川家随后形成亲藩、谱代、外样三类大名，这也成为江户幕府建立的基础。

亲藩大名被封在地理位置最为重要的地区，如后来“御三藩”的水户、尾张、纪州三藩，水户藩（茨城县水户市）地处江户城东北部，担任着拱卫京畿的重要任务；尾张（爱知县西部）、纪州（和歌山县）两藩正好从东西两侧将近畿包围起来，有助于监视天皇和公卿的举动。

谱代大名获封江户城附近以及各地交通要道的封地。但为防谱代大名独霸一方，他们的领地规模却非常小，一般不超过 20 万石。如井伊直政的彦根藩（滋贺县彦根市）为 18 万石，鸟居忠政的磐城平藩（福岛县东南部）、奥平信昌的加纳藩（岐阜县岐阜市加纳）都只有 10 万石。

外样大名由于最不受信任，被安置在远离关东的地区。因此原先封地在东部的大名，纷纷被外放到了西部或东北，虽说获得更多领地，但在政治上的发言权却越来越小。如东军先锋福岛正则，虽然领地从 20 万石升至 50 万石，但领地却从尾张国清洲城（爱知县春日井郡）转至安艺国广岛城（广岛县广岛市），清洲城则被德川家康的四子松平忠吉所占。受到类似待遇的还有抓获了石田三成的田中吉政（从三河冈崎10万石转至筑后柳川32万石），主动献上领地的山内一丰（从远江挂川6万石转至土佐21万石），甚至还有德川家康的女婿池田辉政（从三河吉田15万石转至播磨姬路52万石），等等。

庆长六年（1601）十二月，德川家开始重建二条城。但事实上京都已经有了伏见城，所以德川家康此举有两个目的：一是要求全日本大名协助修建，进而巩固主从关系；二是以二条城作为与公卿交涉的地点。

经过一系列努力，庆长八年（1603）二月十二日，天皇的使节来到了伏见城，足利义昭退位15年后，德川家康成为征夷大将军。与此同时，德川家康还得到了源氏长者以及淳和、讲学两所公卿学院的别当（长官）职位。所谓源氏长者，大致相当于源氏家族的族长，由于源家是武士的统领家族，故而源氏长者自然也成为武士之首。

三月二十一日，德川家康从伏见城进入京都。二十五日身着将军的衣冠束带参见天皇，正式接受了将军一职。就任将军的德川家康摆脱了丰臣家的束缚，在地位上甚至高于丰臣秀赖。为了保证稳定，德川家康在五月十五日将自己七岁的孙女千姬带到伏见城，并让她在七月二十八日与11岁的丰臣秀赖结婚，以防亲丰臣派势力重新崛起。

德川家康

江户幕府的开启宣告了一个新时代的到来。庆长九年（1604）五月三日，幕府在堺港、京都、长崎三地发布了“生丝进口许可证”（“糸割符”），宣布只有购买了许可证才能进口葡萄牙商人的生丝。闰八月十二日，德川家康以日本统治者的身份接见了吕宋岛（菲律宾北部）的使者。同一天，他向萨摩藩主岛津忠恒发布了暹罗国（泰国）渡海许可证。这些举动不仅垄断了贸易许可权，也是对外国宣布新幕府诞生。

庆长十年（1605）四月十六日，德川秀忠顺利就任幕府将军之职。为了保证儿子能够顺利接任，德川家康从关东、东北、甲信等地区配以16万大军驻扎在京都附近。通过让位，德川家从名义、实际两方面控制了将军与幕府大权。

· 大坂之阵

德川秀忠就任将军之后，德川家康要求丰臣秀赖进京朝见，却遭到淀夫人的断然拒绝。

庆长十六年（1611）初，在位的后阳成天皇准备让位给后水尾天皇，德川家康顺势以丰臣秀吉的遗孀高台院（北政所）为中介，要求丰臣秀赖进京会面；二月二十八日，德川家康面见年仅18岁的丰臣秀赖。眼见对方恭敬施礼，态度谦恭，68岁的德川家康倍感恐惧。

也就在这段时间，德川家内部大久保忠邻、本多正信两派出现争斗，内部矛盾需要转移。恰好在庆长十六年（1611）至庆长十八年（1613）的三年间，加藤清正、浅野幸长、池田辉政等忠于丰臣家的大名去世，德川家康认为处罚丰臣秀赖的时机已经到来，便开始寻找借口。

庆长十九年（1614）七月，由丰臣秀赖投资翻建的京都方广寺基本竣工，准备在不久之后对大佛进行开光仪式。但在七月二十六日，德川家康却突然对丰臣家发布文件，要求延缓开光的日期，理由是方广寺的大钟上有三段不吉利的铭文，分别是“右仆射源朝臣”“国家安康”“君臣丰乐”。

从意义来看，三段文字并无不吉。“右仆射”是中国唐朝官名中对应于“右大臣”的官位，以唐朝官名称呼高官在日本古代是通行的做法。“国家安康”“君臣丰乐”更是简单为国家百姓祈福，并无不吉。但经过德川家康近臣林罗山、金地院崇传、南光坊天海解读，“右仆射源朝臣”被歪曲为“对源进行射击之臣”；“国家安康”是将“家康”二字拆开，被指责为针对源氏长者德川家康的诅咒；“君臣丰乐”更是在祈祷丰臣家的昌盛，与幕府政策相违背。

丰臣家派遣片桐且元在八月十七日前往骏府城（静冈县静冈市）解释。但德川家康却不允许他进入骏府城内，因此片桐且元只能在骏府城外等待。

直到八月二十日，片桐且元才得到了进入骏府城的许可，但仅仅见到了本多正纯、崇传两人。两位德川家臣针对大钟铭文事件以及大坂城流浪武士问题，要求片桐且元解释，并提出了三条和议条件：丰臣秀赖来到江户城参拜将军；淀夫人一同前往江户城做人质；丰臣秀赖必须放弃大坂城接受转封。

淀夫人得到消息后大怒不已，立即驱逐片桐且元，德川家获得了进攻口实。十月二十三日，德川家康来到京都二条城，先行到达的藤堂高虎、片桐且元两人前来拜访他，片桐且元甚至献上大坂地图，将防御工事一五一十汇报给了德川家康。

经过深思熟虑，德川家康仍然决定采用围城断粮战术。十月二十五日，藤堂高虎、片桐且元作为先锋包围大坂城；十一月十日，德川秀忠 6 万人也到达伏见城，幕府军总计 20 万之众。

十一月十八日，20 万幕府军来到了大坂城布阵，其中德川家康、德川秀忠分别在大坂城南部的茶臼山（大阪府大阪市天王寺区茶臼山町）、冈山（生野町）安营扎寨，先锋则由伊达政宗、松平忠辉、前田利常组成。

十一月十九日，蜂须贺至镇、浅野长晟受命驱逐了木津川口（大阪府大阪市西区）的丰臣军薄田兼相部队；二十六日，上杉景胜、佐竹义宣攻克了鴫野、今福两村（大阪府大阪市城东区）的木村重成、后藤基次部队；二十九日，幕府军九鬼守隆夺取野田、福岛两座营寨（大阪府大阪市福岛区），大坂城彻底成了一座孤城。

十二月四日，幕府军前田利常、井伊直孝、松平忠直 3 万部队进攻真田丸，却因城防坚固而未能前进一步，幕府军当天阵亡武士 800 余人。公卿西洞院时庆的日记中，对丰臣军有这样一个评价：“城兵比预想要强。”

十二月八日，德川家康派遣使者进入大坂城，向丰臣家提出了四项和议条件，除淀夫人到江户做人质以及丰臣秀赖离开大坂城外，还要将大坂城的防御工事全部拆毁、人员遣散。事实上德川家康并非想议和，而是幕府军20万人的粮草补给出现问题，士兵已经无米下锅。

丰臣秀赖与淀夫人认为丰臣军占据优势，不同意议和请求，幕府军因而从堺港搬来了当时最新式的大炮，每日轰击大坂城内。十二月十六日，一发炮弹突然击中天守阁淀夫人房屋，侧近数名侍女当场死亡，丰臣家无奈，表示愿意议和。

十二月十九日，和议成立，丰臣家同意将惣堀全部拆毁，同时愿意遣散城中浪人。二十五日，幕府军凯旋二条城。庆长二十年（1615）二月十四日，德川家康回到了骏府城。

为了弱化大坂城的防务，幕府军在拆毁惣堀后，接着将外城也全部拆毁，大坂城失去了其引以为豪的防守能力。

三月十五日，丰臣秀赖使者青木一重以及淀夫人的使者常高院、二位局、

大坂冬之战示意图

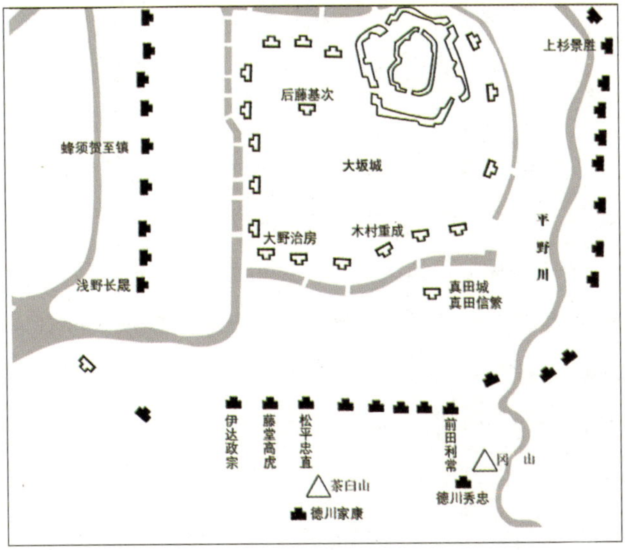

大藏卿局三位女性共同来到骏府城。德川家康向青木一重提出两个条件，要求丰臣秀赖至少选择一条：第一，将丰臣秀赖从大坂城转封至大和国（奈良县）或伊势国（三重县东北部）；第二，将迄今为止所有留在丰臣家的浪人全部驱散。

青木一重很快带着条件回到大坂，未等答复到来，德川家康就借口九子德川义直（名古屋城）将要结婚，于四月四日从骏府城出发。五日，德川家康率领大军来到了田中城（静冈县藤枝市西益津），而丰臣家使者也向德川家汇报丰臣秀赖的决定：接受转封，但没有提及遣散浪人之事。

四月十日，德川家康到达名古屋城（爱知县名古屋市），再次与青木一重会面，提出不遣散浪人就是对幕府抱有敌意。十八日，德川家康率军进入京都与德川秀忠会面，并在五月三日正式决定攻击大坂城，总兵力 15.5 万。恰好在这一天，丰臣军大野治房与幕府军浅野长晟的部队交战，德川家康人生中的最后一战打响。

五月五日，德川家康率军从二条城出发，据说他出发之时并没有穿盔甲，家臣们纷纷劝阻，但德川家康却不以为然，认为不需出战即可胜利。同时，他要求军队只带三天的军粮，在他看来，这场大坂夏之战会在三天之内结束。

经历两日激战，五月七日凌晨，德川家康率领 10 万军队到达大坂城前线，丰臣军只剩下最后 1.5 万人。这天交战中，虽然德川家康一度在真田信繁冲击下险些切腹自尽，但最终凭借人数优势逆转战局。五月八日，幕府军火枪队射击丰臣秀赖与淀夫人藏身的仓库，逼迫二人双双自尽。

从五月中旬到闰六月，德川家康与德川秀忠三度密谈，探讨今后德川幕府的走向。七月三日，德川秀忠在伏见城（京都府京都市伏见区）将诸大名集结在一起，发布了《武家诸法度》，共分为 19 条，严禁大名建立新城、私自联姻、结党营私。七月十三日，德川秀忠又在二条城（京都府京都市上京区）召集公卿，发布了《禁中并公家诸法度》，这是日本历史上首次由幕府对公家进行规制的法令，具有划时代的意义。两份文件合在一起，成为幕藩体制得以稳定的关键文件。

也在七月十三日，经由德川家康申请，天皇下诏改元，新年号为中国的汉章帝、唐宪宗都曾使用过的“元和”。元和在日语中有和平之意，德川家康申请这个新年号，传达了日本已经进入太平盛世的意义。

·尾声

元和二年（1616）一月二十一日，德川家康在骏河田中猎鹰，据说由于吃了鲷鱼天妇罗而食物中毒，在夜晚突然腹痛。虽然经过诊治大体恢复了健康，本人也在二十四日回到骏府城，但回城以后却再次发病。

四月二日，意识到死期将近，德川家康将本多正纯、天海、崇传三人叫到枕边，托付了四件事情：第一，遗体要葬在久能山；第二，葬礼要在江户城增上寺进行；第三，自己的牌位要树立在三河大树寺；第四，要在下野日光山修建一个小堂。

四月十一日，德川家康将自己在骏府城积攒的书籍全部拿出，除了一部分贵重的留在江户城外，其余的书籍由林罗山按照 5:5:3 的比例分配给御三

大坂夏之战示意图

藩的德川义直、赖宣、赖房三兄弟，叮嘱他们不仅要懂得行军打仗，更要懂得安邦定国。其中水户藩藩主德川赖房的儿子德川光国继承了这一思想，在江户时代创立了户学。

德川家康留下的不仅有书籍，还有金银。从庆长十二年（1607）隐居以来，德川家康积攒了大量财宝，其中有金471箱，银4953箱，数量着实惊人。这些财宝在他去世以后全部分给了御三藩，足见他对这三兄弟的宠爱。

四月十七日上午10点，战国的最终胜利者德川家康走完了73岁的人生。

近年来，由于山冈庄八的名作《德川家康》被翻译为中文版，更多的国人认识了这位忍耐力超群的战国英豪。他为了维护与织田信长的同盟忍痛杀死正室妻子与嫡长子，也在实力不足时归顺丰臣秀吉，而在时机到来之际，他毫不犹豫地颠覆了丰臣家，成功开创了幕府。

相比于织田信长与丰臣秀吉，德川家康的性格多了一丝保守和沉稳。对于这种性格，战国史名家小和田哲男以“体制顺应型”来概括。江户幕府肇建时的各项政策，都有战国时代其他豪强的影子：检地借鉴了丰臣秀吉，军事借鉴了武田信玄，家臣管理借鉴了织田信长，内政借鉴了北条家。应该说，终其一生德川家康都没有停止向其他大名进行学习，而在这些大名都离开人世之后，他取各家所长，夺取了整个日本的统治权。

2. 德川秀忠

作为江户幕府二代将军，德川秀忠前有父亲德川家康开疆拓土，后有儿子德川家光开创盛世，他本人似乎总是活在阴影之中。

天正十九年（1591），丰臣秀吉发动小田原战役时，德川家康将第三子作为人质送往京都，其名取秀吉一字而称秀忠。

德川秀忠最著名的夫人是浅井长政的三女江，两人之间的故事在2011年的大河剧《公主战国》里也多有表现。不过德川秀忠的第一任夫人是织田信雄之女小姬（春昌院），后因秀吉与织田信雄关系不睦，德川秀忠也与妻子离婚，并在文禄四年（1595）与江再婚。

德川秀忠曾于庆长五年（1600）率领3.8万军队准备进攻只有3000人的真田家上田城，却遭到阻击，甚至没来得及赶赴关原前线。传统说法认为，他在路过上田城之时贪功恋战，耽误了前往关原的时间，因此险些丢掉将军继承人之位。

不过这一说法与史实并不相符。

首先需要注意，上田城并不在东山道（中山道），而是在通往越后的北国街道上。如果德川秀忠单纯想前往关原前线，那就应该从轻井泽往西南方向行进，但上田城却在轻井泽的西北方向，很明显，德川秀忠的真正目的并不是前往关原，而是要攻克上田城。

德川家康在出征会津之前，曾在江户分兵一次，其中德川秀忠率领前军3.8万人先行到达宇都宫。这一部分编制之后并没有变过。而到八月底，德川家康虽然率领后军回到江户，但他一直在给各路大名写信（总数超过150封），顺便观望情况。直到九月一日之前，德川家康本人并没有打算发起总攻，而留给德川秀忠的命令也是“防备上杉家”。

对于德川秀忠而言，他身处宇都宫前线，直面上杉家威胁，相比之下石田三成虽然也闹了起来，但仍旧是远火，烧不到跟前，因而前军的所有战略都是围绕“围困上杉家”而展开。

德川秀忠

当时春日山城城主堀秀治忙于平定上杉旧国人的内乱，一旦真田、上杉家借势进攻越后，那么东军成员堀秀治自然会腹背受敌，真田、上杉更有可能在越后南部会师。所以进军北信浓并不在于捋顺东山道，而是在于打通北国街道，给堀秀治减轻压力。

九月一日，德川秀忠率军越过碓冰岭，到达轻井泽。二日，德川军在仙石秀久带领下北上进入小诸城，距离上田城只有不到20千米距离。九月四日，德川秀忠决心攻击上田城。六日开始，德川军对上田城发起总攻击，然而却遭到戏耍。

九月九日，德川军撤退到小诸城，这时德川家康使者到达，要求德川秀忠全速沿东山道进军美浓国。德川秀忠不敢怠慢，第二天就率军离开小诸城。从史实来看，由于使者晚了太多，德川秀忠知悉"进军美浓国"也太晚，要求他在九月十五日之前率领3.8万人马沿着泥泞不堪的东山道到达前线，确实也不太可能。

九月二十日抵达大津城之后，德川家康直到第三天才与秀忠相会。虽然不知道德川家康是真的生气还是做做样子，但德川秀忠毕竟在治理江户城期间功绩卓著，其继承人之位不会因这件事而受到影响。

庆长十年（1605）四月十六日，德川秀忠顺利就任幕府将军，不过由于父亲德川家康居住在骏府城，德川幕府形成二元政治态势。而在接下来的大久保长安事件里，德川秀忠一方的大久保忠邻遭到流放，表明幕府的实权仍掌握在德川家康手中。

元和二年（1616）德川家康去世之后，德川秀忠终于可以放开手脚，将爱将酒井忠世、土井利胜等人提升为老中，重塑幕府中枢体系。而针对德川家康的爱臣本多正信之子本多正纯，德川秀忠毫不留情将其与弟弟松平忠辉一起改易流放。

元和九年（1623），德川秀忠让位给嫡子德川家光之后，也开始搞起了大御所政治。最先他是想仿效父亲在骏府的旧例，自己来到小田原城执政，但考虑到成本问题，最终来到江户城西之丸（现在皇居）执政。

德川秀忠虽不如父亲那样著名，但他在压制公家、树立幕府权威方面做了不少事情。德川秀忠亲手拟定的《禁中并公家诸法度》第一条就提出，“天子诸艺能之事，第一御学问也”，彻底封死皇室干预政事的可能；元和六年（1620）秀忠的女儿和子进入皇宫成为女御，并在宽永元年（1624）正式获册为中宫。

由于受到幕府压制，后水尾天皇颇为不悦，便开始利用权力授予自己喜爱的僧侣紫衣。“紫衣”是高僧袈裟，从古以来一直由朝廷授予有德高僧。不过战国时代皇室经济困窘，授予紫衣也就成了卖官鬻爵，于是德川秀忠在《禁中并公家诸法度》第 16 条专门予以禁止。

幕府毫不含糊，宽永四年（1627）公开声明：没有事先与幕府商量，授予紫衣的敕命（圣旨）都属无效，并将所有反对此条的僧侣都流放至东北苦寒之地，用实际行动让幕府权威彻底压过皇室。

虽然德川家康声名显赫，德川秀忠看起来没有那么强势，但他却做了父亲一代想做而无法做成的事情，那就是全面压制皇室及公卿。毕竟自从幕府出现以来，皇室一直都是最大的威胁，在镰仓、室町时代，皇室均挑起过多次内乱，压制皇室是德川秀忠担任将军时最为成功的一点。到了幕府末年“黑船来航”时，美国将军佩里甚至以为这个国家只有将军，没有皇帝。

3. 本多忠胜

身为德川家康麾下头号猛将，本多忠胜一生极尽辉煌，留下大量著名故事，在近年的游戏里，他还以“高达”的形象出现在玩家面前。

桶狭间之战（1560）时，本多忠胜不过 13 岁，便参加今川军先锋松平元康的部队，协助主君向大高城运粮。三河本愿寺叛乱（1563）时，面对本多家内部出现的大量反叛者，本多忠胜特地从本愿寺宗改信净土宗，协助主君平定叛乱。姊川之战（1570），本多忠胜独自冲向人数占优的朝仓军，引

本多忠胜

得德川军殊死营救，反而击败对手。三方原之战（1572）中，在德川军整体大败之时，只有本多忠胜独自击退武田名将山县昌景。随后他还参与进攻长筱城（1573）、长筱设乐原之战（1575）、第二次高天神城之战（1580）等战役，立下战功。

本能寺之变（1582）发生后，德川家康正在堺港巡游，本多忠胜立刻提议主君穿越伊贺回到三河。小牧长久手之战（1584），在德川家康主力部队回到三河追击池田恒兴部队时，本多忠胜仅率领500人站在丰臣军10万大军阵前骚扰，并单骑出阵在河边洗马，使得丰臣军误以为德川大军在后，不敢轻举妄动。也由于这次阻击，丰臣秀吉事后称赞其为“东国第一勇士”。小田原征伐（1590）后，本多忠胜获封大多喜城（千叶县夷隅郡大多喜町）10万石领地，与榊原康政并列家臣团第二。

关原之战（1600）前，本多忠胜不仅展现出武将之勇，参加攻克岐阜城之战，也同时担负起策反工作，给吉川广家等西军重将撰文劝降，提到只要加入东军就可以保证甚至加封领地。也正因策反有力，关原战场上身处南宫山的吉川广家在九月十五日当天纹丝未动，为东军获胜贡献颇多。

庆长六年（1601），本多忠胜获封伊势桑名（三重县桑名市）10万石，原领地大多喜则改为5万石，交给次子本多忠朝。江户幕府建立以后，本多正信、正纯父子以文治能力优越而逐步抬头，武将本多忠胜鲜有用武之地，从庆长九年（1604）开始卧病不出。

历来传说本多忠胜一生从无受伤，反而是晚年做木工时被划伤，伤口感染而去世。事实上从庆长十二年（1607）开始，他就因眼疾而体力消退，到庆长十四年（1609）不得不让位于嫡子本多忠政，一年后（1610）十月十八日去世。

4. 本多正信

在大河剧中，本多正信都以一副老狐狸形象出现，然而三河本愿寺动乱（1563）时分，26 岁的本多正信与弟弟本多正重一起，站在主君德川家康的对立面，凸显出他性格之中也有刚猛的一面。

较之德川家的其他战将，本多正信在早年间并不出众，小田原征伐（1590）之后德川家康迁移至关东地区，本多正信只有相模玉绳城（神奈川县镰仓市）1 万石领地，别说比不了本多忠胜（10 万石）、井伊直政（12 万石）、榊原康政（10 万石），甚至不及非三河系统的真田信幸（2.7 万石）、奥平信昌（3.3 万石）。关原之战（1600）期间，他更是与嗣君德川秀忠一道，未能按时赶到关原主战场。

庆长七年（1602），在本愿寺家内部出现对立时，本多正信为了消弭旧日过失，特地提出策略分化本愿寺。于是德川家康迅速在京都七条乌丸为意在独立的本愿寺教如划定一块四町大小的寺地，如今所谓的东本愿寺继而建立，而不远处的本愿寺原址则成为西本愿寺。曾威胁整个近畿的本愿寺开始内耗，彻底失去往日的声威。

本多正信

围绕关原战后如何建立德川政权，本多正信煞费苦心。庆长五年（1600）十二月十九日，丰臣家所属关白一职重新回到藤原家（九条兼孝）手中，不仅摧毁了丰臣家的名分基础，更向公卿表达了德川家不会觊觎关白之职。

既然有别于丰臣家，德川家自然应该就任将军之职。在本多正信的主导下，德川家伪造家谱，将出身从三河国人改为源氏重将新田义贞，进而获得将军名分。庆长八年（1603），本多正信以侧近身份伴随德川家康身旁，成为幕政的实际主导者。

庆长十年（1605）德川家康让位于德川秀忠以后，本多正信与本多正纯分别于骏府（家康）、江户（秀忠）辅佐两位将军，权势极大。庆长十二年（1607）本多正信更是获得年寄（老中）之位，后来还得到特别待遇而成为大老。

本多正信以内廷臣子的身份出现在德川家政权中，帮助德川家联系内廷外臣，但由于实际功劳并不显著，就让外界将领认为本多正信好似“奸臣”。比如同族本多忠胜就提到“虽是本多一族，我却与他毫无关系”，榊原康政甚至大骂他为“烂肠子家伙”（内心险恶）。由于深知自己受到憎恶，本多正信要求儿子不能接受超过 3 万石的领地，然而后来本多正纯还是接过 15.5 万石的宇都宫藩，这也使得他日后受到排挤而被监禁。

肆 真田家三父子

真田昌幸

随着2016年大河剧《真田丸》热播，真田家成为大家关注的焦点。

真田昌幸曾有“表里比兴”之称，这一事实记录在天正十四年（1586）石田三成写给上杉景胜的文书里，但必须说明，这一称呼并不是贬义。

所谓“比兴”，用现代日语应该写作“卑怯”（发音相同）。这个词语虽然在现代日语有“胆小”之意，但在战国时代一般用来形容武将智谋过人。

天文二十二年（1553）八月，真田幸隆在加入武田家之后将七岁的三子（真田昌幸）送入武田信玄侧近担任“奥近习众”。由于武勇过人，真田昌幸被武田信玄母亲大井夫人一族的武藤家看中，过继成为养子，从而成为“武藤喜兵卫”。他跟随武田信玄南征北战，与父亲真田幸隆，兄长真田信纲、真田昌辉一起名列“武田二十四将”。随着父亲在天正二年（1574）去世，两位兄长在天正三年（1575）长筱之战里阵亡，武藤喜兵卫不得不回归真田家继承家督之位。

为监视上杉、北条两家势力，真田昌幸以岩柜城（群马县吾妻郡）为中心开展活动。天正七年（1579）九月，在武田胜赖、上杉景胜结盟之后，真田昌幸向东进攻北条家沼田城，到天正八年（1580）五月，被其叔父矢泽赖幸攻克。由于两城距离不超过30千米，信浓、上野两国又多山地，这一片地区便整体形成巨大要塞。

夺取沼田城后，真田家与北条家成为死敌，双方的沼田领争夺一直延续到北条家灭亡。

天正十年(1582)三月，武田家灭亡，真田昌幸降伏于织田军。不过到六月，织田信长也身死人手，北信浓与上野瞬间成为德川、北条、上杉诸家争夺的重点。为了自保，真田昌幸只能先后归顺北条氏政、德川家康。

天正十一年（1583），德川家康与北条氏政议和结盟，双发联为姻亲，德川家有意帮助北条家要回沼田城。面对沼田城丢失之险，真田昌幸要求德川家出资在信浓国要道上修筑堡垒以做交换，这里后来成为上田城。

但是，上田城建成后，真田家核心城池与沼田城超过100千米路程。与此同时，由于沼田领反复为德川、北条所觊觎，乃至成为丰臣秀吉发动“小田原征伐”的导火索，也使得该地区城主拥有更为独立的控制权，这成为上田、沼田两真田家分裂的根源。

德川家在小牧、长久手会战后，在天正十三年（1585）四月要求真田家让渡上田城，真田昌幸随即投靠上杉景胜，德川家大久保忠世于是率领7000人北上进攻上田城。

这场战役里，真田昌幸将2000兵马分为上田城守备军与别动队。先将上田城下町布置得井井有条，用一个又一个栅栏让德川军7000人疲于奔跑；等到德川军杀至上田城本丸，真田昌幸忽然大开城门，亲率500精兵杀入敌阵，杂以周围3000弓箭队、铁炮队齐射，德川军阵型大乱，被迫撤离。但途中真田军在城下燃起大火，阻碍了退路。

真田信幸

德川军好不容易沿着原路跑出去，这时候真田昌幸的长子真田信幸的别动队又恰好赶到，一通乱杀让德川军猝不及防，只好向东边的神川方向撤离。这时真田军又掘开大坝，大

真田信幸迎娶本多忠胜之女小松殿

水瞬间涌向德川军营地，大久保忠世三个儿子尽数战死，总计战死1300余人，真田方仅损失40人。德川方大久保忠世的弟弟大久保忠教在《三河物语》（1622年成书）中对此战记录得极为详细，视真田一族为恐怖之人。

以强大军事实力为支撑，真田家在北信浓与西上野彻底站稳脚跟，并率先对丰臣秀吉称臣。天正十四年（1586）十月，德川家康进京称臣，丰臣秀吉命令真田、德川和睦；天正十七年（1589）二月，真田、德川两家和解。至于沼田领问题，丰臣秀吉最终裁决沼田城三分之二的领地让渡给北条家，另外三分之一的领地是真田家祖先的墓地所在，仍属于真田家。

两家议和后，真田信幸以人质身份进入德川家骏府城（静冈市），随后迎娶本多忠胜的长女小松殿。虽然名为人质，但德川家康却对其极为宽容，一旦有事还会允许这位真田家长子回家处理。

十一月三日，北条家沼田城主猪俣邦宪出兵夺取真田家领土，引发丰臣秀吉攻击北条家。真田家跟随前田利家、上杉景胜军队一同集结，并在天正十八年（1590）四月二十二日攻克松井田城（群马县安中市松井田町），为小田原之战侧面献礼。

攻克小田原以后，丰臣秀吉对真田昌幸、真田信幸父子给予了完全不同的对待方式：对于真田昌幸，丰臣家亲自发布安堵状，保障真田家上田城、小县郡两地；而对于真田信幸，丰臣秀吉却没有直接指示，而是由德川家康宣布将沼田领给予真田信幸。很明显，丰臣秀吉已经默认真田信幸作为家臣从属于德川家，而真田昌幸作为大名则直接从属于丰臣家。

德川家康与石田三成矛盾激化，庆长五年（1600）七月十七日，趁着德川家康出兵东北，石田三成集结五奉行与毛利辉元、宇喜多秀家两位大老，联名签署《内府公（德川家康）御违之条条》，痛陈德川家康各种违规事宜。

从七月十七日开始，一封封书信如雪片一样飞向会津远征军各路大名。七月二十一日，这封“家康弹劾状”也由石田三成密使千里迢迢送到真田昌幸手中，此时，真田父子三人（真田昌幸、真田信幸、真田信繁）的军队正相会于下野国犬伏（栃木县佐野市），密信到来使得真田父子三人立刻决定要单独会谈。

虽然酝酿了这么长时间，做了这么多铺垫，但历史上对“犬伏之别”的具体过程其实并没有太多记载，与会三人也都是三缄其口，从不提起这次会谈的内容。不过有一个细节却可以聊作旁证：三人会谈之前要求外人不得进入，但由于会谈时间实在太长，真田家重臣河原纲家便从旁偷看。真田昌幸看到以后大为震怒，捡起木屐就扔过去，直中河原纲家面门，河原纲家的牙一下子被砸断了。

真田昌幸如此震怒，想必三人之间应该有着激烈争论。会后，真田昌幸、真田信繁离开军营前往上田城，而七月二十二日，真田信幸离开犬伏，与德川秀忠的军队相会于下野国古河城（茨城县古河市）。

关于双方为何诀别，目前诸说纷纭，但有一个方面的因素却很少有人提及：时人价值观。

经过1590年小田原之战的战后处理，真田家已然一分为二，真田昌幸与真田信幸不仅是父子，更是两块土地、两个不同“真田”苗字的代言人，所以真田昌幸即便是父亲，也无权决定真田信幸是去是留。

更何况，关原之战并不是“丰臣 vs 德川”之战，而是“丰臣文治派 vs 丰臣武功派”之战，德川家康也是以战功统领武功派，与福岛正则、黑田长政等人都是联盟而非上下级关系。真田昌幸是丰臣家大名，他的忠诚对象是丰臣秀吉（秀赖），无论选东择西，都没有背叛主君，不会有人说三道四；但真田信幸已经是德川家臣，如果他选择石田三成，那就意味着背叛了德川家康。

不过对于真田信幸前来投奔，德川家康仍是喜形于色。七月二十七日，他对真田信幸发布安堵状："此次安房守（真田昌幸）有别心，您（真田信幸）却能够致尽忠节，实为神妙。小县乃您父亲之地，以后尽可自行做主。"

而针对真田昌幸与真田信繁，七月三十日，石田三成亲笔写下11条长文，希望真田昌幸率军堵住德川家可能进兵的东山道，并将信件带到已被德川军重重围困的会津上杉家，希望形成近畿、会津双方夹击德川家康的局面。

八月五日，石田三成又给真田家带来具体许诺："小诸、深志（松本）、川中岛、诹访"领地；八月六日，似乎觉得不够，石田三成又在信中追加了整个信浓国东南部地区给真田家。这也促成真田家在上田城第二次阻击德川军。

随着德川家康回兵江户，真田信幸也跟随德川秀忠进入信浓国攻击上田城。九月四日，真田信幸军队进攻弟弟真田信繁驻守的户石城，为免手足相残，真田信繁未加抵抗就退回上田城，之后真田信幸便一直驻守户石城，直到九月十五日关原之战结束。

真田幸村（信繁）

而针对上田城，德川军主力在九月六日发起总攻。为了断绝城中粮草，德川军特地派人前去割麦，上田城则派出200人前来骚扰。德川军见状追去，凭借兵力优势追击真田军至城际，却堕在真田昌幸术中，一瞬间城门大开，真田军杀将出来，同时虚空藏山的树林里也忽然闹成一团，真田信繁又一次掘开神川大坝，夹击德川军。看敌人已然陷在混乱中，真田昌幸乘势杀出，杀散德川人马。

但九月十五日德川家康在关原之战取胜，真田家的努力化为泡影。战后，真田昌幸、信繁父子被判流放高野山，十二月十二日，真田信幸接收上田城，一举拿下上田城 3.8 万石领地，加上德川家康加封的 3 万石领地，再加上沼田领 2.7 万石领地，真田信幸成了 9.5 万石领地的大名。为了削弱真田家的势力，庆长六年（1601），上田城被拆除，真田家主城转移到了上野沼田城。

进入人生后半段，真田信幸以沼田领主身份治理内政，甚至连最后的大阪冬夏两战都未参与；与其相反，真田信繁虽然在人生前 40 多年都没有太大名气，却在人生最后一年迸发了全部能量。

庆长十九年（1614）七月，京都方广寺大钟铭文事件爆发，德川家康要求丰臣秀赖退出大坂城，再度引发双方冲突。丰臣家散尽黄金广募贤才，正在九度山流放的真田信繁也获得黄金 200 枚、银 30 贯。

真田信繁从九度山逃出进入大坂城。为了向武田家赤备军致敬，真田信繁特地命令麾下全部士兵将铠甲染成红色。

当时大坂城最主要的防御工事是仿照北条家小田原城的“障子堀”而修建的“惣堀”，丰臣家的防御工事周长 18 千米，较之北条家的周长 9 千米扩大了整整一倍，换句话说，整个大坂城的面积是小田原城的 4 倍左右。这个防御计划正是丰臣秀吉的构想，有如此大的面积，粮食、军备都可以进行充足的储备，自然不怕围城断粮战。

在丰臣家下达固守城池命令之后，真田信繁独自决定在大坂城最薄弱的三之丸东南侧修建支城，这便是所谓“真田丸”。

但根据现代历史学家的分析，大坂城真正脆弱的部分并不在东南侧，而是在三之丸正南侧，也就是真田丸西边一点位置。之所以偏离脆弱部分建造支城，真田信繁也是想以高大支城来吸引对手注意，以便让真正脆弱部分得到保护。

闻知大坂城前有真田家守卫，曾经两次败在真田家手中的德川军并没有急于攻城，而是派遣军队先攻击大坂城外的其他支城。在对方清除支城的时间里，真田信繁并没有死守城池，而是派遣小股部队不断骚扰德川军，一旦德川军出动，真田军就退回真田丸中。因此，德川军策反了丰臣军中的南条元忠，准备与他里应外合，一举攻克真田丸。

十二月三日，南条元忠的密谋被丰臣军发现，于是真田信繁将计就计，用假情报引诱幕府军第二日攻城。四日，前田利常、井伊直孝、松平忠直等人率领 3 万军队进攻真田信繁，却被真田城坚固的防御工事阻挡，无法前进一步，幕府军仅武士就阵亡了 800 余人。在当时公卿西洞院时庆的日记中，对丰臣军有这样一个评价："城兵比预想要强。"

强攻不行，德川家康用火枪大炮展开心理战，最终逼迫丰臣军求和。十二月十九日，和议成立，丰臣家同意将惣堀全部拆毁，同时愿意将城中武士遣散。

但到了庆长二十年（1615）二月，德川家违背和约，把大坂城周围工事拆除干净；同时针对真田信繁这位名将，德川家派遣其叔父真田信尹前往劝说，以"信州（信浓国）十万石"诱降，却遭到断然拒绝。五月三日，德川家正式下令攻击大坂城。

五月六日，丰臣军后藤基次的 2800 人在南部的道明寺地区（大阪府藤井寺市）被伊达政宗的 2 万人围攻，丰臣军薄田兼相率领 3500 人前来援助，最后同后藤基次一起战死沙场。这天下午，真田信繁、毛利胜永率领 1.2 万军队前来援助，将伊达政宗的部队击退了整整 1 千米。在撤退时，真田信繁不禁大喜过望，高喊："关东纵有百万军，却无一人真男儿！"

真田信繁虽然保住了丰臣军的主力，但在东部的八尾（大阪府八尾市）和若江（大阪府东大阪市若江南町）的战场上，木村重成的部队却受到了毁灭性的打击，他自己也战死沙场。因此，真田信繁不得不撤退回大坂城附近，在大阪冬之战中德川家康营地——茶臼山扎下大营。五月七日凌晨，德川家康率领 10 万军队到达，丰臣军只剩下最后 1.5 万人。

丰臣军召开最后一次军事会议，会上真田信繁提议，由毛利胜永和自己分别在左右两翼作为诱饵吸引幕府军主力，再派遣明石全登率领奇兵穿过空隙，直接突袭德川家康大本营，丰臣军主将大野治长同意建议。另外，真田信繁要求丰臣秀赖作为统帅加入战斗，但由于淀夫人反对而未能成行。

这项计划虽然完美，但可惜部队缺乏训练，毛利胜永军队在全军交战前就用火枪进攻德川军，计划落空。五月七日中午，真田信繁不顾个人安危，率领 3000 军队突击到德川家康部队的面前，接连对幕府军大本营发动了三次攻击。

面对真田军的大举进攻，幕府军大本营慌乱不堪，德川家康甚至几度要切腹自尽，以免被真田军夺走首级。如果不是幕府援军赶到，以数量优势将真田军击退，恐怕战役结果将会改写。下午 1 点至 2 点左右，在撤退至安居神社（大阪府大阪市天王寺区内）之后，真田信繁力战而死，享年 49 岁，而丰臣家也在当日彻底灭亡。

大坂两次战役里，真田信幸并未出现，只让两个儿子真田信吉、真田信政代为出阵。整个大坂战场上，真田信幸方面出兵 2300 人，在庞大的德川军中可谓兵微将寡。或许意识到这一点，真田信吉、信政兄弟始终跟随着本多忠政、本多忠朝两位舅舅行动，这样无论是胜是败，真田家都可参照德川谱代重臣本多家表现，从而有一番自己的说辞。

果不其然，大坂冬之阵里，本多忠朝因为贪杯误事，被大坂城守军击溃，真田军却因事先发现而得以自我保全；大坂夏之阵，悍将毛利胜永先是杀死了本多忠朝，随后更击破秋田实季、浅野长重等部，真田信吉兄弟虽然无法招架，事后也没有受到指责。

不过真田信繁毕竟太过勇武，真田信幸作为其兄长，自然随后也受到德川家审问。面对幕府派遣的旗本武士中村直守与朝仓宣正，真田信幸没有惊慌失措，也没有喋喋不休，只是冷静陈述事实：

“我等若有反心，之前关原时期我就和父亲、弟弟一同成幕府敌人了，但我却与父亲、弟弟分袂而去，一直尽忠至今。大坂时期，父亲已死，弟弟也应邀固守于大坂城。我在应该反叛的时候（关原）不反，却要在现在反叛？如果大家都这么想，那我也没什么可说的。不如速速让我自杀吧。”

此言一出，各方再无异议，幕府将军德川秀忠也对真田信幸的忠义大加赞赏。不过事后，到元和八年（1622），真田家还是从上田领转移出来，改易到北边不远处的松代城，领地扩至10万石。松代城便是战国时代著名的海津城，川中岛就在附近，转封给真田信幸也算是有些因缘。

真田信幸寿命很长，三个儿子全部过世后，他依然活着。最终在保护年幼的孙子真田幸道继任第三代家督之后，真田信幸才在万治元年(1658)十月十七日以93岁高龄病故。

据说，真田信幸居馆中曾放了一个木箱，宣称箱中有德川家康赏赐的短刀，在周围常配置四名家臣轮流守卫。到了明治时代，众人打开木箱，才发现里面是真田信幸与石田三成通信的文书。考虑到真田信幸从上田移封到松代时特别将各种文书资料烧毁，他故意保存这些证物，多少也是在暗中表达对德川家的不满。

后记

自从 2008 年山冈庄八的小说《德川家康》引进出版以来，中国国内对日本战国时代愈来愈关注。很多日本历史文化作家随即通过网络平台展示自己的作品，笔者也出版了《谁说日本没有战国》一书。十多年后，日本战国时代的历史与文化，中国青年已不觉陌生。

以赤军《宛如梦幻》为始的日本战国通俗史写作常会遭到读者诟病，认为史料不够翔实、分析不够深入，甚至于有人认为，缺乏对历史的基本理解等。读者对作品进行的任何批评都是可贵的，作者也应该从评论中吸取养分而自我提升，这是一种良性的互动关系。笔者初接触日本战国历史时不谙日语，不过十年，已经能够作为日语翻译采访日本政治家、阅读日语文言文，如今又能在钩沉史料的基础上，创作《日本战国武将记》，自我感觉对日本历史的理解越来越深入，这都有赖于读者的鼓励与鞭策。

作为日本历史的爱好者与研究者，笔者认为，自己的价值乃是在日本历史与普罗大众之间搭建桥梁，若笔者的创作能达到这一目的，那已是笔者之幸、本书之幸。

本书的顺利完成，有赖于日本史作家赤军、樱雪丸、陈杰三位前辈提出的中肯建议，也要感谢赵恺先生、顾晓绿先生一直以来的帮助，感谢王铮先生长期帮助搜集资料，并对部分日语材料进行翻译，希望以后能与各位继续合作。